KB168787

헬름 배우기

헬름 배우기

효율적인 쿠버네티스 애플리케이션 관리

앤드류 블록 · 오스틴 듀이 지음

이준 옮김

i!i
에이콘

내 삶의 거의 모든 면에서 더 나은 사람으로 만들어준 나의 어머니께

– 앤드류 블록

린지의 사랑과 지지에 감사하며

– 오스틴 듀이

| 지은이 소개 |

앤드류 블록 Andrew Block

레드햇의 시니어 프린시플 컨설턴트senior principal consultant로 다양한 배포 환경에 자동화 원칙을 사용해 컨테이너 솔루션 및 마이크로서비스 아키텍처를 채택하는 방법을 조직에 안내했다. 『Application Release Strategies with Openshift』의 저자로, 소프트웨어를 좀 더 빨리 개발하고 배포하기 위해 보안에 중점을 둔 CI/CD 방법론의 중요성을 소개하고 있다. 또한 레드햇 내에서 컨테이너 생태계에 대한 인식을 높이는 것을 목표로 하는 컨테이너 학습 공동체Container Community of Practice의 관리자 역할을 담당하고 있다.

오스틴 듀이 Austin Dewey

레드햇의 시니어 컨설턴트로 클라우드 및 컨테이너 기술 분야에서 고객을 지원하는 데 주력하고 있다. 그는 레드햇의 쿠버네티스 기반 PaaS인 오픈시프트 컨테이너 플랫폼OpenShift Container Platform에 대한 CI/CD 및 배포 패턴 관련 전문지식으로 다양한 포춘 500 기업의 성공을 이끌어냈다. 데브옵스DevOps 및 자동화를 중심으로 프로젝트를 제공하며 빠르고 안정적이며 안전한 배포를 보장하는 파이프라인을 구축해 다양한 고객을 운영 환경으로 안내했다. 업무 외에는 기타를 연주하고 야외에서 시간을 보내는 것을 즐긴다.

| 감수자 소개 |

매튜 피셔^{Matthew Fisher}

마이크로소프트의 소프트웨어 엔지니어이자 헬름 프로젝트의 핵심 관리 중 한 명이다. 밴쿠버 아일랜드에서 태어나고 자란 그는 브리티시 콜롬비아 공과대학에서 컴퓨터 시스템을 공부했다. 직장 밖에서는 음악가이자 수리공, 목공, 대장장이, 요리사, 사진작가, 예술가 등 다양한 취미 활동을 하며, 지속 성장을 목표로 하고 있다. 기타를 연습하지 않거나 작업장을 오가지 않을 때는 아내인 브랜디와 함께 또 다른 모험을 하고 있을 것이다. 매튜는 깃허브 및 트위터에서 @bacongobbler라는 이름으로 활동하고 있다.

나의 아내 브랜디에게: 당신의 사랑과 지원에 감사한다. 남은 인생을 당신과 함께할 수 있어 정말 기쁘며, 나를 위해 항상 함께해주는 것에 고마움을 표한다.

나의 친구들에게: 우리가 어렸을 때부터 함께 나눴던 생일, 사적인 농담, 웃음, 음식, 보드게임의 밤에 고마움을 표한다.

동료 헬름 관리자 여러분께: 여러분 한 사람 한 사람이 있어 헬름을 오늘날의 성공적인 프로젝트로 만들 수 있었음에 감사한 마음을 전한다.

| 옮긴이 소개 |

이준

경희대학교 컴퓨터공학과를 졸업하고 동 대학원에서 네트워크 분야 석사 학위를 받았다. 졸업 후 네트워크 장비 개발 업체에서 소프트웨어 개발자로 근무하며 경력을 쌓았다. 현재 기아자동차에 재직 중이며 주로 커넥티드카 서비스를 위한 클라우드 인프라 및 플랫폼 설계 업무를 담당했다. 오픈스택, 쿠버네티스, 이스티오 등 클라우드 관련 기술에 관심을 갖고 있으며 번역서로 『개발자를 위한 쿠버네티스』(에이콘, 2019), 『Go 프로그래밍 개발 환경에서 의존성 주입 실습』(에이콘, 2020), 『쿠버네티스 시작하기』(에이콘, 2020)가 있다.

쿠버네티스가 컨테이너화된 애플리케이션의 자동 배포 및 스케일링 등 많은 이점을 가져다줌에 따라 국내외에서 오픈소스 기반 컨테이너 오케스트레이션 플랫폼인 쿠버네티스를 도입하는 기업이 빠르게 증가하고 있다. 이에 따라 컨테이너로 애플리케이션을 빌드하고 이를 여러 환경의 쿠버네티스 클러스터에 배포하는 경우가 많아졌다. 하지만 여러 환경에 애플리케이션 배포에 따른 설정 관리 및 구성 절차의 복잡성 때문에 대다수의 사용자들이 어려움을 겪고 있다. 이를 해결하기 위한 방안으로 배포 환경에 따라 달라지는 설정값만 정의해둔 다음 이에 따라 배포하는 방법을 제공하는 것이 바로 쿠버네티스에서 헬름과 차트다. 헬름은 쉽게 말해 센트OS^{CentOS}의 yum, 우분투^{Ubuntu}의 apt와 같은 쿠버네티스의 패키지 관리 도구이며 차트는 사전에 정의된 쿠버네티스의 리소스 패키지다. 개발자는 헬름을 통해 차트로 정의된 쿠버네티스 애플리케이션을 다양한 테스트 환경 및 운영 환경에 쉽게 설치하고 업그레이드할 수 있어, 이에 소비되는 시간을 줄여 개발자가 개발에 집중할 수 있는 환경을 만들 수 있다. 이 책은 헬름의 기본 개념부터 실제 운영 환경에 적용해 프로세스 자동화를 구축할 수 있는 CI/CD 및 깃옵스^{GitOps} 개념까지도 설명하고 있다. 이 책을 통해 복잡한 쿠버네티스 애플리케이션 배포 및 업그레이드 프로세스 효율화에 좀 더 관심을 갖고 동참할 수 있기를 바란다.

에이콘출판의 기틀을 마련하신 故 정완재 선생님 (1935-2004)

| 차례 |

5장   첫 번째 헬름 차트 빌드   183

| 들어가며 |

현재 컨테이너화^{containerization}는 데브옵스^{DevOps}를 구현하는 가장 좋은 방법이라고 한다. 도커^{Docker}가 컨테이너 기술을 소개하고 데브옵스 시대를 변화시켰지만, 구글은 컨테이너 오케스트레이션 분야의 리더로 간주되는 광범위한 컨테이너 오케스트레이션 시스템인 쿠버네티스^{Kubernetes}를 개발했다. 이 책의 주요 목표는 헬름을 사용해 쿠버네티스 환경에서 실행되는 애플리케이션을 관리하는 효율성을 알아보는 것이다. 헬름에 대한 간략한 소개로 시작할 것이며 전체 컨테이너 환경에서 얻을 수 있는 이점을 소개할 것이다. 그런 다음 헬름 차트와 이용 사례를 학습하고 아키텍처 측면에서 좀 더 깊게 살펴볼 것이다. 또한 쿠버네티스에서 애플리케이션 배포를 자동화하기 위해 헬름 차트를 작성하는 방법을 학습하게 된다. 헬름 및 자동화를 중심으로 엔터프라이즈 환경에 적용할 수 있는 패턴을 제공하는 데 초점을 맞추고 있는 이 책은 헬름을 통한 애플리케이션 개발, 배포, 수명 주기 관리까지 포함하고 있다. 이 책의 끝부분에서는 애플리케이션 배포에 대한 통찰력이 있는 엔터프라이즈 패턴을 개발하기 위해 헬름을 활용할 수 있는 방법을 알게 될 것이다.

▌ 이 책의 대상 독자

쿠버네티스 환경에서 애플리케이션 배포를 자동화할 수 있는 헬름 학습에 관심이 있는 쿠버네티스 개발자나 관리자를 대상으로 한다. 쿠버네티스 애플리케이션 개발 관련 기본 지식은 유용하겠지만, 헬름에 대한 사전지식은 필요로 하지 않는다. 자동화가 제공할 수 있는 비즈니스 사용 사례의 사전지식에 대한 학습을 권장한다.

▌이 책의 구성

1장 '**쿠버네티스와 헬름 이해**'에서는 쿠버네티스와 헬름을 소개한다. 쿠버네티스 애플리케이션을 배포할 때 사용자가 직면할 수 있는 문제와 헬름이 구현을 단순화하고 생산성을 높이는 데 어떻게 도움이 되는지 소개한다.

2장 '**쿠버네티스 및 헬름 환경 준비**'에서는 로컬 쿠버네티스 클러스터에 애플리케이션을 배포하는 데 필요한 도구를 살펴본다. 또한 설치 후 수행할 수 있는 기본적인 헬름 구성을 학습한다.

3장 '**첫 번째 헬름 차트 설치**'에서는 헬름 차트를 설치해 쿠버네티스에 애플리케이션을 배포하는 방법을 설명하고, 헬름을 통해 배포된 애플리케이션의 다른 수명주기 단계를 다룬다.

4장 '**헬름 차트 이해**'에서는 헬름 차트 빌딩 블록을 좀 더 깊게 살펴보고 자신만의 헬름 차트를 작성하는 데 필요한 사전지식을 학습한다.

5장 '**첫 번째 헬름 차트 빌드**'에서는 헬름 차트를 빌드하는 엔드 투 엔드^{end-to-end} 연습을 제공한다. 5장은 기본적인 헬름 구조를 활용하는 헬름 차트의 기본 개념으로 시작하여, 좀 더 진보된 헬름 구조로 통합하기 위해 기본 구성을 수정하는 단계로 진행된다. 마지막으로, 기본 차트 리포지토리에 차트를 배포하는 방법을 학습하게 된다.

6장 '**헬름 차트 테스트**'에서는 헬름 차트에 대한 정적 검사 및 테스트를 수행할 수 있는 다양한 방법론을 설명한다.

7장 '**CI/CD 및 깃옵스를 사용한 헬름 프로세스 자동화**'에서는 CI/CD 및 깃옵스^{GitOps} 모델을 활용해 헬름 작업을 자동화하는 사용 사례를 살펴본다. 헬름 차트 테스트, 패키징 및 릴리스에 대한 프로세스를 개발한다. 또한 다양한 환경에서의 헬름 차트 설치 및 관리 방법도 소개한다.

8장 '**오퍼레이터 프레임워크와 함께 헬름 사용**'에서는 오퍼레이터 프레임워크에서 제공하는 operator-sdk 도구를 사용해 기존의 헬름 차트에서 헬름 오퍼레이터를 구축하기 위한 쿠버네티스 오퍼레이터의 기본적인 개념을 설명한다.

9장 '**헬름 보안 고려사항**'에서는 도구를 설치하는 순간부터 쿠버네티스 클러스터에 헬름 차트를 설치할 때까지 헬름 사용에 관한 보안 고려사항 및 주의사항을 설명한다.

▌ 이 책을 최대한 활용하려면

의무사항은 아니지만, 기본 개념이 이 책 전반에 걸쳐 설명되어 있으므로 쿠버네티스 및 컨테이너 기술에 좀 더 익숙해져 있기를 권장한다.

2~9장에서 사용되는 주요 기술은 다음과 같다.

이 책에서 다루는 소프트웨어 및 하드웨어	OS 요구사항
미니쿠베(Minikube)	윈도우, 맥OS X, 리눅스
Kubectl	윈도우, 맥OS X, 리눅스
헬름(Helm)	윈도우, 맥OS X, 리눅스

이러한 도구의 설치에 관한 정보는 2장 '쿠버네티스 및 헬름 환경 준비'에서 자세히 설명한다. 이 책 전반에 걸쳐 사용되는 도구는 각 장별로 다르며, 설치 방법은 도구가 사용되는 각 장에서 설명한다.

▌ 독자 의견

독자 여러분의 의견은 언제든지 환영한다. 이 책을 어떻게 생각하는지 부담 없이 이야기해준다면 좋겠다. 더 유익한 책을 만드는 데 있어 독자의 의견은 무엇보다 중요하다.

일반적인 의견은 이 책의 제목을 메일 제목으로 해서 customercare@packtpub.com으로 보내면 된다.

특정 분야의 책을 쓰거나 기여하는 데 관심이 있다면 authors.packtpub.com을 참고하기 바란다.

▌고객 지원

팩트출판사의 구매자가 된 독자에게 도움이 되는 몇 가지를 제공하고자 한다.

예제 코드 다운로드

http://www.packtpub.com에 회원 가입해 팩트출판사의 도서를 구매한 모든 독자는 책에 등장하는 예제 코드 파일을 직접 내려받을 수 있다. 다른 곳에서 도서를 구매한 독자는 http://www.packtpub.com/support에 접속해 등록하면 이메일로 직접 받아볼 수 있다.

에이콘출판사의 도서정보 페이지 http://www.acornpub.co.kr/book/learn-helm에서도 예제 코드를 내려받을 수 있다.

또한 깃허브 https://github.com/PacktPublishing/-Learn-Helm에서도 예제 코드를 다운로드할 수 있으며, 에이콘출판사의 깃허브 저장소(https://github.com/AcornPublishing/learn-helm)에서도 동일한 예제 코드를 다운로드할 수 있다.

실행 코드

이 책의 실행 코드에 대한 비디오는 https://bit.ly/2AEAGvm에서 확인할 수 있다.

컬러 이미지 다운로드

이 책에서 사용한 스크린샷이나 도표의 컬러 이미지를 PDF 파일로 제공한다. 컬러 이미지는 책의 내용을 이해하는 데 도움을 줄 것이다. 파일은 http://www.packtpub.com/sites/default/files/downloads/9781839214295_ColorImages.pdf에서 내려받을 수 있다.

에이콘출판사의 도서정보 페이지 http://www.acornpub.co.kr/book/learn-helm에서도 내려받을 수 있다.

▌편집 규약

이 책에서는 정보의 유형에 따라서 텍스트의 스타일이 바뀐다. 각 스타일은 다음과 같은 의미를 지닌다.

문장 속에서 코드는 다음과 같이 표기한다.

"search 명령 사용 시 --version 플래그를 함께 전달하면 이전 버전을 확인할 수 있다."

코드 블록은 다음과 같이 표기한다.

```
html, body, #map {
  height: 100%;
  margin: 0;
  padding: 0
}
```

모든 명령행의 입력 또는 출력은 다음과 같이 작성된다.

```
$ mkdir css
$ cd css
```

새로운 용어나 중요한 단어, 그리고 메뉴나 대화상자처럼 컴퓨터 화면에 표시되는 단어는 다음과 같이 고딕체로 표기한다.

"미니쿠베를 통해 생성된 클러스터는 **가상 머신**virtual machine 내에 생성되기 때문에 가상 머신이 실행 중인 호스트 운영체제와 격리된 방식으로 생성 및 폐기할 수 있다."

 팁이나 중요한 메시지는 이와 같이 나타낸다.

오탈자

내용을 정확하게 전달하려고 최선을 다했지만, 실수가 있을 수 있다. 팩트출판사의 책에서 텍스트나 코드상의 문제를 발견해서 알려준다면, 매우 감사하게 생각할 것이다. 그러한 참여를 통해 다른 독자에게 도움을 주고, 다음 버전에서 책을 더 완성도 있게 만들 수 있다. 오자를 발견한다면 http://www.packtpub.com/submit-errata에서 Errata Submission Form 링크를 통해 구체적인 내용을 알려주기 바란다. 보내준 내용이 확인되면 웹사이트에 그 내용이 올라가거나, 해당 서적의 정오표 섹션에 그 내용이 추가될 것이다.

https://www.packtpub.com/books/content/support를 방문해 검색창에 해당 타이틀을 입력하면 지금까지의 정오표를 확인할 수 있다. 한국어판은 에이콘출판사의 도서정보 페이지 http://www.acornpub.co.kr/book/learn-helm에서 찾아볼 수 있다.

저작권 침해

인터넷에서의 저작권 침해는 모든 매체에서 벌어지고 있는 심각한 문제다. 팩트출판사에서는 저작권과 사용권 문제를 아주 심각하게 인식하고 있다. 어떤 형태로든 팩트출판사 서적의 불법 복제물을 인터넷에서 발견한다면 적절한 조치를 취할 수 있게 해당 주소나 사이트명을 알려주길 부탁한다.

의심되는 불법 복제물의 링크를 copyright@packtpub.com으로 보내주기 바란다.

저자와 더 좋은 책을 위한 팩트출판사의 노력을 배려하는 마음에 깊은 감사의 마음을 전한다.

질문

한국어판에 관한 질문은 이 책의 옮긴이나 에이콘출판사 편집 팀(editor@acornpub.co.kr)으로 문의할 수 있다.

소개 및 설정

1부에서는 실제 예제를 통해 헬름^{Helm}이 제공하는 솔루션과 함께 헬름을 통해 해결할 수 있는 문제점들을 소개할 것이다.

1부의 구성은 다음과 같다.

- **1장** 쿠버네티스와 헬름 이해
- **2장** 쿠버네티스 및 헬름 환경 준비
- **3장** 첫 번째 헬름 차트 설치

쿠버네티스와 헬름 이해

이 책을 선택해준 것에 대해 감사의 마음을 전한다. 이 책에 관심이 있다면, 모던 애플리케이션modern application[1]이 가져다주는 어려움을 인지하고 있을 것이다. 팀은 애플리케이션이 가볍고 확장 가능해야 한다는 엄청난 압박에 시달리고 있다. 애플리케이션은 높은 가용성을 가져야 하며, 다양한 부하를 견딜 수 있어야 한다. 지금까지 살펴봤을 때, 애플리케이션은 일반적으로 모놀리식monolithic 형태이거나 단일 시스템에서 제공되는 단일 계층single tiered 애플리케이션 형태로 배포됐다. 시간이 지남에 따라, 업계는 마이크로서비스microservice 접근 방식이나 여러 시스템에서 제공되는 다계층multi-tiered 애플리케이션으로 변화했다. 컨테이너 기술을 사용해 배포하는 경우가 잦아지면서, 쿠버네티스Kubernetes 같은 도구를 활용해 컨테이너화된 마이크로서비스를 오케스트레이트orchestrate[2]하고 확장하

---

1   최신 기술 및 아키텍처가 적용된 애플리케이션을 의미함 – 옮긴이
2   자동화된 설정 및 관리를 의미함 – 옮긴이

기 시작했다. 그러나 쿠버네티스에는 고질적인 문제가 존재한다. 효과적인 컨테이너 오케스트레이션^{container orchestration} 도구인 반면에, 가파른 러닝 커브^{steep learning curve}[3]를 보인다는 것이다. 이러한 상황에서, 쿠버네티스의 워크로드 실행 문제를 단순화하는 데 도움이 되는 도구 중 하나가 헬름^{Helm}이다. 헬름을 통해 쿠버네티스 애플리케이션의 배포 및 수명주기 관리를 좀 더 쉽게 할 수 있다. 헬름은 쿠버네티스 애플리케이션 구성의 복잡성을 추상화하고 팀이 플랫폼을 통해 생산성을 높일 수 있게 도와준다.

이 책에서는 헬름이 제공하는 다양한 장점을 살펴보고 헬름을 통해 쿠버네티스에서 애플리케이션 배포를 훨씬 더 간단하게 만드는 방법을 학습할 것이다. 먼저 최종 사용자 입장에서 커뮤니티에서 작성한 헬름 차트^{Helm chart}를 사용해볼 것이며, 패키지 매니저^{package manager}로서 헬름을 활용하는 모범 사례를 학습하게 될 것이다. 이 책이 진행됨에 따라, 헬름 차트 개발자의 역할을 가정해 애플리케이션을 쉽게 사용하고 효율적인 방식으로 패키징하는 방법을 배우게 될 것이다. 이 책의 끝부분에서는 헬름을 통한 애플리케이션 관리 및 보안과 관련된 고급 패턴에 대해 학습할 것이다.

먼저 마이크로서비스, 컨테이너, 쿠버네티스 및 애플리케이션 배포와 관련된 문제를 이해하는 것부터 시작하자. 그런 다음, 헬름의 주요 기능 및 이점을 설명할 것이다. 1장에서 다루는 내용은 다음과 같다.

- 모놀리식, 마이크로서비스, 컨테이너
- 쿠버네티스의 개요
- 쿠버네티스 애플리케이션 배포 방법
- 쿠버네티스 리소스 구성의 어려움
- 쿠버네티스에서 애플리케이션 배포를 단순화하기 위해 헬름이 제공하는 이점

3　학습이 어려운 대상을 의미함 – 옮긴이

▌모놀리식부터 현대 마이크로서비스까지

소프트웨어 애플리케이션은 가장 현대적인 기술의 기본 컴포넌트component다. 소프트웨어 애플리케이션은 워드 프로세서, 웹 브라우저 또는 미디어 플레이어의 형태로 사용자와의 상호작용을 통해 하나 이상의 작업을 완료할 수 있다. 애플리케이션은 에니악ENIAC(첫 번째 범용 컴퓨터) 시절부터 아폴로Apollo 우주 미션을 통해 사람을 달로 데려갈 때까지, 월드 와이드 웹, 소셜 미디어 및 온라인 소매업의 부상에 이르기까지 오랜 역사를 갖고 있다.

이러한 애플리케이션은 광범위한 플랫폼 및 시스템에서 동작할 수 있다. 대부분의 경우 가상 또는 물리적 리소스에서 실행되지만 기술적으로 유일한 옵션은 아니다. 목적과 리소스 요구사항에 따라, 전체 머신은 애플리케이션의 컴퓨팅 및/또는 저장소 요구사항을 처리하는 데 전념할 수 있다. 다행스럽게도, 무어의 법칙Moore's law4의 실현 덕분에 마이크로 프로세서의 파워 및 성능은 물리적 리소스와 관련된 전체 비용과 함께 해마다 증가하고 있다. 이러한 추세는 최근 몇 년 동안 사라졌지만, 프로세서가 존재한 후 첫 30년 동안의 추세와 지속성은 기술 발전에 중요한 역할을 했다.

소프트웨어 개발자는 이 기회를 최대한 활용해 애플리케이션에 더 많은 기능과 컴포넌트를 포함시켰다. 결과적으로 단일 애플리케이션은 여러 개의 작은 컴포넌트로 구성될 수 있었으며, 각 컴포넌트는 자체적으로 개별 서비스를 할 수 있도록 작성됐다. 최초에는 이 컴포넌트들을 한데 묶어 제공했으며, 이는 배포 프로세스의 간소화를 비롯하여 여러 가지 이점이 존재했다. 그러나 업계의 동향이 변화하기 시작했고 비즈니스가 기능을 좀 더 신속하게 제공할 수 있도록 하는 기능에 더 집중함에 따라, 배포 가능한 단일 애플리케이션 설계는 많은 문제를 야기했다. 이는 변경이 필요할 때마다 전체 애플리케이션과 모든 하위 컴포넌트를 다시 한번 확인해 변경에 부작용이 없는지 확인해야 했기 때문이다. 이 프로세스는 여러 팀 간의 조정이 필요했기 때문에 전체 기능을 제공하는 속도가 느려질 수밖에 없었다.

---

4   반도체의 직접회로 성능은 2년마다 2배로 증가한다는 법칙 – 옮긴이

이와 같은 이유로, 조직 내 기존 부서 전반에 걸쳐 신속하게 기능을 제공하는 것이 조직이 추구하는 바였다. 이러한 신속한 기능 제공이 데브옵스^{DevOps} 개념의 근간이 됐으며, 2010년 무렵 인기가 급상승했다. 데브옵스는 개발에 앞서 광범위한 계획을 세우는 대신, 시간의 흐름에 따라 애플리케이션을 반복적으로 변경하는 것을 권장했다. 이 새로운 모델에서 지속성을 유자하기 위해, 아키텍처는 하나의 큰 애플리케이션에서 더 빠른 속도로 제공될 수 있는 여러 개의 작은 애플리케이션을 선호하도록 발전했다. 이러한 사고방식의 변화로 인해, 전통적인 애플리케이션 설계는 **모놀리식**^{monolithic}이라고 불리게 됐다. 애플리케이션을 구성하는 컴포넌트를 별도의 애플리케이션으로 분류하는 이 새로운 접근 방식을 **마이크로서비스**^{microservice}라 부른다. 마이크로서비스는 각 서비스를 동시에 개발 및 배포하고 독립적으로 확장(인스턴스의 수를 늘리는)할 수 있는 기능을 포함하여 여러 가지 특징이 있다.

모놀리식에서 마이크로서비스로의 소프트웨어 아키텍처 변화로 인해, 애플리케이션이 런타임 시에 패키징되고 배포되는 방식도 재평가됐다. 전통적으로, 전체 머신은 하나 또는 2개의 애플리케이션에만 사용됐다. 이제 마이크로서비스로 인해 단일 애플리케이션에 필요한 리소스가 전반적으로 줄어듦에 따라 전체 시스템을 하나 또는 2개의 마이크로서비스 전용으로 사용할 수 없게 됐다.

다행히 **컨테이너**^{container}라고 하는 기술이 도입되어 마이크로서비스 런타임 환경을 구축하는 데 큰 도움을 주고 있다. 레드햇^{Red Hat}은 컨테이너를 '시스템의 나머지 부분과 격리되어 있으며, 실행에 필요한 모든 파일이 포함되어 있는 하나 이상의 프로세스 집합'으로 정의한다(https://www.redhat.com/en/topics/containers/whats-a-linux-container). 컨테이너화 기술은 컴퓨팅 분야에서 오랜 역사를 갖고 있으며, 이는 1970년대로 거슬러 올라간다. **chroot**(프로세스의 루트 디렉토리와 그 하위 디렉토리를 파일 시스템의 새로운 위치로 변경하는 기능)와 **jail**을 포함한 많은 컨테이너 기반 기술이 오늘날에도 널리 사용되고 있다.

단순하고 이식 가능한 패키징 모델과 각 물리 또는 가상 머신에서 격리된 샌드박스를 생성하는 기능의 조합으로 인해 마이크로서비스 분야에서 컨테이너가 빠르게 채택됐다.

2010년대 중반 컨테이너의 인기가 상승한 것은 컨테이너를 대중에게 널리 소개한 도커 Docker 때문일 수 있다. 도커는 단순화된 패키징 방법과 리눅스, 맥OS 및 윈도우에서 활용할 수 있는 런타임 환경 제공을 통해 컨테이너를 대중들에게 널리 소개했다. 컨테이너 이미지를 쉽게 배포할 수 있게 되면서 컨테이너 기술의 인기가 높아졌다. 이는 컨테이너를 처음 접하는 사용자의 경우 다른 사용자가 만든 기존 이미지를 사용할 수 있기 때문에 이미지를 만드는 방법을 알 필요가 없었기 때문이다.

컨테이너와 마이크로서비스는 서로 잘 맞는다고 할 수 있다. 마이크로서비스 애플리케이션은 컨테이너의 패키징 및 배포 메커니즘과 동일한 컴퓨팅 공간을 공유하면서 서로 격리되는 이점을 활용했다. 그러나 컨테이너화된 마이크로서비스가 더 많이 배포되면서 관리에 전반적인 문제가 발생했다. 실행 중인 각 컨테이너의 상태를 어떻게 보장할 것인가? 컨테이너에서 장애가 발생할 경우 어떠한 작업을 수행할 것인가? 기본적으로 필요한 컴퓨팅 용량이 없을 경우 어떻게 될 것인가? 이러한 컨테이너 오케스트레이션 요구사항에 부응할 수 있는 쿠버네티스에 대해 살펴보자.

다음 절에서는 쿠버네티스의 동작 방식과 함께 기업에 가치를 제공하는 방법을 설명할 예정이다.

▌ 쿠버네티스란 무엇인가?

종종 k8s('kaytes'로 발음)로 약칭되는 쿠버네티스는 오픈소스 컨테이너 오케스트레이션 플랫폼이다. 구글Google의 오케스트레이션 도구인 보그Borg에서 시작된 이 프로젝트는 2015년에 오픈소스로 변경되면서 쿠버네티스로 이름이 변경됐다. 2015년 7월 21일 v1.0 릴리스 이후, 구글과 리눅스 재단Linux Foundation은 파트너 관계를 맺고 현재 쿠버네티스 프로젝트의 유지관리자 역할을 하는 CNCFCloud Native Computing Foundation를 구성했다.

쿠버네티스라는 단어는 '키잡이helmsman' 또는 '파일럿pilot'을 의미하는 그리스어다. 키잡이는 선박 조종을 담당하고 선원의 안전을 위해 안전하고 안정적인 코스로 운행을 담당하며 선원과 긴밀한 협력관계에 있는 사람이다. 쿠버네티스는 컨테이너 및 마이크로서비스와 관련해 키잡이와 유사한 책임을 갖고 있다. 쿠버네티스는 컨테이너의 오케스트레이션 및 스케줄링을 담당한다. 쿠버네티스는 컨테이너의 워크로드를 처리할 수 있는 적절한 워커 노드worker node를 할당하는 역할을 한다. 또한 고가용성high availability 및 상태 검사health check 등을 제공해 마이크로서비스의 안전성을 보장한다.

쿠버네티스가 컨테이너화된 워크로드의 관리를 단순화하는 데 도움이 되는 몇 가지 방법을 살펴보자.

컨테이너 오케스트레이션

쿠버네티스에서 가장 두드러진 특징은 컨테이너 오케스트레이션이다. 이것은 유도적 용어loaded term이기 때문에, 여러 의미로 나뉠 수 있다. 컨테이너 오케스트레이션은 요구사항에 따라 컴퓨팅 리소스 풀에서 특정 머신에 컨테이너를 배치하는 것이다. 컨테이너 오케스트레이션의 가장 간단한 사용 사례는 리소스 요구사항을 처리할 수 있는 머신에 컨테이너를 배포하는 것이다. 다음 다이어그램에는 2Gi 메모리(쿠버네티스의 리소스 요청은 일반적으로 2의 거듭제곱값으로 표현됨. 이 경우 대략 2GB와 동일함)와 1 CPU 코어를 요청하는 애플리케이션이 존재한다. 이는 컨테이너가 스케줄링된 머신에서 2Gi의 메모리와 1개의 CPU 코어가 할당됨을 의미한다. 어떤 머신(이 경우 노드라고 불림)에 필요한 리소스가 있는지 추적하고 해당 머신에 컨테이너를 배치하는 것이 쿠버네티스의 역할이다. 만약 노드에 요구사항을 만족시키기에 충분한 리소스가 없을 경우 컨테이너는 해당 노드에 스케줄링되지 않는다. 클러스터를 구성하는 모든 노드에 워크로드를 실행하기 위한 리소스가 충분하지 않은 경우 컨테이너는 배포되지 않는다. 노드에 충분한 리소스가 확보되면 컨테이너는 리소스가 충분한 노드에 배포된다.

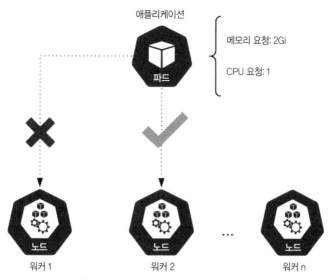

애플리케이션

메모리 요청: 2Gi

CPU 요청: 1

파드

워커 1   워커 2   ...   워커 n

노드   노드   노드

▲ **그림 1.1** 쿠버네티스 오케스트레이션 및 스케줄링

컨테이너 오케스트레이션은 사용자가 시스템에서 사용 가능한 리소스를 추적하는 데 드는 노력을 덜어준다. 쿠버네티스 및 기타 모니터링 도구는 이러한 메트릭metric에 대한 통찰력을 제공한다. 따라서 일반적인 개발자는 사용 가능한 리소스에 대해 걱정할 필요가 없다. 개발자는 컨테이너가 사용할 것으로 예상되는 리소스의 양을 간단히 선언할 수 있으며, 쿠버네티스는 이에 대한 처리를 백엔드에서 진행한다.

고가용성

쿠버네티스의 또 다른 장점은 중복성redundancy과 고가용성을 관리하는 데 도움이 되는 기능을 제공한다는 것이다. 고가용성은 프로그램의 다운타임downtime5을 방지하는 특성이다. 이는 로드 밸런서load balancer에 의해 수행되며, 들어오는 트래픽을 애플리케이션의 여러 인스턴스로 분할한다. 따라서 프로그램의 다운타임을 피할 수 있으며, (사람 또는 마이크로서비스 여부에 관계없이) 최종 사용자는 애플리케이션의 인스턴스에서 장애가 발생했음

---

5   서비스 중단 시간을 의미함 – 옮긴이

을 인지하지 못한다. 쿠버네티스는 서비스^{Service}라고 하는 네트워킹 메커니즘 제공을 통해 애플리케이션의 로드 밸런싱을 지원한다. 이는 1장의 '쿠버네티스 애플리케이션 배포' 절에서 자세히 설명할 예정이다.

확장성

컨테이너 및 마이크로서비스의 경량^{lightweight} 특성을 고려할 때, 개발자는 쿠버네티스를 사용해 수평 및 수직으로 워크로드를 빠르게 확장할 수 있다.

수평 확장은 더 많은 컨테이너 인스턴스를 배포하는 작업이다. 쿠버네티스에 워크로드를 발생하는 팀에 부하 증가가 예상되는 경우, 쿠버네티스에 더 많은 애플리케이션 인스턴스를 배포하도록 지시할 수 있다. 쿠버네티스는 컨테이너 오케스트레이터$^{container\ orchestrator}$이기 때문에 개발자는 해당 애플리케이션이 배포될 물리 인프라에 대해 걱정할 필요가 없다. 쿠버네티스는 클러스터 내에서 사용 가능한 리소스가 있는 노드를 찾아 추가 인스턴스를 배포한다. 추가되는 인스턴스는 로드 밸런싱 풀에 추가되기 때문에 애플리케이션의 가용성을 계속해서 높일 수 있다.

수직적 확장은 추가적인 메모리와 CPU를 애플리케이션에 할당하는 작업이다. 개발자는 애플리케이션이 실행되는 동안 애플리케이션의 리소스 요구사항을 수정할 수 있다. 쿠버네티스는 새로운 리소스 요구사항을 지원할 수 있도록 실행 중인 인스턴스를 재배포하거나 리스케줄링할 수 있다. 이때 구성 방법에 따라, 쿠버네티스는 새로운 인스턴스가 배포되는 동안 다운타임을 방지하는 방식으로 각 인스턴스를 재배포할 수 있다.

활성화된 커뮤니티

쿠버네티스 커뮤니티는 엄청나게 활발한 오픈소스 커뮤니티다. 그 결과, 쿠버네티스는 패치와 새로운 기능을 자주 업데이트받을 수 있다. 또한 커뮤니티는 전문적이거나 취미 활동의 블로그 및 웹사이트뿐만 아니라 쿠버네티스의 공식 문서에도 많은 기여를 했다.

이러한 기술의 문서화 외에도, 커뮤니티는 전 세계 모임 및 컨퍼런스를 계획하고 참석하는 데 크게 관여하여 플랫폼에 대한 교육과 혁신의 기회를 향상하는 데 많은 도움을 주고 있다.

쿠버네티스의 대규모 커뮤니티의 또 다른 이점은 쿠버네티스에서 제공하는 기능을 향상하기 위해 개발된 다양한 도구tool다. 헬름은 이러한 도구 중 하나다. 1장의 후반부와 이 책 전반에서 볼 수 있듯이, 쿠버네티스 커뮤니티의 구성원이 개발한 도구인 헬름은 애플리케이션의 배포 및 수명주기 관리를 단순화하여 개발자의 경험을 크게 향상한다.

지금까지 쿠버네티스를 통해 컨테이너화된 워크로드를 관리하는 데 따른 이점을 학습했으니, 이제 쿠버네티스에 애플리케이션을 배포하는 방법을 설명할 것이다.

▎ 쿠버네티스 애플리케이션 배포

쿠버네티스에 애플리케이션을 배포하는 것은 쿠버네티스 외부에 애플리케이션을 배포하는 것과 근본적으로 유사하다. 컨테이너화 여부에 관계없이, 모든 애플리케이션은 다음과 같은 설정configuration에 대한 세부 사항을 포함하고 있어야 한다.

- 네트워킹networking
- 영구 저장소persistent storage 및 파일 마운트file mount
- 가용성availability 및 중복성redundancy
- 애플리케이션 설정application configuration
- 보안security

쿠버네티스에서 이러한 세부 사항에 대한 설정은 쿠버네티스 APIapplication programming interface와 상호작용을 통해 수행된다.

쿠버네티스 API는 다양한 리소스를 보거나 수정 또는 삭제하기 위해 상호작용할 수 있는 일련의 엔드포인트 역할을 하며, 이 리소스 중 상당수는 애플리케이션의 다른 세부 정보를 구성하는 데 사용된다.

쿠버네티스에서 애플리케이션을 배포 및 구성하기 위해 사용자와 상호작용할 수 있는 기본 API 엔드포인트를 살펴보자.

디플로이먼트

가장 먼저 살펴볼 쿠버네티스 리소스는 디플로이먼트^{Deployment}다. 디플로이먼트는 쿠버네티스에 애플리케이션을 배포하는 데 필요한 기본적인 세부사항을 결정한다. 이러한 세부사항 중 하나는 쿠버네티스에 배포해야 하는 컨테이너 이미지다. 컨테이너 이미지는 일반적으로 docker와 jib 같은 도구를 사용해 로컬 워크스테이션에서 빌드할 수 있지만, kaniko를 사용해 쿠버네티스에서 이미지를 빌드할 수 있다. 쿠버네티스는 컨테이너 이미지를 빌드하기 위한 기본 API 엔드포인트를 공개하지 않기 때문에, 디플로이먼트 리소스를 구성하기 전에 수행해야 할 컨테이너 이미지 빌드 방법에 대해서는 자세히 설명하지 않는다.

디플로이먼트 구성을 위해, 컨테이너 이미지를 지정하는 것 외에도 배포할 애플리케이션의 복제본 또는 인스턴스의 수를 지정해야 한다. 디플로이먼트가 생성되면, 레플리카셋^{ReplicaSet}이라고 하는 중간 리소스가 생성된다. 레플리카셋은 디플로이먼트의 replicas 필드에 지정된 수만큼 애플리케이션 인스턴스를 배포한다. 애플리케이션은 컨테이너 내부에 배포되며, 컨테이너 자체는 파드^{Pod} 내에 배포된다. 파드는 쿠버네티스에서 사용되는 가장 작은 단위이며, 하나 이상의 컨테이너를 캡슐화한다.

디플로이먼트는 애플리케이션의 리소스 제한, 상태 검사 및 볼륨에 대한 탑재를 추가적으로 정의할 수 있다. 디플로이먼트를 생성하면, 쿠버네티스는 자동으로 다음과 같은 아키텍처를 생성한다.

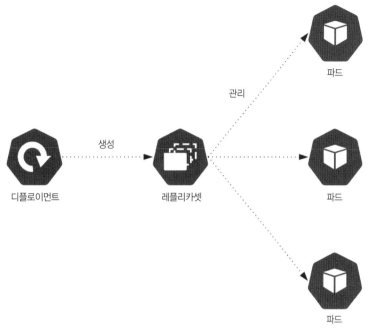

관리

생성

디플로이먼트   레플리카셋   파드   파드   파드

▲ **그림 1.2** 파드의 집합을 생성하는 디플로이먼트

쿠버네티스의 또 다른 기본 API 엔드포인트는 다음에 설명할 서비스 리소스를 생성하는 데 사용된다.

서비스

디플로이먼트는 애플리케이션을 쿠버네티스에 배포하는 데 사용되지만, 쿠버네티스와 통신할 수 있게 하는 네트워킹 컴포넌트를 구성하지는 않는다. 쿠버네티스와의 통신은 네트워킹 계층을 정의하는 데 사용되며 서비스Service라고 불리는 별도의 API 엔드포인트를 통해 정의된다. 서비스에 정적 IP 주소를 할당해 사용자 및 다른 애플리케이션과 통신할 수 있다. 서비스 생성 및 IP 할당 후 서비스의 엔드포인트를 구성하여 하나 이상의 애플리케이션 인스턴스로 트래픽을 라우팅할 수 있다. 이러한 종류의 구성을 통해 로드 밸런싱 및 고가용성을 제공한다.

서비스를 사용하는 예제 아키텍처는 다음 다이어그램에 설명되어 있다. 서비스는 클라이언트와 파드 사이에 위치하여 로드 밸런싱 및 고가용성을 제공한다.

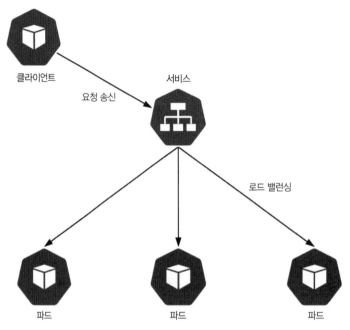

▲ **그림 1.3** 수신하는 요청에 대한 서비스 로드 밸런싱

마지막으로 살펴볼 예제는 PersistentVolumeClaim^{영구 볼륨 요청} API 엔드포인트다.

영구 볼륨 요청

대부분의 마이크로서비스 유형은 애플리케이션은 애플리케이션의 상태를 임시로 유지한다. 그러나 데이터가 단일 컨테이너의 수명을 넘어 존재해야 하는 사용 사례가 존재한다. 쿠버네티스는 저장소^{storage}의 제공 및 사용 방법을 추상화하는 하위 시스템^{subsystem}을 제공함으로써 이를 해결한다. 애플리케이션에 영구 저장소를 할당하기 위해, 사용자는 원하는 저장소의 양과 타입을 지정하는 PersistentVolumeClaim을 생성할 수 있다. 쿠버네티스 관리자는 PersistentVolume으로 표현되는 저장소에서 정적으로 할당하거나 PersistentVolumeClaim

엔드포인트에 대한 응답으로 PersistentVolume을 할당할 수 있는 StorageClass를 사용해 동적으로 프로비저닝해야 한다. PersistentVolume은 저장소의 크기와 함께 타입(NFS, iSCSI, 또는 클라우드 제공업체 등)을 포함한 필요한 모든 저장소의 세부 정보를 기록한다. 클러스터 내에서 사용되는 PersistentVolume의 할당 방법이나 저장소의 백엔드 유형에 관계없이, 사용자의 입장에서는 저장소 관리를 위한 기본적인 세부사항을 관리할 필요가 없다. 쿠버네티스 내에서 영구 저장소를 활용할 수 있게 하는 기능은 플랫폼에 배포할 수 있는 잠재적인 애플리케이션의 수를 증가시킨다.

다음 다이어그램은 프로비저닝되는 영구 저장소의 한 예다. 다이어그램은 관리자가 StorageClass를 통해 동적 프로비저닝을 구성했다고 가정하고 있다.

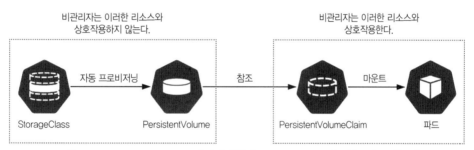

▲ **그림 1.4** PersistentVolumeClaim에 의해 생성된 PersistentVolume을 마운트하고 있는 파드

쿠버네티스에는 더 많은 리소스가 존재하지만, 지금까지의 학습을 통해 아마도 어느 정도의 청사진을 얻었을 것이다. 이제 던져봐야 할 질문은 "리소스가 실제로 어떻게 만들어지는가?"이다.

다음 절에서 이 질문을 더 자세히 살펴볼 예정이다.

▌리소스 관리에 대한 접근

쿠버네티스에 애플리케이션을 배포하려면, 쿠버네티스 API와 상호작용을 통해 리소스를 생성해야 한다. kubectl은 쿠버네티스 API와 상호작용하기 위한 도구다. kubectl은 **명령**

행 인터페이스^{CLI, command-line interface} 도구로, 쿠버네티스 API의 복잡성을 추상화해 사용자가 플랫폼에서 좀 더 효율적으로 작업할 수 있게 도와준다.

kubectl을 사용해 쿠버네티스 리소스를 관리하는 방법을 살펴보자.

명령형 및 선언형 구성

kubectl 명령형 방식의 도구로 리소스를 생성하고 수정을 위한 일련의 하위 명령을 제공한다. 다음은 이러한 명령의 몇 가지 목록이다.

- create
- describe
- edit
- delete

kubectl 명령은 일반적으로 다음과 같은 형식을 따른다.

---

kubectl <동사> <명사> <인수들>

'동사'는 kubectl 하위 명령 중 하나를 의미하고, '명사'는 특정 쿠버네티스 리소스를 의미한다. 예를 들어, 다음과 같은 명령을 실행해 디플로이먼트를 생성할 수 있다.

---

kubectl create deployment my-deployment --image=busybox

위 명령은 kubectl에게 디플로이먼트 API와 상호작용을 통해 도커 허브^{Docker Hub}의 busybox 이미지를 사용하여 my-deployment라는 이름의 디플로이먼트를 생성하도록 지시한다.

또한 kubectl describe 하위 명령을 통해 생성된 디플로이먼트에 대한 상세 정보를 얻을 수 있다.

```
kubectl describe deployment my-deployment
```

위 명령은 디플로이먼트에 대한 정보를 검색하고, 그 결과를 읽을 수 있는 포맷으로 형식화하여 개발자가 쿠버네티스상에 존재하는 my-deployment 디플로이먼트를 점검해볼 수 있게 한다.

디플로이먼트를 변경하고자 하는 경우, 개발자는 edit 하위 명령을 사용해 원하는 위치를 수정할 수 있다.

```
kubectl edit deployment my-deployment
```

위 명령은 텍스트 편집기를 열어 디플로이먼트를 수정할 수 있게 한다.

리소스를 삭제하고자 할 경우 delete 하위 명령을 실행할 수 있다.

```
kubectl delete deployment my-deployment
```

위 명령은 my-deployment라는 디플로이먼트를 삭제하도록 지시한다.

쿠버네티스 리소스는 일단 생성되면, 클러스터에 JSON 형식의 리소스 파일로 존재하며 사람이 쉽게 읽을 수 있도록 YAML 형식의 파일로 내보낼 수 있다. YAML 형식의 예제 리소스는 다음과 같다.

```
apiVersion: apps/v1
kind: Deployment
metadata:
  name: busybox
spec:
  replicas: 1
  selector:
    matchLabels:
      app: busybox
  template:
```

```
metadata:
  labels:
    app: busybox
spec:
  containers:
    - name: main
      image: busybox
      args:
        - sleep
        - infinity
```

위의 YAML 형식은 매우 기본적인 사용 사례를 보여준다. 도커 허브에서 busybox 이미지를 배포하고 sleep 명령을 무기한으로 실행해 파드가 계속 실행되게 한다.

앞서 설명한 kubectl 하위 명령을 사용해 명령형 방식으로 리소스를 생성하는 것이 더 쉬울 수 있지만, 선언형 방식을 통해 YAML 리소스를 직접 관리하면 리소스 생성을 좀 더 효율적으로 제어할 수 있다. kubectl 하위 명령을 사용하면 가능한 모든 리소스 옵션을 설정할 수 없지만, YAML 파일을 직접 작성하면 좀 더 유연하게 리소스를 생성하고 kubectl 하위 명령 사용 시 발생하는 부족한 부분을 메꿀 수 있다.

선언형으로 리소스를 생성하기 위해서, 사용자는 먼저 생성하고자 하는 리소스를 YAML 형식으로 작성해야 한다. 다음으로 kubectl 도구를 사용해 쿠버네티스 API에 리소스를 적용한다. 명령형 구성을 사용하는 개발자는 kubectl 하위 명령을 사용해 리소스를 관리하지만, 선언형 구성을 사용하는 개발자는 주로 하나의 하위 명령(apply)만을 사용한다.

선언형 구성 방식의 리소스 생성 절차는 주로 다음과 같다.

```
kubectl apply -f my-deployment.yaml
```

위 명령은 쿠버네티스에게 리소스 사양이 포함된 YAML 리소스를 전달하지만, JSON 형식을 사용할 수도 있다. 쿠버네티스는 리소스의 존재 여부에 따라 수행해야 할 동작(생성 또는 수정)을 유추한다.

선언형 방식으로 애플리케이션을 구성하는 방법은 다음과 같다.

1. 우선 deployment.yaml이라는 이름의 파일을 생성하고 배포할 리소스에 대해 YAML 형식으로 작성한다. 이전과 동일한 예제를 사용한다.

```
apiVersion: apps/v1
kind: Deployment
metadata:
  name: busybox
spec:
  replicas: 1
  selector:
    matchLabels:
      app: busybox
  template:
    metadata:
      labels:
        app: busybox
    spec:
      containers:
        - name: main
          image: busybox
          args:
            - sleep
            - infinity
```

2. 그런 다음, 아래 명령을 사용해 디플로이먼트를 생성할 수 있다.

```
kubectl apply -f deployment.yaml
```

위 명령을 실행하면, 쿠버네티스는 사용자가 YAML 파일에 지정한 대로 디플로이먼트에 대한 생성을 시도한다.

3. 복제본(replicas)의 수를 2로 변경해 디플로이먼트를 변경하고자 할 경우, 우선 deployment.yaml 파일을 수정해야 한다.

```
apiVersion: apps/v1
kind: Deployment
metadata:
  name: busybox
spec:
  replicas: 2
  selector:
    matchLabels:
      app: busybox
  template:
    metadata:
      labels:
        app: busybox
    spec:
      containers:
        - name: main
          image: busybox
          args:
            - sleep
            - infinity
```

4. 그런 다음, kubectl apply 명령을 통해 변경사항을 적용해야 한다.

```
kubectl apply -f deployment.yaml
```

위 명령의 실행 결과, 쿠버네티스는 이전 kubectl apply 명령을 통해 생성된 디플로이먼트에 변경사항을 적용한다. 이 시점에 애플리케이션의 복제본의 값은 1에서 2로 스케일 업$^{scale\ up}$된다.

5. 애플리케이션의 삭제와 관련해, 쿠버네티스 문서에는 apply 대신 delete 같은 하위 명령을 통한 명령형 방식을 사용할 것을 권고하고 있다.

```
kubectl delete -f deployment.yaml
```

6. `delete` 하위 명령 사용 시 `-f` 플래그와 파일 이름을 함께 사용해 좀 더 선언적으로 만들 수 있다. 이를 통해 kubectl에게 특정 파일에 의해 선언되어 삭제할 대상이 되는 리소스의 이름을 전달하며, 개발자에게는 선언형 YAML 파일을 통해 리소스를 계속 관리할 수 있게 한다.

지금까지 쿠버네티스의 리소스 생성 방법을 살펴봤다. 이제 리소스의 구성과 관련된 몇 가지 문제를 살펴보자.

▎ 리소스 구성 문제

이전 절에서는 쿠버네티스의 두 가지 구성 방법(명령형 및 선언형)을 살펴봤다. 여기서 고려해봐야 할 한 가지 질문은 "명령형 및 선언형 방법을 사용해 쿠버네티스 리소스를 생성할 때 사용자가 인지하고 있어야 할 부분은 무엇인가?"이다.

가장 일반적인 문제들을 논의해보자.

다양한 타입의 쿠버네티스 리소스

무엇보다도 쿠버네티스에는 매우 많은 다양한 리소스가 존재하고 있다. 다음은 개발자가 알아야 할 리소스 목록이다.

- 디플로이먼트^{Deployment}
- 스테이트풀셋^{StatefulSet}
- 서비스^{Service}
- 인그레스^{Ingress}
- 컨피그맵^{ConfigMap}
- 시크릿^{Secret}
- 저장소 클래스^{StorageClass}

- 영구 볼륨 요청^{PersistentVolumeClaim}

- 서비스 어카운트^{ServiceAccount}

- 롤^{Role}

- 롤 바인딩^{RoleBinding}

- 네임스페이스^{Namespace}

쿠버네티스에 애플리케이션을 배포하는 것은 '배포'라고 표시된 붉은색 버튼을 누르는 것만큼 간단하지 않다. 개발자는 애플리케이션을 배포하는 데 필요한 리소스를 파악할 수 있어야 하며, 해당 리소스를 적절하게 구성할 수 있을 만큼 충분히 깊은 수준에서 리소스를 이해하고 있어야 한다. 이를 위해서는 플랫폼에 대해 많은 지식과 훈련이 필요하다. 리소스를 제대로 이해하고 생성하는 것은 큰 어려움처럼 보일 수 있지만, 실제로는 운영 과정에서 직면하게 될 어려움의 시작일 뿐이다.

라이브 및 로컬 상태를 동기화로 유지

쿠버네티스 리소스 구성과 관련해 권장하는 방법은 팀이 함께 편집하고 공유할 수 있도록 소스 제어^{source control}에서 설정^{configuration}을 유지하는 것이다. 소스 제어에 정의된 설정('로컬 상태'를 의미함)은 apply 명령을 통해 쿠버네티스 환경에 적용해 생성되고, 생성된 리소스는 '라이브' 또는 '라이브 상태'로 진입한다. 이는 간단하게 들릴 수도 있지만, 개발자가 리소스를 변경해야 할 경우 어떻게 해야 할 것인가? 신뢰성 있는 원천 데이터를 업데이트하기 위해 로컬 파일을 수정하고 변경사항을 적용해 로컬 상태를 라이브 상태와 동기화하는 것이 정답이다. 그러나 이것은 일반적이지 않다. 로컬 파일을 수정하지 않고 kubectl patch 또는 kubectl edit 명령을 사용해 실시간으로 리소스를 수정하는 것이 단기적으로 봤을 때 더 간단한 경우가 많다. 이로 인해 로컬 상태와 라이브 상태에 불일치가 발생하며, 쿠버네티스의 확장을 더 어렵게 만든다.

애플리케이션 수명주기 관리의 어려움

수명주기 관리는 유도적 용어이지만, 문맥을 통해 애플리케이션의 설치, 업그레이드 및 롤백의 개념임을 유추할 수 있다. 쿠버네티스 세계에서 설치는 애플리케이션을 배포하고 구성하기 위한 리소스 생성을 의미한다. 초기 설치initial installation는 여기서 애플리케이션의 버전 1을 생성하는 것을 의미한다.

따라서 업그레이드는 이러한 쿠버네티스 리소스 중 하나 이상을 편집하거나 수정하는 것으로 생각할 수 있다. 각 편집 항목에 대한 배치(batch)는 단일 업그레이드로 생각할 수 있다. 개발자는 단일 서비스 리소스를 수정해 버전 번호를 버전 2로 올릴 수 있다. 그런 다음, 개발자는 디플로이먼트, 컨피그맵 및 서비스를 수정해 버전의 수를 버전 3으로 늘릴 수 있다.

최신 버전의 애플리케이션이 쿠버네티스에 계속 롤아웃됨에 따라 발생한 변경사항을 추적하기가 더욱 어려워진다. 대부분의 경우 쿠버네티스에는 변경사항을 기록 및 유지하는 고유한 방법이 존재하지 않는다. 따라서 업그레이드 이력을 추적하기가 더 어려울 뿐만 아니라, 애플리케이션을 이전 버전으로 복원하기가 훨씬 더 어려워진다. 개발자가 이전에 특정 리소스를 잘못 편집했다고 가정해보자. 팀의 입장에서는 어떠한 버전으로 롤백해야 하는지 어떻게 알 수 있는가? n-1 케이스의 경우, 최신 버전이기 때문에 쉽게 해결할 수 있다. 그러나 안정적인 최신 버전의 릴리스가 5 버전 이전인 경우 어떻게 될 것인가? 팀은 종종 이전에 동작했던 안정적인 최신 버전을 신속하게 식별할 수 없기 때문에, 문제를 해결하기 위해 혼란에 빠지게 된다.

정적인 리소스 파일

정적인 리소스 파일은 YAML 형식을 적용한 선언형 구성 스타일에 주로 영향을 미친다. 선언형 접근 방식을 따르는 데 어려움이 있는 부분은 쿠버네티스 리소스 파일이 기본적으로 매개변수화되도록 설계되지 않았다는 점이다. 리소스 파일은 적용하기 전에 전체가 작성되도록 설계됐으며, 파일이 수정될 때까지 내용이 그대로 유지된다. 이는 쿠버네티스를 다룰 때 매우 불편할 수 있다. 매우 다양한 사용자 정의 필드를 포함하고 있는 일부 API 리소스의 경우 길어질 수 있으며, YAML 리소스를 완벽하게 작성하고 구성하는 것은 상당히 번거로운 작업이 될 수 있다.

정적 파일은 보일러플레이트^{boilerplate}가 된다. 보일러플레이트는 서로 다르지만 유사한 맥락에서 크게 일관된 텍스트 또는 코드를 의미한다. 개발자가 여러 개의 애플리케이션 (여러 개의 디플로이먼트 리소스 및 서비스로 구성된 경우)을 관리하는 경우 문제가 된다. 다른 종류의 애플리케이션 리소스 파일을 비교할 때, YAML 구성의 상당 부분이 유사한 것을 확인할 수 있다.

다음 그림은 두 애플리케이션 간의 보일러플레이트 구성의 예를 보여준다. 밑줄 친 텍스트는 고유한 행을 나타내고, 나머지 텍스트는 보일러플레이트를 나타낸다.

```
apiVersion: v1                      apiVersion: v1
kind: Deployment                    kind: Deployment
metadata:                           metadata:
  name: my-k8s-app                    name: your-k8s-app
spec:                               spec:
  replicas: 1                         replicas: 1
  selector:                           selector:
    matchLabels:                        matchLabels:
      app: my-k8s-app                     app: your-k8s-app
  strategy:                           strategy:
    rollingUpdate:                      rollingUpdate:
      maxSurge: 25%                       maxSurge: 25%
      maxUnavailable: 25%                maxUnavailable: 25%
  template:                           template:
    metadata:                           metadata:
      labels:                             labels:
        app: my-k8s-app                     app: your-k8s-app
    spec:                               spec:
      containers:                         containers:
      - image: my-k8s-app:v1              - image: your-k8s-app:v3
        imagePullPolicy: IfNotPresent       imagePullPolicy: IfNotPresent
        name: app                           name: app
```

▲ **그림 1.5** 두 리소스 간의 보일러플레이트 예제

위 예제에서 각 파일은 거의 동일하다. 이와 유사한 파일을 관리할 때, 보일러플레이트는 애플리케이션을 선언형 방식으로 관리하는 팀에게 큰 골칫거리가 될 수 있다.

▎구원이 될 헬름!

시간이 지남에 따라 쿠버네티스 커뮤니티는 쿠버네티스 리소스를 생성하고 유지관리해 애플리케이션을 배포하는 것이 어렵다는 사실을 인지했다. 따라서 쿠버네티스에 애플리케이션을 배포할 때 발생할 수 있는 문제를 극복할 수 있는 간단하면서도 강력한 도구를 개발했는데, 이 도구를 헬름^{Helm}이라고 부른다. 헬름은 쿠버네티스에서 애플리케이션을 패키징 및 배포하는 데 사용되는 '오픈소스 도구'다. 헬름은 자주 사용되는 OS에서 확인할 수 있는 패키지 매니저와 유사하기 때문에 **쿠버네티스 패키지 매니저**^{Kubernetes Package Manager}라고도 한다. 헬름은 쿠버네티스 커뮤니티 전체에서 널리 사용되고 있으며, CNCF의 졸업^{graduated} 프로젝트다.

헬름과 기존 패키지 매니저의 유사점을 고려하면서, 먼저 패키지 매니저의 동작 방식을 검토해보며 헬름을 살펴보자.

패키지 매니저 이해

패키지 매니저는 시스템의 애플리케이션을 설치, 업그레이드, 되돌리기 및 제거 프로세스를 단순화하는 데 사용된다. 이러한 애플리케이션은 **패키지**^{package}라고 하는 단위로 정의되며, 여기에는 대상 소프트웨어 및 디펜던시^{dependency}에 대한 메타데이터가 포함되어 있다.

패키지 매니저의 사용 절차는 매우 간단하다. 먼저, 사용자는 소프트웨어 패키지의 이름을 인수^{argument}로 전달한다. 그런 다음, 패키지 매니저는 패키지 리포지토리^{package repository}를 조회해 해당 패키지의 존재 여부를 확인한다. 패키지가 발견되면, 패키지 매니저는 패키지에 의해 정의된 애플리케이션 및 디펜던시 항목을 시스템의 지정된 위치에 설치한다.

패키지 매니저는 소프트웨어에 대한 관리를 매우 쉽게 만든다. 예를 들어, 리눅스 시스템의 모니터링 프로그램인 htop을 페도라^{Fedora} 머신에 설치하고자 한다고 가정해보자. 단일 명령을 입력해 간단하게 설치할 수 있다.

```
dnf install htop -assumeyes
```

dnf 명령은 2015년 이후부터 페도라에 포함된 패키지 매니저로, 페도라 패키지 리포지토리에서 htop을 찾아 설치한다. 또한 dnf는 htop 패키지의 디펜던시를 설치하기 때문에, 사전에 요구사항에 대한 설치를 걱정할 필요가 없다. dnf는 상위 리포지토리에서 htop 패키지를 찾은 후 계속 진행할지 여부를 묻는다. --assumeyes 플래그는 프롬프트상에서 받는 이 질문에 자동으로 yes로 응답한다.

시간이 지남에 따라 최신 버전의 htop이 상위 저장소에 나타날 수 있다. dnf 및 기타 패키지 매니저를 통해 사용자는 새로운 버전의 소프트웨어로 효율적으로 업그레이드할 수 있다. 사용자가 dnf를 사용해 업그레이드할 수 있는 하위 명령은 upgrade다.

```
dnf upgrade htop --assumeyes
```

위 명령은 dnf에 최신 버전의 htop으로 업그레이드하도록 지시한다. 또한 디펜던시를 패키지의 메타데이터에 지정된 버전으로 업그레이드한다. 패키지 매니저는 사용자가 필요한 경우 뒤로 이동해 애플리케이션을 이전 버전으로 되돌릴 수도 있다. dnf에서는 downgrade라는 하위 명령을 통해 이를 수행할 수 있다.

```
dnf downgrade htop --assumeyes
```

중요한 버그나 취약점이 발견된 경우, 패키지 매니저를 통해 사용자가 신속하게 롤백할 수 있기 때문에 이는 매우 강력한 프로세스다.

애플리케이션을 완전히 제거하려는 경우, 패키지 매니저가 이를 처리할 수 있다. dnf는 이러한 목적으로 remove 하위 명령을 제공한다.

```
dnf remove htop -assumeyes
```

이번 절에서는 페도라의 dnf 패키지 매니저를 사용해 소프트웨어 패키지를 관리하는 방법을 학습했다. 쿠버네티스의 패키지 매니저인 헬름은 목적과 기능적인 측면에서 dnf와 유사하다. dnf는 페도라에서 애플리케이션을 관리하는 데 사용되는 반면에, 헬름은 쿠버네티스에서 애플리케이션을 관리하는 데 사용된다. 다음에 이것을 좀 더 자세히 살펴볼 것이다.

쿠버네티스 패키지 매니저

헬름은 패키지 매니저와 비슷한 경험을 제공할 수 있도록 설계됐기 때문에, dnf 또는 이와 유사한 도구를 사용하는 숙련된 사용자라면 헬름의 기본 개념을 즉시 이해할 수 있다. 그러나 특정 구현에 대한 세부 사항을 이야기할 때는 상황이 더욱 복잡해진다. dnf는 실행 파일, 디펜던시 및 메타데이터를 제공하는 RPM 패키지에서 동작한다. 반면에, 헬름은 **차트**chart와 함께 동작한다. 헬름 차트는 쿠버네티스 패키지로 생각할 수 있다. 차트에는 애플리케이션을 배포하는 데 필요한 선언형 쿠버네티스 리소스 파일이 포함되어 있다. RPM과 마찬가지로 애플리케이션을 실행하는 데 필요한 하나 이상의 디펜던시를 선언할 수도 있다.

헬름은 차트에 대한 광범위한 접근을 제공하기 위해 리포지토리를 사용한다. 차트 개발자는 선언형 YAML 파일을 생성해 차트로 패키징하여 차트 리포지토리에 게시한다. 최종사용자는 dnf의 최종 사용자가 페도라에 배포할 RPM 패키지를 검색하는 것과 비슷한 방식으로 헬름을 사용해 쿠버네티스에 배포할 차트를 검색한다.

기본 예제를 살펴보자. 헬름을 사용하면 상위 리포지토리에 게시된 차트를 사용해 인메모리 캐시in-memory cache인 레디스Redis를 쿠버네티스에 배포할 수 있다. 이는 다음과 같은 헬름의 install 명령을 통해 수행할 수 있다.

```
helm install redis bitnami/redis --namespace=redis
```

이 명령의 실행 결과, bitnami 차트 리포지토리에서 검색을 통해 redis라고 하는 쿠버네티스 네임스페이스에 redis 차트가 설치된다. 이와 같은 설치를 초기 **리비전**[revision] 또는 초기 배포판이라고 한다.

만약 새로운 버전의 redis 차트를 사용할 수 있을 경우 upgrade 명령을 통해 새로운 버전으로 업그레이드할 수 있다.

```
helm upgrade redis bitnami/redis --namespace=redis
```

위 명령은 최신 redis-ha 차트에 정의된 사양을 충족하도록 레디스를 업그레이드한다.

운영체제에서는 버그나 취약점이 발견되는 경우 사용자가 롤백에 대해 걱정해야 한다. 쿠버네티스 애플리케이션에서도 동일한 문제가 발생하며, 헬름은 이러한 사용 사례를 처리하기 위한 롤백 명령을 제공한다.

```
helm rollback redis 1 --namespace=redis
```

위 명령은 레디스를 첫 번째 리비전으로 롤백한다.

마지막으로, 헬름은 레디스를 완전히 제거하는 기능을 제공한다. uninstall 명령은 다음과 같다.

```
helm uninstall redis --namespace=redis
```

다음 표는 헬름과 dnf에서 제공하는 하위 명령 및 기능을 비교한다. dnf와 헬름은 유사한 사용자 경험을 제공하는 유사한 명령을 제공한다.

dnf 하위 명령	헬름 하위 명령	목적
install	install	애플리케이션 및 디펜던시 설치
upgrade	upgrade	새로운 버전의 애플리케이션으로 업그레이드. 타깃 패키지에 명시된 바와 같이 디펜던시 업그레이드
downgrade	rollback	애플리케이션을 이전 버전으로 복원. 타켓 패키지에 명시된 바와 같이 디펜던시 복원
remove	uninstall	애플리케이션 삭제. 각 도구는 디펜던시 처리에 대해 각기 다른 철학을 갖고 있다.

헬름이 패키지 매니저로서 어떠한 기능을 수행하는지 이해하면서, 헬름이 쿠버네티스에 가져다주는 이점을 자세히 알아보자.

이 장의 앞부분에서 쿠버네티스 리소스 관리를 통해 쿠버네티스 애플리케이션을 생성하는 방법을 검토하고 이와 관련된 문제를 논의했다. 여기에 헬름을 통해 이러한 과제를 극복할 수 있는 몇 가지 방법이 존재한다.

추상화된 쿠버네티스 리소스의 복잡성

개발자가 쿠버네티스에 MySQL 데이터베이스를 배포하는 작업이 있다고 가정해보자. 개발자는 컨테이너, 네트워크 및 저장소를 구성하는 데 필요한 리소스를 생성해야 한다. 이러한 애플리케이션을 처음부터 구성하기 위해서는 쿠버네티스와 관련해 상당한 수준의 지식을 필요로 하며 신규 사용자뿐만 아니라 중급 사용자에게도 큰 장애물로 작용한다.

헬름을 사용하면, MySQL 데이터베이스 배포를 필요로 하는 개발자는 상위 차트 리포지토리에서 MySQL 차트를 검색할 수 있다. 이 차트는 커뮤니티의 차트 개발자에 의해 작성됐으며, MySQL 데이터베이스 배포에 필요한 선언형 구성을 이미 포함하고 있을 것이다. 이와 관련해, 이러한 종류의 작업을 수행하는 개발자는 다른 패키지 매니저와 비슷한 방식으로 헬름을 사용하는 간단한 최종 사용자 역할만을 수행한다.

진행 중인 리비전 내역

헬름에는 릴리스 이력release history이라는 개념이 존재한다. 헬름 차트가 처음 설치되면, 헬름은 초기 리비전을 이력에 추가한다. 이력은 업그레이드를 통해 리비전이 증가함에 따라 추가로 수정되며, 애플리케이션의 다양한 버전에 대한 스냅샷을 유지하고 있다.

다음 다이어그램은 진행 중인 리비전을 보여준다. 회색 사각형은 이전 버전에서 수정된 리소스를 나타낸다.

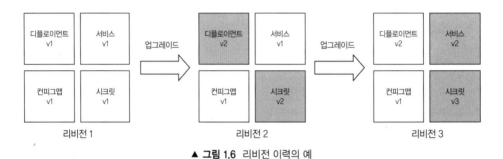

▲ **그림 1.6** 리비전 이력의 예

각 리비전을 추적하는 프로세스는 롤백할 수 있는 기회를 제공한다. 헬름에서 롤백은 매우 간단하다. 사용자는 단순히 헬름을 이전 리비전으로 설정하고, 헬름은 선택된 리비전의 실제 상태로 되돌린다. 헬름의 등장과 함께 n-1 백업의 시대는 끝났다. 헬름을 사용할 경우, 사용자가 원하는 대로 애플리케이션을 롤백할 수 있으며 최초 설치 버전으로도 되돌릴 수 있다.

동적으로 구성된 선언형 리소스

리소스를 선언형으로 만드는 데 있어 가장 큰 어려움 중 하나는, 쿠버네티스 리소스가 정적이고 매개변수화할 수 없다는 점이다. 앞서 언급한 바와 같이, 이와 같은 특성으로 인해 애플리케이션 및 유사한 구성이 보일러플레이트가 되어 팀이 애플리케이션을 코드로 구성하기가 더 어려워진다. 헬름은 **값**value과 **템플릿**template 개념을 도입해 이러한 문제를 완화했다.

값은 헬름에서 단순히 차트의 매개변수를 부르는 것이다. 템플릿은 주어진 값을 기반으로 동적으로 생성된 파일이다. 이 두 가지 구성은 차트 개발자에게 최종 사용자가 제공한 값을 기반으로 자동 생성되는 쿠버네티스 리소스를 작성할 수 있는 기능을 제공한다. 이를 통해, 헬름이 관리하는 애플리케이션은 좀 더 유연하고 보일러플레이트가 적으며 유지관리가 더 쉽게 만들 수 있다.

값과 템플릿을 사용하면 다음과 같은 작업을 수행할 수 있다.

- 디플로이먼트의 이미지 이름 및 서비스의 포트와 같은 공통 필드를 매개변수화 가능
- 디플로이먼트의 볼륨 마운트나 컨피그맵의 데이터와 같은 사용자 입력을 기반으로 긴 YAML 구성configuration 작성 가능
- 사용자의 입력을 기반으로 리소스를 포함 또는 제외 가능

선언형 리소스 파일을 동적으로 생성하는 기능을 통해 YAML 기반 리소스를 좀 더 간단하게 생성할 수 있으며, 애플리케이션을 쉽게 재구성할 수 있다.

로컬 상태와 라이브 상태 간의 일관성

패키지 매니저를 사용할 경우 사용자는 애플리케이션 및 해당 디펜던시를 수동으로 관리하지 않아도 된다. 모든 관리는 패키지 매니저 자체를 통해 수행할 수 있다. 헬름의 경우도 마찬가지다. 헬름 차트에는 쿠버네티스 리소스의 유연한 구성이 포함되어 있기 때문에, 사용자는 쿠버네티스 리소스의 라이브 상태를 직접 수정할 필요가 없다. 사용자가 애플리케이션을 수정하고자 할 경우, 헬름 차트에 새로운 값을 제공하거나 애플리케이션을 최신 버전의 차트로 업그레이드를 통해 수행할 수 있다. 이를 통해 수정사항이 발생했음에도 불구하고 로컬 상태와 라이브 상태 간의 일관성을 유지하여, 사용자에게 쿠버네티스 리소스 구성에 대해 신뢰성 있는 원천 데이터를 제공할 수 있다.

지능형 배포

헬름은 쿠버네티스 리소스 생성 순서를 결정해 애플리케이션 배포를 단순화한다. 헬름은 각 차트의 리소스를 분석하고 타입에 따라 순서를 정한다. 이와 같은 사전 순서 결정 방식은 일반적으로 리소스에 종속된 리소스가 있는 경우 먼저 생성되도록 하기 위해 존재한다. 예를 들어, 디플로이먼트는 시크릿 및 컨피그맵과 같은 리소스를 볼륨으로 사용할 수 있기 때문에 디플로이먼트가 생성되기 전에 시크릿 및 컨피그맵이 먼저 생성돼야 한다. 헬름은 사용자와의 상호작용 없이 리소스 생성 순서를 결정하기 때문에, 여러 가지 복잡성이 추상화되어 사용자가 리소스가 적용되는 순서를 걱정할 필요가 없다.

자동화된 수명주기 훅

여타 패키지 매니저와 마찬가지로, 헬름은 수명주기 훅^{lifecycle hook}을 정의할 수 있는 기능을 제공한다. 수명주기 훅은 애플리케이션 수명주기의 여러 단계에서 자동으로 수행되는 작업이다. 다음과 같은 작업을 수행하는 데 사용할 수 있다.

- 업그레이드 시 데이터 백업 수행
- 롤백 시 데이터 복원
- 설치 전 쿠버네티스 환경에 대한 유효성 검사

수명주기 훅은 복잡한 작업에 대한 추상화를 제공하기 때문에 유용하다. 예를 들면, 쿠버네티스 사용자는 데이터베이스 백업의 모범 사례에 익숙하지 않거나 그러한 작업을 언제 수행해야 하는지 알 수 없다. 수명주기 훅은 전문가가 이러한 모범 사례를 수행하는 자동화를 작성하도록 권장해, 사용자가 이러한 세부 사항을 걱정하지 않고도 생산성을 유지할 수 있게 한다.

요약

1장은 큰 규모의 모놀리식 애플리케이션 하나를 배포하는 대신 여러 개의 작은 애플리케이션으로 분해하기 위한 마이크로서비스 기반 아키텍처를 채택하는 아키텍처 트렌드의 변화를 살펴보는 것으로 시작했다. 좀 더 가볍고 관리하기 쉬운 애플리케이션을 만들면서 릴리스를 좀 더 자주 할 수 있도록 패키징 및 런타임 형식을 컨테이너로 채택했다. 컨테이너를 채택함으로써 추가적인 운영상의 문제가 발생했지만, 쿠버네티스를 컨테이너 오케스트레이션 플랫폼으로 사용해 컨테이너의 수명주기를 관리함으로써 이를 해결했다. 또한 디플로이먼트, 서비스 및 영구 볼륨 요청을 포함해 쿠버네티스 애플리케이션을 구성할 수 있는 다양한 방법을 살펴봤다. 이러한 리소스는 명령형 및 선언형 구성의 두 가지 고유한 애플리케이션 구성 방식을 사용해 표현할 수 있다. 이러한 각 구성 스타일은 쿠버네티스 애플리케이션 배포와 관련된 일련의 문제 발생에 기여했다.

따라서 애플리케이션을 구성하는 각 파일을 좀 더 잘 관리하기 위해 쿠버네티스의 패키지 매니저로 헬름이 도입됐다. 헬름은 풍부한 기능의 집합을 통해 설치, 업그레이드, 롤백 및 제거 등 애플리케이션의 전체 수명주기를 쉽게 관리할 수 있다.

2장에서는 헬름의 환경을 구성하는 프로세스를 안내할 것이다. 또한 헬름의 생태계ecosystem 사용 및 이 책에서 제공된 예제 실습을 위해 필요한 도구를 설치할 것이다.

더 읽을거리

애플리케이션을 구성하기 위한 쿠버네티스 리소스에 대한 더 자세한 내용은 쿠버네티스 문서의 '쿠버네티스 객체 이해하기Understanding Kubernetes Objects' 페이지(https://kubernetes.io/docs/concepts/overview/working-with-objects/kubernetes-objects/)를 통해 확인할 수 있다.

1장에서 논의했던 헬름의 장점을 확인하기 위해서는 헬름 문서의 '헬름 사용하기^{Using} Helm' 페이지(https://helm.sh/docs/intro/using_helm/)를 통해 확인할 수 있다(헬름의 기본적인 사용 방법으로, 이 책 전반에 걸쳐 자세히 설명할 예정이다).

▌평가 문제

1. 모놀리식 애플리케이션과 마이크로서비스 애플리케이션의 차이점은 무엇인가?

2. 쿠버네티스란 무엇인가? 어떤 문제를 해결하도록 설계됐는가?

3. 쿠버네티스에 애플리케이션을 배포할 때 일반적으로 사용되는 kubectl 명령에는 어떤 것이 있는가?

4. 쿠버네티스에 애플리케이션을 배포할 때 어떤 문제가 자주 발생하는가?

5. 헬름은 쿠버네티스의 패키지 매니저로서 어떻게 동작하는가? 또한 쿠버네티스에서 발생하는 문제를 어떻게 해결하는가?

6. 쿠버네티스에 배포된 애플리케이션을 롤백한다고 가정해보자. 이러한 조치를 할 수 있는 헬름 명령은 무엇인가? 헬름은 이러한 롤백이 가능하도록 하기 위해 변경사항을 어떻게 추적하는가?

7. 헬름이 패키지 매니저로 동작할 수 있게 하는 네 가지 주요 헬름 명령은 무엇인가?

02

쿠버네티스 및 헬름 환경 준비

헬름은 사용자가 쿠버네티스 애플리케이션을 좀 더 쉽게 배포 및 관리할 수 있도록 다양한 이점을 제공하는 도구다. 그러나 사용자가 이러한 이점을 경험하기 전에 몇 가지 전제 조건을 만족해야 한다. 먼저, 사용자는 쿠버네티스 클러스터에 접근할 수 있어야 한다. 다음으로 사용자는 쿠버네티스와 헬름에 대한 명령행 도구를 갖고 있어야 한다. 마지막으로, 사용자는 가능한 한 적은 저항력으로 생산성을 높이기 위해 헬름의 기본 구성 옵션을 알고 있어야 한다.

2장에서는 헬름을 통한 작업을 시작하는 데 필요한 도구와 개념을 간략하게 설명할 예정이다. 2장에서 다루는 내용은 다음과 같다.

- 미니쿠베^{Minikube}를 사용한 로컬 쿠버네티스 환경 준비
- kubectl 설정

- 헬름 설정
- 헬름 구성

▌기술 요구사항

2장에서는 다음과 같은 시스템을 로컬 워크스테이션에 설치한다.

- 미니쿠베^{Minikube}
- 버추얼박스^{VirtualBox}
- 헬름^{Helm}

이러한 도구는 패키지 매니저를 통해 설치하거나 다운로드 링크를 통해 직접 다운로드해 설치할 수 있다. 윈도우에서는 초콜레티^{Chocolatey} 패키지 매니저, 맥OS에서는 홈브루 ^{Homebrew} 패키지 매니저, 데비안^{Debian} 기반 리눅스^{Linux} 배포판의 경우 apt-get 패키지 매니저, RPM 기반 리눅스 배포판의 경우 dnf 패키지 매니저를 사용하기 위한 지침을 제공한다.

▌미니쿠베를 사용한 로컬 쿠버네티스 환경 준비

헬름은 쿠버네티스 클러스터에 대한 접근 없이 애플리케이션을 배포할 수 없다. 이러한 이유로, 사용자가 자신의 컴퓨터에 사용자 자신만을 위한 클러스터를 실행하기 위해 수 행할 수 있는 한 가지 옵션(미니쿠베)에 대해 설명할 예정이다.

미니쿠베는 사용자가 소규모의 단일 노드 쿠버네티스 클러스터를 로컬 머신에 쉽게 배포 할 수 있도록 도와주는 커뮤니티 주도^{community driven} 도구다. 미니쿠베를 통해 생성된 클러 스터는 **가상 머신**^{virtual machine} 내에 생성되기 때문에 가상 머신이 실행 중인 호스트 운영체 제와 격리된 방식으로 생성 및 폐기할 수 있다. 미니쿠베는 쿠버네티스를 테스트해볼 수 있는 훌륭한 환경을 제공하며 또한 이 책에서 제공하는 예제를 통해 헬름을 사용하는 방법을 학습하는 데 사용할 수도 있다.

다음 절에서는 헬름의 사용 방법을 학습하는 동안 쿠버네티스 클러스터를 활용할 수 있도록 미니쿠베를 설치하고 구성할 수 있는 방법을 살펴볼 것이다. 더 자세한 내용은 미니쿠베 공식 웹사이트의 '시작하기^{Getting Started}' 페이지(https://minikube.sigs.k8s.io/docs/start/)를 통해 확인할 수 있다.

미니쿠베 설치

2장에서 설치할 다른 도구와 마찬가지로 미니쿠베는 윈도우, 맥OS, 리눅스 운영체제제용으로 컴파일된 바이너리가 있다. 윈도우 및 맥OS에 최신 버전의 미니쿠베를 설치하는 가장 쉬운 방법은 윈도우용 초콜레티 및 맥OS용 홈브루 같은 패키지 매니저를 사용하는 것이다.

리눅스 사용자는 미니쿠베의 깃허브^{GitHub} 릴리스 페이지에서 최신 버전의 미니쿠베 바이너리를 다운로드하여 쉽게 설치할 수 있으며, 이 방법은 윈도우 및 맥OS에서도 사용할 수 있다.

다음 단계는 머신 및 설치 환경에 따라 미니쿠베를 설치하는 방법을 설명할 것이다. 이 책 전반에 걸쳐 사용되는 예제를 작성하고 개발하는 동안 미니쿠베 버전 v1.5.2가 사용됐다.

패키지 매니저(윈도우 및 맥OS)를 통해 설치하려면 다음과 같은 명령을 수행해야 한다.

- 윈도우의 경우 다음 명령을 사용해야 한다.

```
> choco install minikube
```

- 맥OS의 경우 다음 명령을 사용해야 한다.

```
$ brew install minikube
```

다음 단계는 다운로드 링크(윈도우, 맥OS, 리눅스)를 통해 설치하는 방법을 보여준다.

미니쿠베 바이너리는 깃허브의 릴리스 페이지 https://github.com/kubernetes/minikube/releases/에서 직접 다운로드할 수 있다.

1. 릴리스 페이지의 맨 아래 부분에 **Assets**^{자산} 섹션이 있으며, 다양한 지원 플랫폼 및 사용 가능한 미니쿠베 바이너리를 확인할 수 있다.

▼ Assets 15	
docker-machine-driver-hyperkit	10.8 MB
docker-machine-driver-hyperkit.sha256	65 Bytes
docker-machine-driver-kvm2	13.9 MB
docker-machine-driver-kvm2.sha256	65 Bytes
minikube-1.5.2.rpm	12.2 MB
minikube-darwin-amd64	47.1 MB
minikube-darwin-amd64.sha256	65 Bytes
minikube-installer.exe	20.6 MB
minikube-linux-amd64	46.3 MB
minikube-linux-amd64.sha256	65 Bytes
minikube-windows-amd64.exe	47.6 MB
minikube-windows-amd64.exe.sha256	65 Bytes
minikube_1.5.2.deb	15.2 MB
Source code (zip)	
Source code (tar.gz)	

▲ **그림 2.1** 깃허브 릴리스 페이지의 미니쿠베 바이너리

2. Assets 섹션에서 대상 플랫폼에 해당하는 바이너리를 다운로드해야 한다. 다운로드가 완료되면 바이너리 이름을 minikube로 변경해야 한다. 예를 들어, 리눅스 바이너리를 다운로드하는 경우 다음과 같은 명령을 실행해야 한다.

```
$ mv minikube-linux-amd64 minikube
```

3. 미니쿠베를 실행하기 위해, 리눅스 및 맥OS 사용자는 chmod 명령을 실행해 실행 가능 권한을 추가해야 한다.

```
$ chmod u+x
```

4. 그런 다음, 미니쿠베를 PATH 변수로 관리되는 위치로 이동해 명령행의 어느 위치에서나 실행할 수 있게 한다. PATH 변수에 포함된 위치는 운영체제에 따라 다르다. 맥OS 및 리눅스 사용자의 경우, 터미널에서 다음과 같은 명령을 실행해 PATH에 포함된 위치를 확인할 수 있다.

```
$ echo $PATH
```

5. 윈도우 사용자는 명령 프롬프트 또는 파워셸PowerShell에서 다음과 같은 명령을 실행해 PATH 변수의 위치를 확인할 수 있다.

```
> $env:PATH
```

6. 그런 다음 mv 명령을 사용해 미니쿠베 바이너리를 새로운 위치로 옮길 수 있다. 다음 예제는 미니쿠베를 리눅스의 공통 PATH 위치로 이동시킨다.

```
$ mv minikube /usr/local/bin/
```

7. minikube version 명령을 실행하여 설치된 미니쿠베를 확인할 수 있다. 명령 실행 결과 표시된 버전이 다운로드한 버전과 일치하는지 확인이 필요하다.

```
$ minikube version
minikube version: v1.5.2
commit: 792dbf92a1de583fcee76f8791cff12e0c9440ad-dirty
```

지금까지 미니쿠베를 다운로드했지만, 로컬 쿠버네티스 클러스터를 실행할 수 있는 하이퍼바이저hypervisor도 필요하다. 이는 다음 절에서 설명할 버추얼박스를 설치하면 된다.

버추얼박스 설치

미니쿠베는 하이퍼바이저를 통해 가상 머신에 단일 노드 형태의 쿠버네티스 클러스터를 설치한다. 버추얼박스가 윈도우, 맥OS, 리눅스 등 어느 운영체제에서나 동작할 수 있는 유연성을 갖추고 있기 때문에, 이 책에서는 하이퍼바이저로 버추얼박스^{VirtualBox}를 사용하기로 한다. 각 운영체제 환경에 대한 부가적인 하이퍼바이저 옵션은 미니쿠베 공식 문서 (https://minikube.sigs.k8s.io/docs/start/)를 참조하자.

미니쿠베와 마찬가지로, 버추얼박스는 초콜레티 또는 홈브루를 통해 쉽게 설치할 수 있으며 데비안 기반 리눅스의 경우 apt-get, RPM/RHEL 기반 리눅스의 경우 dnf를 통해 쉽게 설치할 수 있다.

- 다음과 같은 코드를 통해 윈도우 환경에 버추얼박스를 설치할 수 있다.

```
> choco install virtualbox
```

- 다음과 같은 코드를 통해 맥OS 환경에 버추얼박스를 설치할 수 있다.

```
$ brew cask install virtualbox
```

- 다음과 같은 코드를 통해 데비안 기반 리눅스 환경에 버추얼박스를 설치할 수 있다.

```
$ apt-get install virtualbox
```

- 다음과 같은 코드를 통해 RHEL 기반 리눅스 환경에 버추얼박스를 설치할 수 있다.

```
$ dnf install VirtualBox
```

버추얼박스를 설치하는 다른 방법은 공식 다운로드 페이지 https://www.virtualbox. org/wiki/Downloads에서 찾을 수 있다.

버추얼박스가 설치된 상태에서 버추얼박스를 기본 하이퍼바이저로 활용하도록 미니쿠베를 구성해야 한다. 이 구성 방법은 다음 절에서 설명한다.

지정된 하이버파이저로 버추얼박스 구성

미니쿠베의 vm-driver 옵션을 버추얼박스로 설정해, 버추얼박스를 기본 하이퍼바이저로 만들 수 있다.

```
$ minikube config set vm-driver virtualbox
```

위 명령의 실행 결과, 다음과 같은 경고warning가 발생할 수 있음을 유의하자.

```
These changes will take effect upon a minikube delete and then a minikube start
```

워크스테이션에 활성화된 미니쿠베 클러스터가 없는 경우 이 메시지를 무시해도 된다. 이 명령은 기존 쿠버네티스 클러스터가 삭제됐다가 다시 생성될 때까지 버추얼박스를 하이퍼바이저로 사용하지 않는다는 것을 명시한다.

vm-driver 구성 옵션값을 확인해 버추얼박스로 변경됐음을 확인할 수 있다.

```
$ minikube config get vm-driver
```

모든 것이 정상적으로 설정됐다면 출력 결과는 다음과 같다.

```
Virtualbox
```

기본 하이퍼바이저를 구성하는 것 외에, 다음 절에서 설명하는 미니쿠베 클러스터에 할당할 리소스를 구성할 수도 있다.

미니쿠베 리소스 할당 구성

기본적으로 미니쿠베는 2개의 CPU와 2GB의 RAM을 VM에 할당한다. 이 설정은 리소스가 많이 필요한 7장의 작업을 제외하고 이 책의 모든 예제를 실행하기에 충분하다. 머신에 사용 가능한 리소스가 있는 경우 기본 메모리 할당을 4GB로 늘려야 한다(CPU 할당의 경우 동일하게 유지될 수 있음).

다음과 같은 명령을 실행해 새로운 미니쿠베 가상 머신의 기본 메모리에 할당된 리소스를 4GB(4000MB)로 늘리자.

```
$ minikube config set memory 4000
```

이전에 vm-driver 변경값을 확인했던 것과 비슷한 방식으로 minikube config get memory 명령을 실행해 변경된 값을 확인할 수 있다.

기본 사용 방법을 익히고 미니쿠베에 대해 좀 더 논의해보자.

기본 사용법 확인

이 책 전반에 걸쳐, 일반적인 미니쿠베 작업에 사용되는 주요 명령을 이해하고 있으면 편리하다. 또한 이 책에서 제공하는 예제를 실행하는 동안 사용법에 익숙해져야 한다. 다행스럽게도 미니쿠베는 시작하기 쉬운 도구다.

미니쿠베는 다음과 같은 세 가지의 하위 명령을 갖고 있다.

- start
- stop
- delete

start 하위 명령은 단일 노드 쿠버네티스 클러스터를 생성하는 데 사용된다. 가상 머신을 생성하고 그 안에 클러스터를 부트스트랩^{bootstrap}한다. 클러스터가 준비되면 start 명령이 종료된다.

```
$ minikube start
minikube v1.5.2 on Fedora 30
Creating virtualbox VM (CPUs=2, Memory=4000MB, Disk=20000MB)
...
Preparing Kubernetes v1.16.2 on Docker '18.09.9' ...
Pulling images ...
Launching Kubernetes ...
Waiting for: apiserver
Done! kubectl is now configured to use 'minikube'
```

stop 하위 명령은 클러스터와 VM을 종료^{shut down}하는 데 사용된다. 클러스터와 가상 머신의 상태는 디스크에 저장되기 때문에, 사용자는 새로운 가상 머신을 처음부터 새롭게 작성하지 않고 start 하위 명령을 다시 실행해 작업을 빠르게 시작할 수 있다. 클러스터에서 작업을 마치면 minikube stop 명령을 실행하는 습관을 들이자.

```
$ minikube stop
Stopping 'minikube' in virtualbox ...
'minikube' stopped.
```

delete 하위 명령은 클러스터 및 가상 머신을 삭제하는 데 사용된다. 이 명령은 클러스터와 VM의 상태를 지우고 이전에 할당된 디스크의 공간을 비운다. 다음에 미니쿠베가 실행될 때 새로운 클러스터와 가상 머신이 생성된다. 다음에 minikube start를 호출할 때 할당된 모든 리소스를 제거하고 새로운 쿠버네티스 클러스터에서 작업하기 위해서는 delete 하위 명령을 실행해야 한다.

```
$ minikube delete
Deleting 'minikube' in virtualbox ...
```

```
The 'minikube' cluster has been deleted.
Successfully deleted profile 'minikube'
```

사용 가능한 미니쿠베 하위 명령이 더 있지만, start, stop, delete가 알고 있어야 할 주요 명령이다.

로컬 머신에 미니쿠베를 설치 및 구성하면, 쿠버네티스 명령행 도구인 kubectl을 설치하고 헬름 작업을 수행하기 위한 나머지 전제 조건을 충족할 수 있다.

kubectl 설정

1장 '쿠버네티스와 헬름 이해'에서 언급했던 바와 같이, 쿠버네티스는 다양한 API 엔드포인트를 노출하는 시스템이다. 이 API 엔드포인트는 리소스 생성, 확인 또는 삭제와 같이 클러스터에서 다양한 조치action를 수행하는 데 사용된다. 좀 더 단순한 사용자 경험을 제공하려면, 개발자는 API 계층을 관리하지 않고 쿠버네티스와 상호작용할 수 있는 방법이 필요하다.

이 책 전반에 걸쳐, 애플리케이션 설치 및 관리를 위해 헬름 명령행 도구를 주로 사용하지만 kubectl은 일반적인 작업을 위한 필수 도구다.

로컬 워크스테이션에 kubectl을 설치하는 방법을 배우려면 계속 읽어나가자. 이 책의 집필 당시 사용된 kubectl 버전은 v1.16.2다.

kubectl 설치

kubectl은 미니쿠베를 사용해 설치하거나 패키지 매니저 또는 직접 다운로드를 통해 설치할 수 있다. 먼저 미니쿠베를 사용해 kubectl을 설치하는 방법을 살펴보자.

미니쿠베를 통한 kubectl 설치

미니쿠베를 통해 간단하게 kubectl을 설치할 수 있다. 미니쿠베는 kubectl이라고 하는 하위 명령을 제공하며, 이 명령은 Kubectl 바이너리를 다운로드한다. minikube kubectl 명령을 실행해 시작하자.

```
$ minikube kubectl version
Downloading kubectl v1.16.2
```

위 명령은 kubectl을 $HOME/.kube/cache/v1.16.2 디렉토리에 설치한다. 해당 경로에 포함된 kubectl 버전은 사용 중인 미니쿠베 버전에 따라 다르다. 다음과 같은 구문을 통해 kubectl에 접근할 수 있다.

```
minikube kubectl -- <하위 명령> <플래그들>
```

예제 명령은 다음과 같다.

```
$ minikube kubectl -- version -client
Client Version: version.Info{Major:'1',
Minor:'16', GitVersion:'v1.16.2',
GitCommit:'c97fe5036ef3df2967d086711e6c0c405941e14b',
GitTreeState:'clean', BuildDate:'2019-10-15T19:18:23Z',
GoVersion:'go1.12.10', Compiler:'gc', Platform:'linux/amd64'}
```

minikube kubectl을 사용해 kubectl을 호출해도 충분하지만, 구문은 kubectl을 직접 호출하는 것보다 다루기 어렵다. 이는 kubectl 실행 파일을 로컬 미니쿠베 캐시에서 PATH 변수로 관리되는 위치로 복사해 극복할 수 있다. 이와 같은 조치를 수행하는 것은 각 운영체제(윈도우, 맥OS, 리눅스)에서 유사하며, 다음은 리눅스 시스템에서 이를 수행하는 방법의 예다.

```
$ sudo cp ~/.kube/cache/v1.16.2/kubectl /usr/local/bin/
```

위 작업이 완료될 경우, kubectl을 다음과 같이 스탠드얼론 바이너리^{standalone binary}로 호출할 수 있다.

```
$ kubectl version -client
Client Version: version.Info{Major:'1',
Minor:'16', GitVersion:'v1.16.2',
GitCommit:'c97fe5036ef3df2967d086711e6c0c405941e14b',
GitTreeState:'clean', BuildDate:'2019-10-15T19:18:23Z',
GoVersion:'go1.12.10', Compiler:'gc', Platform:'linux/amd64'}
```

미니쿠베 없이 kubectl 설치

kubectl은 미니쿠베 없이도 설치할 수 있다. 쿠버네티스 업스트림 문서 https://kubernetes.io/docs/tasks/tools/install-kubectl/은 다양한 대상 운영체제에 kubectl을 설치할 수 있는 여러 가지 메커니즘을 제공한다.

패키지 매니저 사용

미니쿠베를 사용하지 않고 kubectl을 설치하는 한 가지 방법은 기본적으로 제공되는 패키지 관리를 사용하는 것이다.

- 다음과 같은 명령을 통해 윈도우에 kubectl을 설치한다.

```
> choco install kubernetes-cli
```

- 다음과 같은 명령을 통해 맥OS에 kubectl을 설치한다.

```
$ brew install kubernetes-cli
```

- 다음과 같은 명령을 통해 데비안 기반 리눅스에 kubectl을 설치한다.

```
$ sudo apt-get update && sudo apt-get install -y
apt-transport-https gnupg2
$ curl -s https://packages.cloud.google.com/apt/doc/
apt-key.gpg | sudo apt-key add -
$ echo 'deb https://apt.kubernetes.io/ kubernetes-xenial
main' | sudo tee -a /etc/apt/sources.list.d/kubernetes.
list
$ sudo apt-get update
$ sudo apt-get install -y kubectl
```

- 다음과 같은 명령을 통해 RPM 기반 리눅스에 kubectl을 설치한다.

```
$ cat <<EOF > /etc/yum.repos.d/kubernetes.repo
[kubernetes]
name=Kubernetes
baseurl=https://packages.cloud.google.com/yum/repos/
kubernetes-el7-x86_64
enabled=1
gpgcheck=1
repo_gpgcheck=1
gpgkey=https://packages.cloud.google.com/yum/doc/
yum-key.gpg https://packages.cloud.google.com/yum/doc/
rpm-package-key.gpg
EOF
$ yum install -y kubectl
```

다음은 kubectl을 설치하기 위한 마지막 방법을 설명할 것이다.

링크에서 직접 다운로드

kubectl은 다운로드 링크에서 직접 다운로드할 수도 있다. 다운로드 링크에는 다운로드
될 kubectl의 버전이 포함되어 있다. 브라우저에서 https://storage.googleapis.com/
kubernetes-release/release/stable.txt로 접속해 kubectl의 최신 버전을 확인할 수 있

다. 다음 예제는 이 책 전반에 걸쳐 사용될 kubectl 버전인 v1.16.2를 다운로드하는 방법을 소개한다.

- 윈도우용 kubectl은 https://storage.googleapis.com/kubernetes-release/release/v1.16.2/bin/windows/amd64/kubectl.exe에서 다운로드한다.
- 맥OS용 kubectl은 https://storage.googleapis.com/kubernetes-release/release/v1.16.2/bin/darwin/amd64/kubectl에서 다운로드한다.
- 리눅스용 kubectl은 https://storage.googleapis.com/kubernetes-release/release/v1.16.2/bin/linux/amd64/kubectl에서 다운로드한다.

그런 다음, Kubectl 바이너리를 PATH 변수가 관리하는 곳으로 옮길 수 있다. 맥OS 및 리눅스 운영체제의 경우, 다음과 같은 명령을 통해 실행 가능한 권한을 부여해야 한다.

```
$ chmod u+x kubectl
```

다음과 같은 명령을 통해 설치된 kubectl을 확인할 수 있다.

```
$ kubectl version -client
Client Version: version.Info{Major:'1',
Minor:'16', GitVersion:'v1.16.2',
GitCommit:'c97fe5036ef3df2967d086711e6c0c405941e14b',
GitTreeState:'clean', BuildDate:'2019-10-15T19:18:23Z',
GoVersion:'go1.12.10', Compiler:'gc', Platform:'linux/amd64'}
```

지금까지 kubectl을 설정하는 방법을 살펴봤으므로, 이제 이 책의 핵심 기술인 헬름을 시작할 준비가 됐다.

▌ 헬름 설정

미니쿠베와 kubectl의 설치가 완료되면, 다음으로 구성할 논리적 도구는 헬름이다. 이 책의 집필 당시 사용된 헬름 버전은 v3.0.0이다. 최신 취약점 및 버그 패치를 받기 위해서는 헬름 v3 릴리스의 최신 버전을 사용하는 것이 좋다.

헬름 설치

초콜레티 및 홈브루용 헬름 패키지가 존재하여 윈도우 및 맥OS 환경에 헬름을 쉽게 설치할 수 있다. 윈도우 및 맥OS 환경에서 패키지 매니저를 통해 헬름을 설치하기 위해서는 다음과 같은 명령을 실행한다.

- 다음과 같은 명령을 통해 윈도우에 헬름을 설치할 수 있다.

```
> choco install kubernetes-helm
```

- 다음과 같은 명령을 통해 맥OS에 헬름을 설치할 수 있다.

```
$ brew install helm
```

직접 다운로드 가능한 링크를 통해 헬름을 설치하고자 하는 리눅스 사용자의 경우, 다음 단계에 따라 헬름의 깃허브 릴리스 페이지에서 아카이브를 다운로드할 수 있다.

1. 헬름의 깃허브 릴리스 페이지 https://github.com/helm/helm/releases에서 Installation설치이라는 섹션을 찾는다.

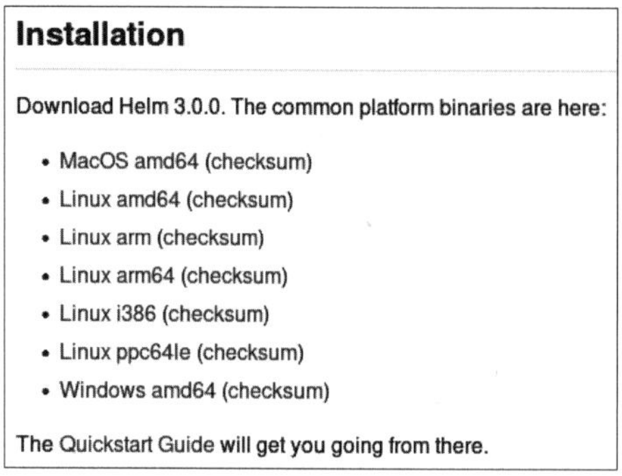

Installation

Download Helm 3.0.0. The common platform binaries are here:

- MacOS amd64 (checksum)
- Linux amd64 (checksum)
- Linux arm (checksum)
- Linux arm64 (checksum)
- Linux i386 (checksum)
- Linux ppc64le (checksum)
- Windows amd64 (checksum)

The Quickstart Guide will get you going from there.

▲ **그림 2.2** 헬름 깃허브 릴리스 페이지의 Installation 섹션

2. 원하는 버전에 사용 중인 운영체제와 관련된 아카이브 파일을 다운로드한다.

3. 다운로드한 파일은 아카이브를 해제해야 한다. 이를 수행할 수 있는 한 가지 방법은 파워셸에서 Expand-Archive cmdlet 기능을 사용하거나 배시[Bash]에서 tar 유틸리티를 사용하는 것이다.

   ○ 윈도우/파워셸에서 예제는 다음과 같다.

```
> Expand-Archive -Path helm-v3.0.0-windows-amd64.zip -DestinationPath $DEST
```

   ○ 리눅스 및 맥OS에서 예제는 다음과 같다.

```
$ tar -zxvf helm-v3.0.0-linux.amd64.tgz
```

다운로드한 버전에 해당하는 버전에 대한 지정이 필요하다. 헬름 바이너리는 아카이브가 해제된 폴더에서 확인할 수 있다. 해당 바이너리는 PATH 변수가 관리하는 위치로 이동시켜야 한다.

다음 예제는 헬름 바이너리를 리눅스 시스템의 /usr/local/bin 폴더로 이동하는 방법을 보여준다.

```
$ mv ~/Downloads/linux-amd64/helm /usr/local/bin
```

헬름의 설치 방식에 관계없이, `helm version` 명령을 실행하여 설치된 헬름에 대한 검증을 수행할 수 있다. 출력 결과가 다음과 같을 경우 헬름이 성공적으로 설치됐음을 의미한다.

```
$ helm version
version.BuildInfo{Version:'v3.0.0',
GitCommit:'e29ce2a54e96cd02ccfce88bee4f58bb6e2a28b6',
GitTreeState:'clean', GoVersion:'go1.13.4'}
```

머신에 헬름이 설치됐다면, 다음 절에서 '헬름 설정' 주제를 학습한다.

▌ 헬름 설정

헬름은 사용자의 생산성을 높이기 위해 실용적인 기본값을 갖고 있다. 따라서 헬름 설치 후에 설정을 위한 많은 작업을 수행할 필요가 없다. 이미 설명했던 바와 같이, 사용자가 헬름의 동작을 변경하거나 수정할 수 있는 여러 가지 옵션이 존재한다. 상위 리포지토리 구성부터 시작해, 다음 절에서는 이러한 옵션을 살펴볼 예정이다.

상위 리포지토리 추가

사용자가 헬름 설치를 수정할 수 있는 한 가지 방법은 상위 차트 리포지토리를 추가하는 것이다. 1장 '쿠버네티스와 헬름 이해'에서 차트 리포지토리에 쿠버네티스 리소스 파일을 패키징하는 데 사용되는 헬름 차트가 어떻게 포함되어 있는지 설명했다.

헬름은 사용자가 설정된 차트 리포지토리를 관리할 수 있도록 `repo` 하위 명령을 제공한다. 이 하위 명령에는 지정된 리포지토리에 대한 조치를 수행하는 데 사용할 수 있는 추가 하위 명령이 포함되어 있다.

다음은 5개의 `repo` 하위 명령이다.

- add: 차트 리포지토리 추가

- list: 차트 리포지토리 조회
- remove: 차트 리포지토리 제거
- update: 차트 리포지토리에서 사용 가능한 차트에 대한 정보를 로컬에서 업데이트
- index: 패키징된 차트를 포함하는 디렉토리가 지정된 인덱스 파일 생성

다음과 같이 repo add 하위 명령을 통해 차트 저장소를 추가할 수 있다.

```
$ helm repo add $REPO_NAME $REPO_URL
```

관리되는 차트를 설치하려면 차트 리포지토리를 추가해야 한다. 이 책 전반에 걸쳐 차트의 설치 방법을 자세히 설명할 예정이다.

repo list 하위 명령을 사용해 리포지토리가 성공적으로 추가됐는지 확인할 수 있다.

```
$ helm repo list
NAME            URL
bitnami         https://charts.bitnami.com
```

위 명령의 실행 결과, 헬름 클라이언트에 추가된 리포지토리가 출력된다. 위 예제는 bitnami 리포지토리가 추가됐기 때문에 헬름 클라이언트가 알고 있는 저장소 목록이 나타난다. 다른 리포지토리가 추가되면 출력 결과에도 나타난다.

시간이 지남에 따라, 차트의 업데이트 결과가 해당 리포지토리에 게시 및 릴리스된다. 리포지토리 메타데이터가 로컬에 캐시된다. 그 결과, 헬름은 차트가 업데이트될 때 이를 자동으로 인식하지 않는다. repo update 하위 명령을 실행하여 추가된 리포지토리의 업데이트 상황을 확인하도록 지시할 수 있다. 이 명령이 실행되면 각 리포지토리를 통해 최신 차트를 설치할 수 있다.

```
$ helm repo update
Hang tight while we grab the latest from your chart repositories...
...Successfully got an update from the 'bitnami' chart repository
Update Complete. Happy Helming!
```

또한 이전에 추가한 리포지토리를 제거해야 할 수도 있다. 이는 repo remove 하위 명령을 통해 수행할 수 있다.

```
$ helm repo remove bitnami
'bitnami' has been removed from your repositories
```

마지막으로 소개할 repo 하위 명령은 index다. 이 명령은 리포지토리 및 차트 유지보수 담당자가 새롭거나 업데이트된 차트를 게시하는 데 사용한다. 이에 대한 자세한 내용은 5장 '첫 번째 헬름 차트 빌드'에서 다룰 예정이다.

다음으로, 헬름 플러그인 설정에 대해 논의해보자.

플러그인 추가

플러그인plugin은 헬름에 추가 기능을 제공하는 데 사용할 수 있는 애드온add-on 기능이다. 대부분의 사용자는 헬름의 플러그인 및 플러그인 관리에 대해 걱정할 필요가 없다. 헬름은 자체적으로도 강력한 도구이며, 즉시 사용할 수 있는 다양한 기능을 갖추고 있다. 앞서 언급한 바와 같이, 헬름 커뮤니티는 헬름의 기능을 향상하는 데 사용할 수 있는 다양한 플러그인을 유지관리한다. 해당 플러그인에 대한 목록은 https://helm.sh/docs/community/related/에서 확인할 수 있다.

헬름은 플러그인을 관리할 수 있도록 다음 표와 같은 plugin 하위 명령을 제공한다.

플러그인 하위 명령	설명	사용법
install	한 가지 이상의 헬름 플러그인 설치	helm plugin install $URL
list	설치된 헬름 플러그인 조회	helm plugin list
uninstall	한 가지 이상의 헬름 플러그인 삭제	helm plugin uninstall $PLUGIN
update	한 가지 이상의 헬름 플러그인 업데이트	helm plugin update $PLUGIN

플러그인은 생산성을 향상할 수 있는 다양한 기능을 제공할 수 있다.

다음은 상위 플러그인의 몇 가지 예다.

- helm diff: 배포된 릴리스와 제안된 헬름 업그레이드 간에 차이점을 확인한다.
- helm secrets: 헬름 차트에서 시크릿 정보를 숨기는 데 사용된다.
- helm monitor: 특정 이벤트가 발생했을 경우 릴리스를 모니터링하고 롤백을 수행하는 데 사용된다.
- helm unittest: 헬름 차트에 대한 단위 테스트를 수행하는 데 사용된다.

헬름 동작의 다양한 측면을 변경하도록 설정할 수 있는 다양한 환경 변수의 검토를 통해, 헬름의 설정에 관한 논의를 계속 진행할 것이다.

환경 변수

헬름은 외부화된 변수externalized variable의 존재에 의존해 저수준의 옵션을 설정한다. 헬름 문서에는 헬름을 설정하는 데 사용되는 여섯 가지 주요 환경 변수가 나열되어 있다.

- XDG_CACHE_HOME: 캐싱된 파일 저장을 위한 경로를 설정
- XDG_CONFIG_HOME: 헬름 설정 저장을 위한 경로를 설정
- XDG_DATA_HOME: 헬름 데이터 저장을 위한 경로를 설정
- HELM_DRIVER: 백엔드 저장소 드라이버를 설정
- HELM_NO_PLUGINS: 플러그인 비활성화
- KUBECONFIG: 쿠버네티스 설정 파일의 경로를 설정

헬름은 운영체제의 파일시스템에서 다른 파일이 있는 위치를 정의하는 표준화 방법을 제공하도록 설계된 **XDG 기반 디렉토리 사양**[XDG Base Directory Specification]을 준수한다. XDG 사양을 기반으로, 헬름은 필요에 따라 각 운영체제에서 세 가지 기본 디렉토리를 자동으로 생성한다.

운영체제	캐시 경로	설정 경로	데이터 경로
윈도우	%TEMP%\helm	%APPDATA%\helm	%APPDATA%\helm
맥OS	$HOME/Library/Caches/helm	$HOME/Library/Preferences/helm	$HOME/Library/helm
리눅스	$HOME/.cache/helm	$HOME/.config/helm	$HOME/.local/share/helm

헬름은 상위 차트 리포지토리에서 다운로드한 차트를 위해 **캐시 경로**[cache path]를 사용한다. 설치된 차트는 다음번에 차트를 참조할 때 해당 차트를 더 빨리 설치할 수 있도록 로컬 머신에 캐싱된다. 캐시를 업데이트하기 위해 사용자는 `helm repo update` 명령을 실행할 수 있다. 이 명령은 저장소의 메타데이터를 사용 가능한 최신 정보로 갱신하고 차트를 로컬 캐시에 저장한다.

설정 경로[configuration path]는 `helm repo add` 명령을 실행하여 추가된 리포지토리 정보를 저장하는 데 사용된다. 캐싱되어 있지 않은 차트가 설치될 경우, 헬름은 설정 경로를 사용해 차트 리포지토리의 URL을 찾는다. 헬름은 해당 URL을 사용해 차트를 다운로드할 위치를 파악한다.

데이터 경로[data path]는 플러그인을 저장하는 데 사용된다. `helm plugin install` 명령을 사용해 플러그인을 설치하면, 플러그인 데이터가 해당 위치에 저장된다.

앞서 설명한 나머지 환경 변수와 관련해 `HELM_DRIVER`는 쿠버네티스에 저장된 릴리스 상태를 결정하는 데 사용된다. 기본값은 `secret`이며, 권장되는 값이기도 하다. 값이 `secret`으로 설정되어 있을 경우, 쿠버네티스 **시크릿**[Secret]을 통해 상태[state]를 Base64로 인코딩한다. 또 다른 옵션은 `configmap`이며, 상태를 일반 텍스트로 저장한다. 이는 쿠버네티스 컨피그맵 및 로컬 프로세스의 메모리에 상태를 저장한다. 로컬 메모리는 테스트 목적으로 사용되며, 범용 또는 운영 환경에는 적합하지 않다.

HELM_NO_PLUGINS 환경 변수는 플러그인을 비활성화하는 데 사용된다. 설정되지 않은 경우, 플러그인을 사용할 수 있으며 기본값은 0이다. 플러그인을 비활성화하려면 변수는 1로 설정돼야 한다.

KUBECONFIG 환경 변수는 쿠버네티스 클러스터의 인증에 사용되는 파일을 설정하는 데 사용된다. 설정되어 있지 않은 경우 기본값은 ~/.kube/config다. 대부분의 경우 사용자는 이 값을 수정할 필요가 없다.

설정할 수 있는 헬름의 또 다른 컴포넌트는 다음에 설명할 탭 완성^{tab completion}이다.

탭 완성

배시 및 Z 셸 사용자는 탭 완성을 활성화해 헬름 사용법을 단순화할 수 있다. 탭 완성은 탭 키를 누를 때 헬름 명령이 자동으로 완성되게 하여 사용자가 작업을 좀 더 빠르게 수행하고 입력 실수를 방지할 수 있게 한다.

이는 대부분의 최신 터미널 에뮬레이터가 기본적으로 동작하는 방식과 유사하다. 탭 키를 누르면, 터미널은 명령 상태와 환경을 관찰해 다음 인수가 무엇인지를 추측한다. 예를 들어, cd /usr/local/b 입력은 배시 셸에서 cd /usr/local/bin으로 탭 완성될 수 있다. 마찬가지로, helm upgrade hello-는 helm upgrade hello-world로 탭 완성될 수 있다.

다음과 같은 명령을 통해 탭 완성을 활성화할 수 있다.

```
$ source <(helm completion $SHELL)
```

$SHELL 변수는 bash 또는 zsh여야 한다. 자동 완성 기능은 해당 명령을 실행한 터미널 창에만 제공되기 때문에, 자동 완성 기능을 사용하려면 다른 창에서도 이 명령을 실행해야 한다.

인증

애플리케이션을 배포하고 관리하기 위해서는 헬름이 쿠버네티스 클러스터에 인증을 할 수 있어야 한다. 이를 위해 각기 다른 쿠버네티스 클러스터 및 인증 방법을 지정하는 kubeconfig 파일을 참조해 인증을 진행한다.

이 책의 내용을 따라 미니쿠베를 사용하는 사용자는 인증을 구성할 필요가 없다. 이는 미니쿠베가 새로운 클러스터가 생성될 때마다 kubeconfig 파일을 자동으로 구성하기 때문이다. 미니쿠베를 사용하지 않을 경우, 사용 중인 쿠버네티스의 배포 버전에 따라 kubeconfig 파일을 생성하거나 제공받아야 한다.

kubeconfig 파일은 세 가지의 kubectl 명령을 통해 생성할 수 있다.

- 첫 번째 명령은 set-cluster다.

---

kubectl config set-cluster

---

set-cluster 명령은 kubeconfig 파일에서 클러스터 항목을 정의한다. 인증 기관 CA, certificate authority을 통해 쿠버네티스 클러스터의 호스트 이름 또는 IP 주소를 결정한다.

- 다음 명령은 set-credentials다.

---

kubectl config set-credentials

---

set-credentials 명령은 인증 방법 및 세부 정보와 함께 사용자 이름을 정의한다. 이 명령은 사용자 및 관리자가 다양한 인증 방법을 지정할 수 있도록 사용자 이름과 비밀번호 쌍, 클라이언트 인증서, 베어러 토근bearer token 또는 인증 제공자를 설정할 수 있다.

- 그런 다음 set-context 명령을 실행한다.

---

kubectl config set-context

---

set-context 명령은 자격 증명을 클러스터에 연결하는 데 사용된다. 자격 증명과 클러스터 간의 연결이 설정되면 사용자는 자격 증명의 인증 방법을 사용하여 지정된 클러스터에 인증을 할 수 있다.

kubectl config view 명령을 사용해 kubeconfig 파일을 확인할 수 있다. kubeconfig에 포함되어 있는 클러스터, 컨텍스트 및 사용자 정보가 앞서 설명한 명령과 어떻게 일치하는지 확인이 필요하다.

```
$ kubectl config view
apiVersion: v1
clusters:
- cluster:
    certificate-authority: /home/helm-user/.minikube/ca.crt
    server: https://192.168.99.102:8443
  name: minikube
contexts:
- context:
    cluster: minikube
    user: minikube
  name: minikube
current-context: minikube
kind: Config
preferences: {}
users:
- name: minikube
  user:
    client-certificate: /home/helm-user/.minikube/client.crt
    client-key: /home/helm-user/.minikube/client.key
```

유효한 kubeconfig 파일이 있는 경우, kubectl과 헬름은 쿠버네티스 클러스터와 상호작용할 수 있다.

다음 절에서는 쿠버네티스 클러스터에 대한 인가[authorization] 처리 방법을 설명한다.

인가/RBAC

인증authentication이 신원을 확인하는 수단인 반면, 인가authorization는 인증된 사용자가 수행할 수 있는 행위action를 정의한다. 쿠버네티스는 **역할 기반 접근 제어**RBAC, Role Based Access Control를 사용해 쿠버네티스에 대한 권한을 부여한다. RBAC는 주어진 사용자 또는 사용자 그룹에 할당할 수 있는 역할 및 권한을 설계하는 시스템이다. 쿠버네티스에서 사용자가 수행할 수 있는 작업은 사용자에게 할당된 역할에 따라 다르다. 쿠버네티스는 플랫폼에서 다양한 역할을 제공한다. 일반적인 세 가지 역할은 다음과 같다.

- 클러스터 관리자cluster-admin: 사용자가 클러스터 전체의 모든 리소스에 대해 모든 작업을 수행할 수 있게 한다.
- 편집edit: 네임스페이스 또는 쿠버네티스 리소스의 논리적 그룹 내의 대부분의 리소스에 대해 읽고 쓸 수 있게 한다.
- 보기view: 사용자가 기존 리소스를 수정하지 못하게 하고, 네임스페이스 내의 리소스만 읽을 수 있게 한다.

헬름은 kubeconfig 파일에 정의된 자격 증명을 사용해 쿠버네티스에 인증하기 때문에, 헬름에는 kubeconfig 파일에 정의된 사용자와 동일한 수준의 접근 권한이 부여된다. 만약 편집에 대한 권한이 활성화되어 있을 경우, 대부분의 경우에 헬름은 애플리케이션을 설치할 수 있는 충분한 권한을 갖고 있다고 가정할 수 있다. 보기 권한의 경우, 접근 권한이 읽기 전용이기 때문에 헬름은 애플리케이션을 설치할 수 없다.

미니쿠베를 실행하는 사용자에게는 클러스터 생성 후 기본적으로 클러스터 관리자 역할이 부여된다. 이것은 운영 환경에서는 최선의 방법은 아니며, 학습 및 실험 환경에 적합하다. 미니쿠베를 실행하는 사용자의 경우 이 책에서 제공하는 개념과 예제를 따라 하기 위한 권한 구성을 걱정할 필요가 없다. 미니쿠베가 아닌 다른 종류의 쿠버네티스 클러스터를 사용하는 사용자의 경우, 헬름을 통해 애플리케이션을 배포할 수 있도록 최소한의 편집 역할을 부여해야 한다. 이는 관리자에게 다음과 같은 명령을 실행하도록 요청하면 된다.

```
$ kubectl create clusterrolebinding $USER-edit
--clusterrole=edit --user=$USER
```

RBAC에 대한 모범 사례는 9장 '헬름의 보안 고려사항'에서 자세히 설명한다. 9장에서는 클러스터 내에서의 실수나 악의적인 의도를 방지하기 위해 역할을 적절히 적용하는 방법과 함께 보안 관련 개념을 다룰 것이다.

▌ 요약

헬름을 사용하려면 다양한 컴포넌트가 필요하다. 2장에서는 이 책 전반에 걸쳐 로컬 쿠버네티스 클러스터를 사용할 수 있도록 미니쿠베를 설치하는 방법을 학습했다. 또한 쿠버네티스 API와의 상호작용을 위한 공식 도구인 kubectl의 설치 방법도 학습했다. 마지막으로 헬름 클라이언트 설치 방법, 리포지토리 및 플러그인 추가, 환경 변수 수정, 탭 완성 활성화, 쿠버네티스 클러스터에 대한 인증 및 인가 구성을 포함하여 헬름을 설정할 수 있는 다양한 방법을 살펴봤다. 이제 필수 도구의 설치를 마쳤기 때문에, 헬름을 통해 첫 번째 애플리케이션을 배포하는 방법을 배울 수 있게 됐다. 3장에서는 수명주기 관리 및 애플리케이션 구성 방법뿐만 아니라 상위 차트 저장소를 통해 헬름 차트를 설치하는 방법을 살펴볼 것이다. 3장의 학습을 마칠 때쯤이면, 헬름이 쿠버네티스의 패키지 매니저 역할을 어떻게 수행하는지 이해하게 될 것이다.

▌ 더 읽을거리

미니쿠베, kubectl 및 헬름의 사용 가능한 설치 옵션에 관한 자세한 내용은 다음 링크를 통해 확인할 수 있다.

- 미니쿠베: https://kubernetes.io/docs/tasks/tools/install-minikube/
- kubectl: https://kubernetes.io/docs/tasks/tools/install-kubectl/

- 헬름: https://helm.sh/docs/intro/install/

지금까지 헬름 설치 이후 다양한 설정 방법을 살펴봤다. 다음 주제에 대해 더 자세한 내용을 확인하고자 할 경우 관련 링크를 참조하기 바란다.

- 리포지토리 관리: https://helm.sh/docs/intro/quickstart/#initialize-a-helm-chart-repository
- 플러그인 관리: https://helm.sh/docs/topics/plugins/
- 환경 변수 및 헬름 관련 도움말: https://helm.sh/docs/helm/helm/
- 탭 완성: https://helm.sh/docs/helm/helm_completion/
- kubeconfig 파일을 통한 인증 및 인가: https://kubernetes.io/docs/tasks/access-application-cluster/configure-access-multiple-clusters/

▎ 평가 문제

1. 헬름 클라이언트를 설치하는 데 사용할 수 있는 다양한 방법을 나열할 수 있는가?
2. 헬름은 쿠버네티스 클러스터를 어떻게 인증하는가?
3. 헬름 클라이언트에 권한을 부여하기 위해 어떠한 메커니즘이 존재하는가? 관리자는 이러한 권한을 어떻게 관리할 수 있는가?
4. `helm repo add` 명령의 목적은 무엇인가?
5. 헬름이 사용하는 세 가지 XDB 환경 변수는 무엇인가? 이 환경 변수는 어떤 목적으로 사용되는가?
6. 쿠버네티스와 헬름의 사용 방법을 학습하기 위해 미니쿠베가 좋은 선택인 이유는 무엇인가? 미니쿠베 사용 시 사용자가 좀 더 빠르게 시작할 수 있도록 자동으로 설정하는 것은 무엇인가?

첫 번째 헬름 차트 설치

이 책의 앞부분에서는 헬름을 '쿠버네티스 패키지 매니저'라고 하며 운영체제의 패키지 매니저와 비교했다. 패키지 매니저를 사용하면 다양한 복잡성을 갖는 애플리케이션을 빠르고 쉽게 설치할 수 있으며 애플리케이션의 디펜던시를 관리할 수 있다. 헬름도 비슷한 방식으로 동작한다.

사용자는 쿠버네티스에 배포하려고 하는 애플리케이션을 결정하기만 하면 헬름이 나머지 작업을 수행한다. 쿠버네티스 리소스의 패키지인 헬름 차트에는 애플리케이션을 설치하는 데 필요한 로직 및 컴포넌트가 포함되어 있어, 사용자는 필요한 특정 리소스를 알지 못해도 설치를 수행할 수 있다. 또한 사용자는 값^{value}이라고 하는 매개변수를 헬름 차트로 전달해, 구성 중인 쿠버네티스 리소스에 대한 특정 세부 정보를 몰라도 애플리케이션의 여러 측면을 구성할 수 있다. 3장에서는 헬름을 패키지 매니저로 활용해 쿠버네티스에 워드프레스^{WordPress} 인스턴스를 배포함으로써 이러한 기능을 살펴볼 것이다.

3장에서 다루는 내용은 다음과 같다.

- 헬름 허브^{Helm Hub}에서 워드프레스 차트 찾기
- 쿠버네티스 환경 만들기
- 추가 설치 정보
- 워드프레스 차트 설치
- 워드프레스 애플리케이션에 접근
- 워드프레스 릴리스 업그레이드
- 워드프레스 릴리스 롤백
- 워드프레스 릴리스 제거

▌ 기술 요구사항

3장에서는 다음과 같은 소프트웨어 기술을 사용한다.

- minikube
- kubectl
- helm

위와 같은 컴포넌트가 시스템에 이미 설치되어 있다고 가정한다. 설치 및 구성을 포함하여 이러한 각 도구에 대한 자세한 내용은 2장 '쿠버네티스 및 헬름 환경 준비'를 참조하기 바란다.

▌워드프레스 애플리케이션 이해

3장에서는 헬름을 사용해 쿠버네티스에 **워드프레스**^{WordPress}를 배포할 것이다. 워드프레스는 웹사이트 및 블로그를 만드는 데 사용되는 오픈소스 **콘텐츠 관리 시스템**^{CMS, Content Management System}이다. WordPress.com과 WordPress.org의 두 가지 버전이 존재한다. WordPress.com은 CMS의 **SaaS**^{Software-as-a-Service} 버전으로, 워드프레스 애플리케이션 및 컴포넌트가 워드프레스에서 이미 호스팅되고 관리되고 있다. 이 경우 사용자는 사용 가능한 인스턴스에 간단히 접근할 수 있기 때문에 자체 워드프레스 인스턴스 설치에 대해 걱정할 필요가 없다. 반면에, WordPress.org는 자체 호스팅을 해야 하는 버전이다. 사용자는 자신만의 워드프레스 인스턴스를 배포해야 하며 유지관리를 위한 전문지식을 필요로 한다.

처음 시작하기에 쉽기 때문에 WordPress.com을 선택하는 것이 더 바람직해 보일 수 있다. 그러나 SaaS 버전 워드프레스의 경우 자체 호스팅인 WordPress.org에 비해 많은 단점이 존재한다.

- SaaS 버전은 WordPress.org만큼 많은 기능을 제공하지 않는다.
- SaaS 버전은 사용자가 자신의 웹사이트를 완전히 제어할 수 없다.
- SaaS 버전의 사용자는 프리미엄 기능에 대한 비용을 지불해야 한다.
- SaaS 버전은 웹사이트의 백엔드 코드를 수정하는 기능은 제공하지 않는다.

반면에, 자체 호스팅된 WordPress.org 버전은 사용자가 웹사이트 및 워드프레스 인스턴스를 완벽하게 제어할 수 있는 기능을 제공한다. 플러그인 설치부터 백엔드 코드 수정에 이르기까지, 전체 워드프레스 기능 집합을 제공한다.

자체 호스팅 워드프레스 인스턴스를 사용하려면 몇 가지 컴포넌트를 배포해야 한다. 첫째, 워드프레스에는 웹사이트 및 관리 데이터를 저장하기 위한 데이터베이스가 필요하다. 웹사이트의 위치 및 관리 포털의 역할을 위해 데이터베이스가 **MySQL**이나 **마리아DB**^{MariaDB}여야 한다. 쿠버네티스에서 이러한 컴포넌트를 배포한다는 것은 다양한 종류의 리소스를 생성한다는 것을 의미한다.

- 데이터베이스 및 관리 콘솔 인증을 위한 시크릿
- 외부 데이터베이스 설정을 위한 컨피그맵
- 네트워킹을 위한 서비스
- 데이터베이스 저장소를 위한 영구 볼륨 요청^{PersistentVolumeClaim}
- 상태 저장^{stateful} 방식으로 데이터베이스를 배포하기 위한 스테이트풀셋^{StatefulSet}
- 프론트엔드 배포를 위한 디플로이먼트

이러한 쿠버네티스 리소스를 생성하려면 워드프레스 및 쿠버네티스와 관련된 전문지식을 필요로 한다. 사용자는 필요한 물리적 컴포넌트와 구성 방법을 알아야 하기 때문에 워드프레스에 대한 전문지식이 필요하다. 또한 사용자는 워드프레스 요구사항을 쿠버네티스 리소스로 표현하는 방법을 알아야 하기 때문에 쿠버네티스에 대한 전문지식이 필요하다. 작업의 복잡성과 필요한 리소스의 수를 고려해볼 때 쿠버네티스에 워드프레스를 배포하는 것은 어려운 작업이 될 수 있다.

이 작업에서 제시된 과제는 헬름의 완벽한 사용 사례다. 앞서 설명한 각 쿠버네티스 리소스를 생성하고 구성하는 데 집중하기보다는, 헬름을 패키지 매니저로 활용해 전문지식 없이 쿠버네티스에 워드프레스를 배포하고 구성할 수 있음에 초점을 맞춰야 한다. 시작하기 위해서는 **헬름 허브**^{Helm Hub}라고 하는 플랫폼을 탐색해 워드프레스 헬름 차트를 찾아야 한다. 그런 다음, 헬름을 사용해 워드프레스를 쿠버네티스 클러스터에 배포하고 그 과정에서 헬름의 기본적인 기능을 살펴볼 것이다.

▎ 워드프레스 차트 찾기

헬름 차트는 차트 리포지토리에 게시^{publish}하여 사용할 수 있다. 차트 리포지토리는 패키지화된 차트를 저장하고 공유할 수 있는 위치다. 리포지토리는 단순히 HTTP 서버에 호스팅되며, 깃허브 페이지, 아마존 s3 버킷, 아파치 HTTPD^{Apache HTTPD} 같은 단순 웹 서버와 같이 다양한 구현 형태를 취할 수 있다.

리포지토리에 저장된 기존 차트를 활용하려면, 헬름에서 해당 리포지토리를 사용할 수 있도록 구성해야 한다. 이것은 `helm repo add` 명령을 통해 리포지토리를 추가해 수행된다. 리포지토리 추가와 관련된 한 가지 문제는 사용할 수 있는 다양한 차트 리포지토리가 존재한다는 것이다. 따라서 사용 사례^{usecase}에 맞는 특정 저장소를 찾기가 어려울 수 있다. 차트 리포지토리를 좀 더 쉽게 찾을 수 있도록, 헬름 커뮤니티는 헬름 허브라는 플랫폼을 만들었다.

헬름 허브는 상위 차트 리포지토리에 대한 중앙화된 저장소다. 헬름 허브는 **모노큘러**^{Monocular}라는 커뮤니티 프로젝트에 의해 수행되고 있으며, 헬름 허브는 알려진 모든 공용 차트 저장소를 집계하고 검색하는 기능을 제공하도록 설계됐다. 3장에서는 워드프레스 헬름 차트를 검색하기 위해 헬름 허브 플랫폼을 사용할 것이다. 적절한 차트가 발견되면 해당 차트가 속한 저장소를 추가해 나중에 설치할 수 있다.

헬름 허브와의 상호작용은 명령행 도구 또는 웹 브라우저에서 수행할 수 있다. 명령행 도구를 사용해 헬름 차트를 검색할 때 반환되는 결과는 헬름 허브에서의 URL이다. 해당 URL을 통해 차트에 대한 추가 정보와 차트 리포지토리를 추가하는 방법에 대한 가이드를 찾을 수 있다.

이 워크플로우^{workflow}에 따라 워드프레스 차트가 포함된 차트 리포지토리를 추가해보자.

명령행을 통한 워드프레스 차트 검색

일반적으로 헬름에는 헬름 차트를 찾는 데 도움이 될 수 있는 두 가지 검색 명령이 존재한다.

- 헬름 허브 또는 모노큘러 인스턴스에서 차트를 검색하려면 다음과 같은 명령을 사용한다.

```
helm search hub
```

- 차트에서 키워드를 통해 리포지토리를 검색하려면 다음과 같은 명령을 사용한다.

```
helm search repo
```

리포지토리가 이전에 추가되지 않은 경우, 사용자는 `helm search hub` 명령을 실행해 모든 공용 차트 리포지토리에서 사용 가능한 헬름 차트를 검색해야 한다. 리포지토리가 추가된 후, 사용자는 `helm search repo` 명령을 실행해 특정 리포지토리를 검색할 수 있다.

헬름 허브에서 기존에 존재하는 워드프레스 차트를 검색하자. 헬름 허브의 각 차트에는 검색할 수 있는 키워드 집합이 존재한다. 다음 명령을 실행해 '워드프레스' 키워드가 포함된 차트를 검색하자.

```
$ helm search hub wordpress
```

위 명령의 실행 결과, 다음과 유사한 출력 결과가 표시돼야 한다.

```
URL                                                CHART VERSION   APP VERSION   DESCRIPTION
https://hub.helm.sh/charts/bitnami/wordpress       8.1.0           5.3.2         Web publishing
https://hub.helm.sh/charts/presslabs/wordpress-... v0.6.3          v0.6.3        Presslabs Word
https://hub.helm.sh/charts/presslabs/wordpress-... v0.7.4          v0.7.4        A Helm chart
```

▲ **그림 3.1** helm search hub wordpress 실행 결과

위 명령의 실행 결과 출력된 각 행은 헬름 허브의 차트다. 출력 결과는 각 차트의 헬름 허브 페이지에 대한 URL을 나타낸다. 또한 헬름 차트의 최신 버전에 해당하는 차트 버전과 기본적으로 배포되는 애플리케이션의 버전이 표시된다. 위 명령은 또한 각 차트에 대한 설명description을 출력해주며, 해당 출력은 차트가 배포하는 애플리케이션에 대한 설명을 나타낸다.

아는 바와 같이, 반환되는 값 중 일부가 잘려서 보인다. 이는 `helm search hub`의 기본 출력 결과가 테이블 형식으로 반환되기 때문이다. 기본적으로 50자보다 넓은 열은 잘리게 된다. `--max-col-width=0` 플래그를 지정하면 이와 같은 잘림을 피할 수 있다.

잘리지 않은 결과를 표 형식으로 보려면 `--max-col-width` 플래그를 포함시켜 다음과 같은 명령을 실행한다.

```
$ helm search hub wordpress --max-col-width=0
```

결과는 표 형식으로 URL 및 설명을 포함하여, 각 필드를 전체적으로 보여준다.

URL 필드는 다음과 같다.

- https://hub.helm.sh/charts/bitnami/wordpress
- https://hub.helm.sh/charts/presslabs/wordpress-site
- https://hub.helm.sh/charts/presslabs/wordpress-operator

설명 필드는 다음과 같다.

- `Web publishing platform for building blogs and websites.`
- `A Helm chart for deploying a WordPress site on Presslabs Stack`
- `Presslabs WordPress Operator Helm Chart`

또는 `--output` 플래그를 전달하고 yaml 또는 json 형식의 출력을 지정해 검색 결과를 완전히 인쇄할 수 있다.

`--output yaml` 플래그를 사용해 이전 명령을 다시 실행해보자.

```
$ helm search hub wordpress --output yaml
```

명령 실행 결과는 YAML 형식이며, 다음과 유사할 것이다.

```
- app_version: 5.3.2
  description: Web publishing platform for building blogs and websites.
  url: https://hub.helm.sh/charts/bitnami/wordpress
  version: 8.1.0
- app_version: v0.6.3
  description: Presslabs WordPress Operator Helm Chart
  url: https://hub.helm.sh/charts/presslabs/wordpress-operator
  version: v0.6.3
- app_version: v0.7.4
  description: A Helm chart for deploying a WordPress site on Presslabs Stack
  url: https://hub.helm.sh/charts/presslabs/wordpress-site
  version: v0.7.4
```

▲ **그림 3.2** helm search hub wordpress --output yaml 실행 결과

이번 예제에서는 앞의 샘플 출력에서 반환된 첫 번째 차트를 설치하도록 선택한다. 해당 차트와 설치 방법을 자세히 살펴보려면, https://hub.helm.sh/charts/bitnami/wordpress로 이동해 헬름 허브에서 차트의 내용을 확인한다.

결과 및 내용은 다음 절에서 살펴본다.

브라우저에서 워드프레스 차트 보기

헬름 허브에서 차트를 검색하는 가장 빠른 방법은 helm search hub 명령을 사용하는 것이다. 그러나 설치에 필요한 모든 세부 사항을 제공하지는 않는다. 즉, 사용자는 저장소를 추가하고 차트를 설치하려면 차트의 저장소 URL을 알아야 한다. 차트의 헬름 허브 페이지는 다른 설치 세부 정보와 함께 이 URL을 제공할 수 있다. 워드프레스 차트의 URL을 브라우저 창에 붙여넣으면, 다음과 같은 페이지가 표시돼야 한다.

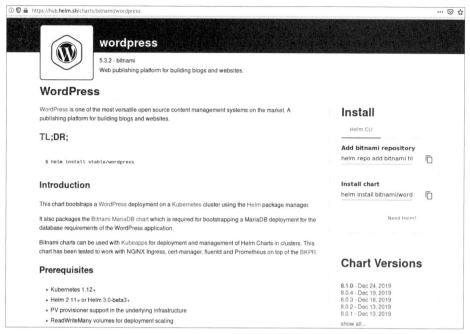

▲ 그림 3.3 헬름 허브의 워드프레스 헬름 차트

헬름 허브의 워드프레스 차트 페이지에는 차트 유지관리자(비트나미^{Bitnami}는 다양한 환경에 배포할 수 있는 소프트웨어 패키지를 제공하는 회사다.) 및 차트에 대한 간략한 소개(이 차트는 워드프레스 인스턴스를 쿠버네티스에 비트나미 마리아DB 차트와 함께 디펜던시로 배포한다고 설명한다.)를 포함하여 많은 세부 정보가 제공된다. 또한 웹 페이지는 비트나미의 차트 리포지토리 URL과 함께 설치를 구성하는 데 사용되는 차트의 지원되는 값을 포함한 세부 설치 정보를 제공한다. 이 설치 세부 사항은 사용자에게 저장소를 추가하고 워드프레스 차트를 설치할 수 있는 기능을 제공한다.

페이지 오른쪽에 Add bitnami repository^{비트나미 리포지토리 추가} 섹션이 표시된다. 이 섹션에는 비트나미 차트 리포지토리를 추가하는 네 사용할 수 있는 명령이 포함되어 있다. 차트 리포지토리를 추가하는 방법을 살펴보자.

1. 명령행에서 다음 명령을 실행해보자.

```
$ helm repo add bitnami https://charts.bitnami.com
```

2. helm repo list 명령을 실행해 차트가 추가됐는지 확인해보자.

```
$ helm repo list
NAME        URL
bitnami     https://charts.bitnami.com
```

저장소를 추가했기 때문에 좀 더 진도를 나갈 수 있다.

3. bitnami 키워드가 포함된 로컬에 구성된 리포지토리에서 차트를 보려면 다음 명령을 실행하자.

```
$ helm search repo bitnami --output yaml
```

반환된 결과의 축약된 목록은 다음과 같다.

```
- app_version: 1.10.6
  description: Apache Airflow is a platform to programmatically author, schedule and
    monitor workflows.
  name: bitnami/airflow
  version: 4.0.16
- app_version: 2.4.41
  description: Chart for Apache HTTP Server
  name: bitnami/apache
  version: 7.3.0
- app_version: 0.0.8
  description: Chart with custom templates used in Bitnami charts.
  name: bitnami/bitnami-common
  version: 0.0.8
- app_version: 3.11.5
  description: Apache Cassandra is a free and open-source distributed database management
    system designed to handle large amounts of data across many commodity servers,
    providing high availability with no single point of failure. Cassandra offers
    robust support for clusters spanning multiple datacenters, with asynchronous masterless
    replication allowing low latency operations for all clients.
  name: bitnami/cassandra
  version: 4.1.11
```

▲ **그림 3.4** helm search repo bitnami --output yaml의 출력 결과

helm search hub 명령과 유사하게 helm search repo 명령은 키워드를 인수로 사용한다. bitnami를 키워드로 사용하면 bitnami 리포지토리 아래의 모든 차트와 bitnami 키워드를 포함할 수 있는 해당 리포지토리 외부의 차트가 반환된다.

이제, 워드프레스 차트에 접근할 수 있게 하려면 wordpress 인수와 함께 다음 helm search repo 명령을 실행해보자.

```
$ helm search repo wordpress
```

출력 결과는 헬름 허브 및 브라우저를 통해 찾은 워드프레스 차트다.

```
NAME                    CHART VERSION    APP VERSION    DESCRIPTION
bitnami/wordpress       8.1.0            5.3.2          Web publishing
```

▲ **그림 3.5** helm search repo wordpress의 출력 결과

NAME 필드에서 슬래시 기호(/) 앞에 있는 값은 반환된 헬름 차트를 포함하고 있는 저장소의 이름을 나타낸다. 집필 시점을 기준으로 비트나미 리포지토리에 있는 최신 버전의 워드프레스 차트는 버전 8.1.0이다. 이것이 설치에 사용될 버전이다. search 명령 사용 시 --versions 플래그를 함께 전달하면 이전 버전을 확인할 수 있다.

```
$ helm search repo wordpress -versions
```

위 명령의 실행 결과, 사용 가능한 워드프레스 차트의 각 버전이 함께 출력된다.

```
NAME                    CHART VERSION    APP VERSION    DESCRIPTION
bitnami/wordpress       8.1.0            5.3.2          Web publishing
bitnami/wordpress       8.0.4            5.3.2          Web publishing
bitnami/wordpress       8.0.3            5.3.1          Web publishing
bitnami/wordpress       8.0.2            5.3.1          Web publishing
```

▲ **그림 3.6** bitnami 리포지토리에 있는 워드프레스 차트의 버전 목록

이제 워드프레스 차트가 식별되고 차트 리포지토리가 추가됐기 때문에, 다음 절에서는 명령행을 사용해 설치를 위해 차트에 대한 자세한 정보를 찾는 방법을 살펴볼 것이다.

명령행에서 워드프레스 차트 정보 보기

헬름 허브 페이지에서는 헬름 차트에 관한 중요한 세부 정보를 많이 찾을 수 있다. 세부 정보(및 그 이상)의 경우 차트의 리포지토리가 로컬에 추가되면, 다음에 설명할 4개의 helm show 하위 명령을 통해 명령행에서도 확인할 수 있다.

- 이 명령은 차트의 메타데이터(또는 차트 정의)를 보여준다.

```
helm show chart
```

- 이 명령은 차트의 README 파일을 보여준다.

```
helm show readme
```

- 이 명령은 차트의 값을 보여준다.

```
helm show values
```

- 이 명령은 차트의 정의, README 파일 및 값을 보여준다.

```
helm show all
```

이러한 명령을 비트나미 워드프레스 차트와 함께 사용해보자. 각 명령에서 차트는 bitnami/wordpress를 참조해야 한다. 이 차트의 버전 8.1.0에 대한 정보를 검색하기 위해 --version 플래그를 전달한다. 이 플래그를 생략하면 최신 버전의 차트 정보가 반환된다.

helm show chart 명령을 실행해 차트의 메타데이터를 검색해보자.

```
$ helm show chart bitnami/wordpress --version 8.1.0
```

이 명령의 실행 결과, 워드프레스 차트에 대한 차트 정의가 출력된다. 차트의 정의는 차트 버전, 차트의 디펜던시, 키워드 및 유지관리자^{maintainer}와 같은 정보를 포함하고 있다.

```
apiVersion: v1
appVersion: 5.3.2
dependencies:
- condition: mariadb.enabled
  name: mariadb
  repository: https://kubernetes-charts.storage.googleapis.com/
  tags:
  - wordpress-database
  version: 7.x.x
description: Web publishing platform for building blogs and websites.
home: http://www.wordpress.com/
icon: https://bitnami.com/assets/stacks/wordpress/img/wordpress-stack-220x234.png
keywords:
- wordpress
- cms
- blog
- http
- web
- application
- php
maintainers:
- email: containers@bitnami.com
  name: Bitnami
name: wordpress
sources:
- https://github.com/bitnami/bitnami-docker-wordpress
version: 8.1.0
```

▲ **그림 3.7** 워드프레스 차트 정의

helm show readme 명령을 실행해 명령행에서 차트의 README 파일을 확인해보자.

```
$ helm show readme bitnami/wordpress --version 8.1.0
```

차트의 README 파일의 경우 헬름 허브 페이지에서도 표시되기 때문에, 위 명령의 실행 결과는 친숙해 보일 수 있다. 명령행에서 이 옵션을 활용하면 브라우저를 열지 않고도 README 파일을 빠르게 확인할 수 있다.

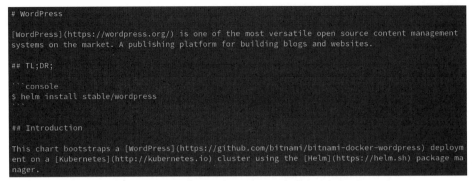

```
# WordPress

[WordPress](https://wordpress.org/) is one of the most versatile open source content management
systems on the market. A publishing platform for building blogs and websites.

## TL;DR;

```console
$ helm install stable/wordpress
```

Introduction

This chart bootstraps a [WordPress](https://github.com/bitnami/bitnami-docker-wordpress) deploym
ent on a [Kubernetes](http://kubernetes.io) cluster using the [Helm](https://helm.sh) package ma
nager.
```

▲ **그림 3.8** 명령행에서 보이는 워드프레스 차트의 README 파일

다음으로 helm show values 명령을 사용해 차트의 값을 검사한다. 값은 차트의 설치를 커스터마이징하기 위해 사용자가 제공할 수 있는 매개변수 역할을 한다. 3장 후반부에서 차트를 설치할 때 '구성을 위한 values 파일 생성' 절에서 이 명령을 실행해볼 것이다.

마지막으로, helm show all 명령은 이전 세 명령의 모든 출력 결과를 통합한다. 차트의 모든 세부 정보를 한 번에 검사하려면 이 명령을 사용한다.

지금까지 워드프레스 차트를 찾아서 검사했으므로, 해당 차트를 설치할 수 있는 쿠버네티스 환경을 설정하자.

▌쿠버네티스 환경 만들기

3장에서는 쿠버네티스 환경을 만들기 위해 미니쿠베를 사용한다. 2장 '쿠버네티스 및 헬름 환경 준비'에서 미니쿠베를 설치하는 방법을 학습했다.

쿠버네티스를 설정하려면 다음 단계를 따른다.

1. 다음과 같은 명령을 실행해 쿠버네티스 클러스터를 구동해보자.

```
$ minikube start
```

2. 일정 시간이 지나면 다음과 유사한 결과가 출력될 것이다.

```
Done! kubectl is now configured to use 'minikube'
```

3. 미니쿠베 클러스터가 구동되고 실행되면, 3장의 실습을 위한 전용 네임스페이스를 생성한다. 다음 명령을 실행해 chapter3이라는 네임스페이스를 생성한다.

```
$ kubectl create namespace chapter3
```

클러스터 설정이 완료됐기 때문에, 쿠버네티스 클러스터에 워드프레스 차트를 설치하는 프로세스를 시작하자.

▌워드프레스 차트 설치

'워드프레스 차트 설치'는 차트의 값 검사로 시작할 수 있는 간단한 프로세스다. 다음 절에서는 워드프레스 차트에서 사용할 수 있는 값을 검사하고 설치를 커스터마이징할 수 있는 파일을 생성하는 방법을 설명한다.

구성을 위한 values 파일 생성

YAML 형식의 values 파일 제공을 통해 차트에 정의된 값을 재정의^{override}할 수 있다. values 파일을 올바르게 작성하려면, 차트가 제공하고 지원되는 값을 검사해야 한다. 앞서 설명한 것처럼 helm show values 명령을 실행하면 된다.

다음 명령을 실행해 워드프레스 차트의 값을 검사해보자.

```
$ helm show values bitnami/wordpress --version 8.1.0
```

이 명령의 실행 결과, 설정 가능한 값의 목록이 출력돼야 하며 대부분 기본값이 설정되어 있다.

```
## Global Docker image parameters
## Please, note that this will override the image parameters, including depend
## Current available global Docker image parameters: imageRegistry and imagePu
##
# global:
#   imageRegistry: myRegistryName
#   imagePullSecrets:
#     - myRegistryKeySecretName
#   storageClass: myStorageClass

## Bitnami WordPress image version
## ref: https://hub.docker.com/r/bitnami/wordpress/tags/
##
image:
  registry: docker.io
  repository: bitnami/wordpress
  tag: 5.3.2-debian-9-r0
  ## Specify a imagePullPolicy
  ## Defaults to 'Always' if image tag is 'latest', else set to 'IfNotPresent'
  ## ref: http://kubernetes.io/docs/user-guide/images/#pre-pulling-images
  ##
  pullPolicy: IfNotPresent
  ## Optionally specify an array of imagePullSecrets.
  ## Secrets must be manually created in the namespace.
  ## ref: https://kubernetes.io/docs/tasks/configure-pod-container/pull-image-
  ##
  # pullSecrets:
  #   - myRegistryKeySecretName
```

▲ **그림 3.9** helm show values 명령 실행을 통해 생성된 값의 목록

위의 출력 결과는 워드프레스 차트 값의 시작 부분을 보여준다. 이러한 많은 속성 중 대부분의 경우 이미 기본값이 설정되어 있으며, 재정의되지 않는 이상 기본값을 통해 차트가 구성된다. 예를 들어, `image` 값이 values 파일을 통해 재정의되지 않을 경우 워드프레스 차트에서 사용하는 이미지는 docker.io 레지스트리의 `5.3.2-debian-9-r0` 태그를 단 `bitnami/wordpress` 컨테이너 이미지일 것이다.

차트 값에서 해시 부호(#)로 시작하는 행은 주석이다. 주석은 값이나 값의 블록을 설명하는 데 사용되거나 설정된 값을 해제하는 데 사용할 수 있다. 주석을 통해 설정된 값을 해

제하는 예제는 이전 출력 맨 윗부분의 global 절에 나와 있다. 사용자가 명시적으로 설정하지 않으면 이러한 각 값은 기본적으로 주석 처리된다.

helm show values 출력 결과를 자세히 살펴보면 워드프레스 블로그의 메타데이터 구성과 관련된 값을 찾을 수 있다.

```
## User of the application
## ref: https://github.com/bitnami/bitnami-docker-wordpress#environment-variables
##
wordpressUsername: user

## Application password
## Defaults to a random 10-character alphanumeric string if not set
## ref: https://github.com/bitnami/bitnami-docker-wordpress#environment-variables
##
# wordpressPassword:

## Admin email
## ref: https://github.com/bitnami/bitnami-docker-wordpress#environment-variables
##
wordpressEmail: user@example.com

## First name
## ref: https://github.com/bitnami/bitnami-docker-wordpress#environment-variables
##
wordpressFirstName: FirstName

## Last name
## ref: https://github.com/bitnami/bitnami-docker-wordpress#environment-variables
##
wordpressLastName: LastName

## Blog name
## ref: https://github.com/bitnami/bitnami-docker-wordpress#environment-variables
##
wordpressBlogName: User's Blog!
```

▲ **그림 3.10** helm show values 명령 실행 결과 반환된 값

이러한 값은 워드프레스 블로그 구성에 중요한 것으로 보인다. values 파일을 만들어서 재정의해보자. 머신에 wordpress−values.yaml이라는 새 파일을 생성한다. 그런 다음, 해당 파일에 다음과 같은 내용을 입력한다.

```
wordpressUsername: helm-user
wordpressPassword: my-pass
```

```
wordpressEmail: helm-user@example.com
wordpressFirstName: Helm_is
wordpressLastName: Fun
wordpressBlogName: Learn Helm!
```

원하는 경우, 이 값을 변경해 사용할 수 있다. helm show values 실행 결과 출력된 값 목록을 계속 아래로 내리다 보면, 설치를 시작하기 전에 values 파일에 추가해야 할 중요한 값이 하나 더 존재한다.

```
## Kubernetes configuration
## For minikube, set this to NodePort, elsewhere use LoadBalancer or ClusterIP
##
service:
  type: LoadBalancer
```

▲ **그림 3.11** helm show values 명령 실행 후 반환된 LoadBalancer 값

주석에서 설명된 바와 같이, 미니쿠베를 사용하는 경우 기본 LoadBalancer 타입을 NodePort로 변경해야 한다. 쿠버네티스의 LoadBalancer 서비스 타입은 퍼블릭 클라우드 공급자로부터 로드 밸런서를 프로비저닝하는 데 사용된다. minikube tunnel 명령을 사용해 이 값을 지원할 수 있지만, 이 값을 NodePort로 설정하면 minikube tunnel 명령을 사용하지 않고 로컬 포트를 통해 워드프레스 애플리케이션에 직접 접근할 수 있다.

다음 값을 wordpress−values.yaml 파일에 추가하자.

```
service:
  type: NodePort
```

위 값이 파일에 추가되면, 전체 values 파일의 내용은 다음과 같다.

```
wordpressUsername: helm-user
wordpressPassword: my-pass
wordpressEmail: helm-user@example.com
wordpressFirstName: Helm_is
```

```
wordpressLastName: Fun
wordpressBlogName: Learn Helm!
service:
  type: NodePort
```

이제 values 파일이 완성됐으므로 설치를 진행해보자.

설치 실행

helm install 명령을 사용해 헬름 차트를 설치한다. 표준 구문은 다음과 같다.

```
helm install [NAME] [CHART] [flags]
```

NAME 매개변수는 헬름 릴리스로 사용하려고 하는 이름이다. **릴리스**release는 차트와 함께 설치된 쿠버네티스 리소스를 캡처하고 애플리케이션의 수명주기를 추적한다. 3장에서 릴리스가 어떻게 동작하는지 살펴볼 예정이다.

CHART 매개변수는 설치된 헬름 차트의 이름이다. 리포지토리에 있는 차트는 <리포지토리 이름>/<차트 이름> 형식으로 설치된다.

helm install의 flags 옵션을 사용하면 설치를 추가적으로 커스터마이징할 수 있다. 플래그를 사용하면 사용자가 값을 정의하거나 재정의할 수 있으며, 작업할 네임스페이스를 지정할 수 있다. helm install --help 명령을 실행해 플래그 목록을 확인할 수 있다. --help를 다른 명령에 전달해 사용법과 지원되는 옵션을 확인할 수 있다.

이제 helm install의 사용법을 올바르게 이해했으므로 다음 명령을 실행해보자.

```
$ helm install wordpress bitnami/wordpress --values=wordpress-values.yaml
--namespace chapter3 --version 8.1.0
```

이 명령은 bitnami/wordpress 헬름 차트를 사용해 wordpress라는 새로운 릴리스를 설치한다. 또한 wordpress-values.yaml 파일에 정의된 값을 사용해 설치에 대한 커스터마이징을 수행하고, chapter3 네임스페이스에 설치한다. --version 플래그에 정의된 바와 같이 8.1.0 버전으로 배포한다. 해당 플래그가 없을 경우 헬름은 최신 버전의 헬름 차트를 설치한다.

차트 설치에 성공하면 다음과 같은 출력 결과가 표시된다.

```
NAME: wordpress
LAST DEPLOYED: Sun Dec 22 08:01:04 2019
NAMESPACE: chapter3
STATUS: deployed
REVISION: 1
NOTES:
1. Get the WordPress URL:

  export NODE_PORT=$(kubectl get --namespace chapter3 -o jsonpath="{.spec.ports[0].no
dePort}" services wordpress)
  export NODE_IP=$(kubectl get nodes --namespace chapter3 -o jsonpath="{.items[0].sta
tus.addresses[0].address}")
  echo "WordPress URL: http://$NODE_IP:$NODE_PORT/"
  echo "WordPress Admin URL: http://$NODE_IP:$NODE_PORT/admin"

2. Login with the following credentials to see your blog

  echo Username: helm-user
  echo Password: $(kubectl get secret --namespace chapter3 wordpress -o jsonpath="{.d
ata.wordpress-password}" | base64 --decode)
```

▲ **그림 3.12** 성공적인 워드프레스 차트 설치 결과

이 출력 결과에는 릴리스 이름, 배포 시간, 설치된 네임스페이스, 배포 상태(여기서는 deployed), REVISOIN(리비전 번호)을 포함하여 설치에 관한 정보가 표시된다.

출력 결과에는 설치와 관련된 NOTES(메모) 목록도 표시된다. 메모의 경우 설치에 대한 추가 정보를 사용자에게 전달하는 데 사용된다. 워드프레스 차트의 경우, 이 메모는 워드프레스 애플리케이션에 접근하고 인증하는 방법에 대한 정보를 제공한다. 이 메모는 설치 직후에 표시되지만, 다음 절에서 설명하는 바와 같이 helm get notes 명령을 사용해 언제든지 찾아볼 수 있다.

첫 번째 헬름 설치가 완료되면, 릴리스 검사를 통해 적용된 리소스 및 설정을 확인해보자.

릴리스 검사

릴리스를 검사하고 설치된 내용을 확인하는 가장 쉬운 방법 중 하나는 지정된 네임스페이스에 존재하는 모든 헬름 릴리스를 나열해보는 것이다. 이를 위해 헬름은 list라고 하는 하위 명령을 제공한다.

다음 명령을 실행해 chapter3 네임스페이스에 존재하는 릴리스 목록을 확인해보자.

```
$ helm list --namespace chapter3
```

chapter3 네임스페이스에는 다음과 같이 하나의 릴리스만이 표시된다.

```
NAME          NAMESPACE       REVISION     UPDATED
wordpress     chapter3        1            2019-12-22 08:01:04.179076712 -0500 EST
```

▲ **그림 3.13** 헬름 릴리스를 나열하는 helm list 명령의 실행 결과

list 하위 명령은 다음과 같은 정보를 제공한다.

- 릴리스 이름
- 릴리스 네임스페이스
- 릴리스의 최신 리비전 번호
- 최신 리비전의 타임스탬프
- 릴리스 상태
- 차트 이름
- 애플리케이션 버전

helm list 명령 실행 결과 출력에서 릴리스 상태, 차트 이름, 애플리케이션 버전 등은 잘려 있음을 인지해야 한다.

list 하위 명령은 고급 릴리스 정보를 제공하는 데 유용하지만, 사용자가 특정 릴리스에 대해 알고 싶은 추가 항목이 있을 수 있다. 헬름은 get 하위 명령 제공을 통해 릴리스에

대한 자세한 정보를 제공한다. 다음 목록은 좀 더 자세한 릴리스 정보를 제공하는 데 사용할 수 있는 명령을 설명한다.

- 다음 명령을 통해, 명명된 릴리스에 대한 모든 훅^{hook}을 가져올 수 있다.

```
helm get hooks
```

- 다음 명령을 통해, 명명된 릴리스에 대한 매니페스트^{manifest}를 가져올 수 있다.

```
helm get manifest
```

- 다음 명령을 통해, 명명된 릴리스에 대한 메모를 가져올 수 있다.

```
helm get notes
```

- 다음 명령을 통해, 명명된 릴리스에 대한 값을 가져올 수 있다.

```
helm get values
```

- 다음 명령을 통해, 명명된 릴리스에 대한 모든 정보를 가져올 수 있다.

```
helm get all
```

앞서 설명한 목록의 첫 번째 명령인 helm get hooks는 주어진 릴리스에 대한 훅을 표시하는 데 사용된다. 훅은 5장 '첫 번째 헬름 차트 빌드' 및 6장 '헬름 차트 테스트'를 통해 헬름 차트에 대한 빌드 및 테스트 방법을 학습할 때 자세히 다룬다. 훅은 애플리케이션 수명주기의 특정 단계에서 헬름이 수행하는 작업으로 생각할 수 있다.

다음 명령을 실행해 릴리스에 포함된 훅을 확인할 수 있다.

```
$ helm get hooks wordpress --namespace chapter3
```

출력 결과에서, 애노테이션annotation이 있는 2개의 쿠버네티스 파드 매니페스트를 확인할
수 있다.

`'helm.sh/hook'`: **test-success**

이 애노테이션은 test 하위 명령을 실행하는 동안 실행되는 훅을 나타낸다. 자세한 내용
은 6장 '헬름 차트 테스트'를 참조하자. 이러한 테스트 훅은 차트 개발자가 차트가 설계된
대로 동작하는지 확인할 수 있는 메커니즘을 제공한다.

차트에 포함된 두 훅은 모두 테스트용이기 때문에 릴리스 검사를 계속하려면 앞의 목록
에서 다음 명령으로 넘어가자.

`helm get manifest` 명령을 사용해 설치의 일부로 작성된 쿠버네티스 리소스 목록을 얻을
수 있다. 다음 예제에서 보이는 바와 같이 명령을 실행해보자.

```
$ helm get manifest wordpress --namespace chapter3
```

위 명령의 실행 결과, 다음과 같은 쿠버네티스 매니페스트가 출력된다.

- 2개의 시크릿 매니페스트
- 2개의 컨피그맵 매니페스트(첫 번째는 워드프레스 애플리케이션을 구성하는 데 사용되
  고 두 번째는 테스트에 사용되며 차트 개발자가 수행하기 때문에 무시할 수 있음)
- 1개의 영구 볼륨 요청 매니페스트
- 2개의 서비스 매니페스트
- 1개의 디플로이먼트 매니페스트
- 1개의 스테이트풀셋 매니페스트

출력 결과로부터 쿠버네티스 리소스를 구성할 때 값이 미치는 영향을 확인할 수 있다. 주목
해야 할 한 가지 예는 워드프레스 서비스의 type이 NodePort로 설정되어 있다는 것이다.

```
# Source: wordpress/templates/svc.yaml
apiVersion: v1
kind: Service
metadata:
  name: wordpress
  labels:
    app: "wordpress"
    chart: "wordpress-8.1.0"
    release: "wordpress"
    heritage: "Helm"
  annotations:
spec:
  type: NodePort
  externalTrafficPolicy: "Cluster"
  ports:
    - name: http
      port: 80
      targetPort: http
    - name: https
      port: 443
      targetPort: https
  selector:
    app: "wordpress"
```

▲ **그림 3.14** type을 NodePort로 설정

워드프레스 사용자를 위해 설정한 다른 값을 확인할 수도 있다. 이러한 값은 다음과 같이
워드프레스 디플로이먼트에서 환경 변수로 정의된다.

```
- name: WORDPRESS_USERNAME
  value: "helm-user"
- name: WORDPRESS_PASSWORD
  valueFrom:
    secretKeyRef:
      name: wordpress
      key: wordpress-password
- name: WORDPRESS_EMAIL
  value: "helm-user@example.com"
- name: WORDPRESS_FIRST_NAME
  value: "Helm_is"
- name: WORDPRESS_LAST_NAME
  value: "Fun"
```

▲ **그림 3.15** 환경 변수로 설정된 값

차트에서 제공하는 대부분의 기본값은 그대로 유지된다. 이러한 기본값은 쿠버네티스 리
소스에 적용됐으며, helm get manifest 명령을 통해 확인할 수 있다. 이러한 값이 변경되
면 쿠버네티스 리소스가 다르게 구성된다.

다음 get 명령으로 넘어가자. helm get notes 명령은 헬름 릴리스의 메모를 표시하는 데 사용된다. 워드프레스 차트를 설치할 때, 릴리스 메모가 표시된 것을 기억할 수 있을 것이다. 이 메모는 애플리케이션 접근에 관한 중요 정보를 제공하며, 다음 명령을 실행해 다시 확인할 수 있다.

```
$ helm get notes wordpress --namespace chapter3
```

helm get values 명령은 지정된 릴리스에 사용된 값을 재호출하는 데 유용하다. 워드프레스 릴리스에서 제공하는 값을 확인하려면 다음 명령을 실행한다.

```
$ helm get values wordpress --namespace chapter3
```

위 명령의 실행 결과는 wordpress-values.yaml 파일에 지정된 값과 일치해야 한다.

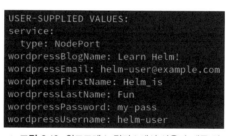

▲ **그림 3.16** 워드프레스 릴리스에서 사용자 제공 값

사용자 제공 값을 확인하는 것이 유용할 수 있지만, 경우에 따라서 기본값을 포함하여 릴리스에서 사용된 모든 값을 반환해야 할 수도 있다. 이를 위해서는 다음과 같이 --all 플래그를 함께 전달하면 된다.

```
$ helm get values wordpress --all --namespace chapter3
```

해당 차트의 경우 출력 결과가 길어진다. 처음 몇 개의 값은 다음 출력과 같다.

```
COMPUTED VALUES:
affinity: {}
allowEmptyPassword: true
allowOverrideNone: false
customHTAccessCM: null
externalDatabase:
  database: bitnami_wordpress
  host: localhost
  password: ""
  port: 3306
  user: bn_wordpress
extraEnv: []
extraVolumeMounts: []
extraVolumes: []
healthcheckHttps: false
image:
  pullPolicy: IfNotPresent
  registry: docker.io
  repository: bitnami/wordpress
  tag: 5.3.2-debian-9-r0
```

▲ **그림 3.17** 워드프레스 릴리스에 대한 모든 값의 하위 집합

마지막으로 헬름은 helm get all 명령을 제공하며, 다양한 helm get 명령의 모든 정보를 가져올 수 있다.

```
$ helm get all wordpress --namespace chapter3
```

헬름에서 제공하는 명령 외에도 kubectl CLI를 사용하면, 설치된 내용을 좀 더 면밀히 검사할 수 있다. 예를 들어, 설치 시 생성된 모든 쿠버네티스 리소스를 가져오는 대신 kubectl을 사용해 디플로이먼트와 같은 한 가지 타입의 리소스로 범위를 좁힐 수 있다. 반환된 리소스가 헬름 릴리스에 속하는 것을 보장하기 위해, 릴리스의 이름을 의미하는 라벨이 디플로이먼트에 정의되어 kubectl에 제공된다. 헬름 차트는 주로 쿠버네티스 리소스에 app 라벨을 추가한다. kubectl CLI를 사용해 다음 명령을 실행하여 해당 라벨이 포함된 디플로이먼트를 검색해보자.

```
$ kubectl get all -l app=wordpress --namespace chapter3
```

---

chapter3 네임스페이스에는 다음과 같은 디플로이먼트가 존재한다.

```
NAME         READY    UP-TO-DATE    AVAILABLE    AGE
wordpress    1/1      1              1           6m22s
```

▲ **그림 3.18** chapter3 네임스페이스에 존재하는 워드프레스 디플로이먼트

▎추가 설치 정보

머지않아 방금 설치한 워드프레스 애플리케이션을 살펴볼 것이다. 설치에 관한 주제를 마치기에 앞서, 살펴봐야 할 고려사항들이 있다.

-n 플래그

명령을 입력할 때, 입력 노력을 줄이기 위해 -namespace 플래그 대신 -n 플래그를 사용할 수 있다. 이는 3장 후반부에서 설명할 upgrade 및 rollback 명령에도 적용된다. 지금부터는 헬름이 상호작용해야 하는 네임스페이스를 나타낼 때 -n 플래그를 사용한다.

HELM_NAMESPACE 환경 변수

헬름이 상호작용해야 하는 네임스페이스를 나타내도록 환경 변수를 설정할 수 있다.

다양한 운영체제에서 이 환경 변수를 설정하는 방법을 살펴보자.

- 맥OS 및 리눅스 환경에서는 다음과 같이 변수를 설정할 수 있다.

```
$ export HELM_NAMESPACE=chapter3
```

- 윈도우 사용자의 경우 파워셸PowerShell에서 다음 명령을 실행해 환경 변수를 설정할 수 있다.

```
> $env:HELM_NAMESPACE = 'chapter3'
```

이 변수의 값은 helm env 명령을 실행해 확인할 수 있다.

```
$ helm env
```

출력된 결과에서 HELM_NAMESPACE 변수가 표시돼야 한다. 기본적으로 변수는 기본값으로 설정되어 있다. 이 책에서는 HELM_NAMESPACE 변수에 의존하지 않는 대신 각 명령과 함께 -n 플래그를 전달하여 작업하려는 네임스페이스를 명확하게 한다. 예상하는 네임스페이스를 대상으로 하기 때문에, -n 플래그를 통해 제공하는 것이 헬름의 네임스페이스를 지정하는 가장 좋은 방법이다.

--set과 --values 중 선택

install, upgrade, rollback 명령의 경우 차트에 값을 전달하는 두 가지 방법 중 하나를 선택할 수 있다.

- 다음 명령을 통해 명령행에서 값을 전달할 수 있다.

```
--set
```

- 다음 명령을 통해 YAML 파일이나 URL에 값을 지정할 수 있다.

```
--values
```

이 책에서는 차트값 설정 방법으로 --values 플래그 사용을 선호한다. 그 이유는 이와 같은 방법이 여러 값을 설정하기에 더 쉽기 때문이다. values 파일을 유지할 경우, 이러한 자산을 git 같은 **소스 코드 관리**^{SCM, Source Code Management} 시스템에 저장해 설치를 좀 더 쉽게 재현할 수 있다. 비밀번호처럼 민감한 값은 소스 제어 리포지토리에 저장해서는 안 된다. 이는 9장 '헬름의 보안 고려사항'에서 보안 관련 주제로 다룰 것이다. 당분간은 비밀 정보를 소스 제어 리포지토리로 푸시^{push}하지 않는 것이 중요하다. 시크릿을 차트에 제공해야 하는 경우, 권장되는 방법은 --set 플래그를 명시적으로 사용하는 것이다.

--set 플래그는 명령행에서 직접적으로 값을 전달하는 데 사용된다. 이는 간단한 값과 설정해야 할 값이 거의 없는 경우에만 허용되는 방법이다. 다시 한번 말하자면, --set 플래그를 사용하는 경우 설치 재현성을 향상하는 것이 제한되기 때문에 선호되는 접근 방식은 아니다. 값이 리스트 형식이거나 복잡한 맵 형태일 경우 이와 같은 방식으로 복잡한 값을 구성하는 것이 훨씬 더 어렵다. --set-file 및 --set-string 같은 관련 플래그가 존재한다. --set-file 플래그는 key1 = val1 및 key2 = val2 형식으로 값을 구성한 파일을 전달하는 데 사용된다. --set-string 플래그는 key1 = val1 및 key2 = val2 형식으로 제공된 모든 값을 문자열로 설정하는 데 사용된다.

이제 지금까지의 설명을 벗어나 방금 설치한 워드프레스 애플리케이션을 살펴보자.

▌ 워드프레스 애플리케이션에 접근

워드프레스 차트의 릴리스 메모는 워드프레스 애플리케이션에 접근하기 위해 실행할 수 있는 네 가지 명령을 제공한다. 여기에 나열된 네 가지 명령을 실행해보자.

- 맥OS 또는 리눅스 환경의 경우 다음 명령을 실행한다.

```
$ export NODE_PORT=$(kubectl get --namespace chapter3 -o
jsonpath="{.spec.ports[0].nodePort}" services wordpress)
$ export NODE_IP=$(kubectl get nodes --namespace chapter3
-o jsonpath="{.items[0].status.addresses[0].address}")
$ echo "WordPress URL: http://$NODE_IP:$NODE_PORT/"
$ echo "WordPress Admin URL: http://$NODE_IP:$NODE_PORT/admin"
```

- 윈도우 파워셸의 경우 다음 명령을 실행한다.

```
> $NODE_PORT = kubectl get --namespace chapter3 -o
jsonpath="{.spec.ports[0].nodePort}" services wordpress |
```

```
Out-String
> $NODE_IP = kubectl get nodes --namespace chapter3 -o
jsonpath="{.items[0].status.addresses[0].address}" |
Out-String
> echo "WordPress URL: http://$NODE_IP:$NODE_PORT/"
> echo "WordPress Admin URL: http://$NODE_IP:$NODE_PORT/admin"
```

일련의 kubectl 쿼리를 기반으로 2개의 환경 변수를 정의한 후 echo 명령 실행 결과는 워드프레스에 접근할 URL을 표시한다. 첫 번째 URL은 홈페이지를 보기 위한 것이며 방문자visitor가 사이트에 접근하는 곳이다. 두 번째 URL은 콘솔 관리자가 사이트 콘텐츠를 구성하고 관리하는 데 사용하는 관리 콘솔에 연결하는 것이다.

첫 번째 URL을 브라우저에 붙여넣으면 여기에 표시된 컨텐츠와 유사한 페이지가 표시돼야 한다.

▲ 그림 3.19 워드프레스 블로그 페이지

이 페이지의 여러 부분이 익숙할 것이다. 먼저, 화면 왼쪽 상단에서 블로그 제목 Learn Helm!은 이 책의 원서 제목과 유사할 뿐만 아니라 이전 설치 과정에서 제공한 wordpress BlogName 값의 문자열이기도 하다. 또한 페이지 하단에 저작권 정보로 '© 2020 Learn Helm!'이 포함되어 있음을 확인할 수 있다.

홈페이지의 커스터마이징에 영향을 준 또 다른 값은 wordpressUsername이다. Hello world! 포스트의 저자는 helm-user임을 인지해야 한다. 이는 wordpressUsername 값에 제공된 사용자 이름이며, 다른 사용자 이름이 제공된 경우 다르게 나타난다.

이전 명령 집합에서 제공된 다른 링크는 관리 콘솔 용도다. 두 번째 echo 명령의 링크를 브라우저에 붙여넣으면 다음과 같은 화면이 출력된다.

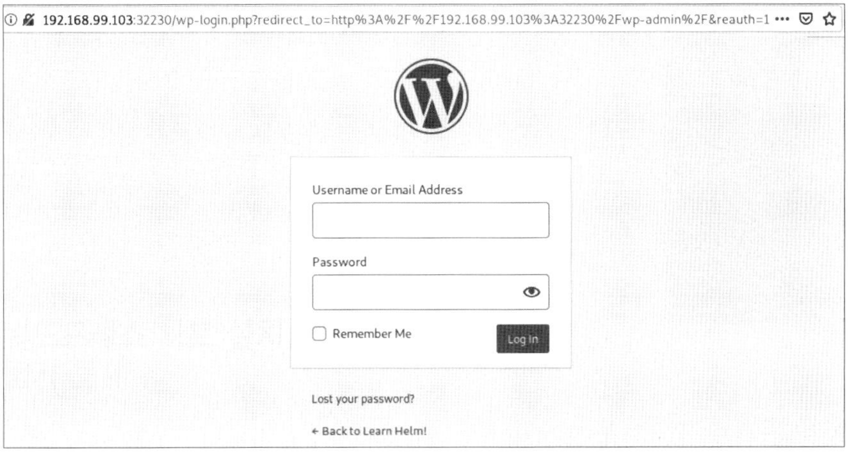

▲ 그림 3.20 워드프레스 관리 콘솔 로그인 페이지

관리 콘솔에 로그인하려면 설치 중에 제공한 wordpressUsername 및 wordpressPassword 값을 입력한다. 이 값은 로컬 wordpress-values.yaml 파일을 검토해 확인할 수 있다. 워드프레스 차트의 메모에 따라 다음 명령을 실행해 검색할 수도 있다.

```
$ echo Username: helm-user
$ echo Password: $(kubectl get secret --namespace chapter3
wordpress -o jsonpath='{.data.wordpress-password}' | base64
--decode)
```

인증되면, 관리 콘솔 대시보드가 다음과 같이 표시된다.

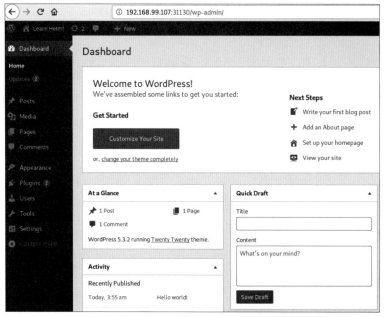

▲ 그림 3.21 워드프레스 관리 콘솔 페이지

해당 워드프레스 사이트 관리를 담당하는 경우, 여기서 사이트를 구성하고 게시물을 작성하며 플러그인을 관리할 수 있다. Howdy라고 표시된 오른쪽 상단 링크를 클릭하면 helm-user의 사용자 프로필 페이지로 연결된다. 여기서 다음과 같이 설치 중에 제공한 그 밖의 값 중 몇 가지를 확인할 수 있다.

Name

Username	helm-user	Usernames cannot be changed.
First Name	Helm_is	
Last Name	Fun	
Nickname *(required)*	helm-user	
Display name publicly as	helm-user ⌄	

Contact Info

Email *(required)*	helm-user@example.com	

If you change this we will send you an email at your new address to confirm it. The new address will not become active until confirmed.

▲ 그림 3.22 워드프레스 프로필 페이지

First Name^{이름}, Last Name^성, Email^{이메일} 필드는 `wordpressFirstname`, `wordpressLastname`, `wordpressEmail`의 헬름값을 나타낸다.

계속해서 워드프레스 인스턴스를 탐색해보자. 완료되면 다음 절로 이동해 헬름 릴리스에서 업그레이드를 수행하는 방법을 살펴보자.

▌ 워드프레스 릴리스 업그레이드

릴리스 업그레이드는 릴리스가 설치된 값을 수정하거나 최신 버전의 차트로 업그레이드하는 프로세스를 의미한다. 이번 절에서는 워드프레스 복제본 및 리소스 요구사항에 대한 추가적인 값을 설정해 워드프레스 릴리스를 업그레이드한다.

헬름값 수정

헬름 차트는 값을 표시하여 애플리케이션 인스턴스 수와 관련 리소스 집합을 설정하는 것이 일반적이다. 다음 스크린샷은 이러한 목적으로 사용된 값과 관련된 `helm show values` 명령의 여러 부분을 보여준다.

첫 번째 값인 `replicaCount`는 간단하다. `replica`는 애플리케이션을 배포하는 데 필요한 파드의 수를 설명하는 데 사용하는 쿠버네티스 용어이므로, `replicaCount`는 릴리스의 일부로 배포되는 애플리케이션의 인스턴스 수를 지정하는 데 사용된다.

```
replicaCount: 1
```

▲ **그림 3.23** helm show values 명령의 replicaCount

wordpress-values.yaml 파일에 다음 행을 추가하면 복제본의 수를 1에서 2로 늘린다.

```
replicaCount: 2
```

정의해야 할 두 번째 값은 YAML 형식의 **resources** 구문 아래의 값 집합이다.

```
## Configure resource requests and limits
## ref: http://kubernetes.io/docs/user-guide/compute-resources/
##
resources:
  requests:
    memory: 512Mi
    cpu: 300m
```

▲ **그림 3.24** resources 구문 아래의 값

resources 하위에서 들여쓰기를 통해 논리적 그룹화를 제공할 수 있다. resources 구문 아래에는 requests 구문이 있으며 쿠버네티스가 워드프레스 애플리케이션에 할당할 memory 및 cpu 값을 구성하는 데 사용된다. 메모리 요청을 256Mi(256 mebibytes)로 줄이고 CPU 요청을 100m(100 millicores)로 줄여 업그레이드를 진행하는 동안 이 값을 수정해보자. 다음과 같이 wordpress-values.yaml 파일에 이러한 수정사항을 추가하자.

```
resources:
  requests:
    memory: 256Mi
    cpu: 100m
```

이 두 가지 새로운 값을 정의하면 전체 wordpress-values.yaml 파일은 다음과 같을 것이다.

```
wordpressUsername: helm-user
wordpressPassword: my-pass
wordpressEmail: helm-user@example.com
wordpressFirstName: Helm
wordpressLastName: User
wordpressBlogName: Learn Helm!
service:
  type: NodePort
```

```
replicaCount: 2
resources:
  requests:
    memory: 256Mi
    cpu: 100m
```

values 파일이 위와 같이 새로운 값으로 업데이트되면 다음 절에서 설명하는 바와 같이 helm upgrade 명령을 실행해 릴리스를 업그레이드할 수 있다.

업그레이드 실행

helm upgrade 명령은 다음 예제에서 볼 수 있듯이 기본 구문의 helm install과 거의 동일하다.

```
helm upgrade [RELEASE] [CHART] [flags]
```

helm install 명령에서는 새로운 릴리스의 이름을 제공해야 하지만, helm upgrade 명령의 경우 업그레이드 대상이 되는 기존 릴리스의 이름을 제공해야 한다.

helm install 명령과 동일한 --values 플래그를 사용해 values 파일에 정의된 값을 제공할 수 있다. 다음 명령을 실행해 새 값의 집합으로 워드프레스 릴리스를 업그레이드하자.

```
$ helm upgrade wordpress bitnami/wordpress --values wordpress-values.yaml
-n chapter3 --version 8.1.0
```

명령이 실행되면 앞 절에서 설명한 helm install의 출력과 유사한 출력이 표시된다.

```
Release "wordpress" has been upgraded. Happy Helming!
NAME: wordpress
LAST DEPLOYED: Sun Dec 22 13:05:10 2019
NAMESPACE: chapter3
STATUS: deployed
REVISION: 2
NOTES:
1. Get the WordPress URL:

  export NODE_PORT=$(kubectl get --namespace chapter3 -o jsonpath="{.spec.port
s[0].nodePort}" services wordpress)
  export NODE_IP=$(kubectl get nodes --namespace chapter3 -o jsonpath="{.items
[0].status.addresses[0].address}")
  echo "WordPress URL: http://$NODE_IP:$NODE_PORT/"
  echo "WordPress Admin URL: http://$NODE_IP:$NODE_PORT/admin"

2. Login with the following credentials to see your blog

  echo Username: helm-user
  echo Password: $(kubectl get secret --namespace chapter3 wordpress -o jsonpa
th="{.data.wordpress-password}" | base64 --decode)
```

▲ **그림 3.25** helm upgrade 명령 실행 시 출력 결과

다음 명령을 실행해 워드프레스 파드가 재시작되는 것을 확인할 수 있다.

```
$ kubectl get pods -n chapter3
```

쿠버네티스에서는 디플로이먼트가 수정될 때 새로운 파드가 생성된다. 헬름에서도 동일한 동작이 관찰된다. 업그레이드 과정에서 추가된 값은 워드프레스 디플로이먼트의 구성변경을 유발하며, 결과적으로는 업데이트된 구성으로 새로운 워드프레스 팟이 생성된다. 이러한 변경사항은 설치 후 이전에 사용했던 것과 동일한 helm get manifest 및 kubectl get deployment 명령을 사용해 확인할 수 있다.

다음 절에서는 업그레이드 중에 값이 다르게 동작하는 방법을 보여주기 위해 몇 가지 업그레이드를 더 수행할 것이다.

업그레이드 중 값 재사용 및 재설정

helm upgrade 명령에는 helm install 명령에 없는 값을 조작하는 데 사용되는 2개의 추가 플래그가 포함되어 있다.

다음 플래그들을 살펴보자.

- --reuse-values: 업그레이드 시 마지막 릴리스값을 재사용
- --reset-values: 업그레이드 시 값을 차트 기본값으로 재설정

--set 또는 --values 플래그를 사용해 값을 제공하지 않고 업그레이드를 수행하면 기본적으로 --reuse-values 플래그가 추가된다. 다시 말해, 값이 제공되지 않으면 이전 릴리스에서 사용한 것과 동일한 값이 업그레이드 중에 다시 사용된다.

1. 값을 지정하지 않고 다른 업그레이드 명령을 실행해보자.

```
$ helm upgrade wordpress bitnami/wordpress -n chapter3 --version 8.1.0
```

2. `helm get values` 명령을 실행해 업그레이드에 사용된 값을 검사해보자.

```
$ helm get values wordpress -n chapter3
```

표시된 값은 이전 업그레이드 시 사용된 값과 동일하다.

```
USER-SUPPLIED VALUES:
replicaCount: 2
resources:
  requests:
    cpu: 100m
    memory: 256Mi
service:
  type: NodePort
wordpressBlogName: Learn Helm!
wordpressEmail: helm-user@example.com
wordpressFirstName: Helm_is
wordpressLastName: Fun
wordpressPassword: my-pass
wordpressUsername: helm-user
```

▲ **그림 3.26** helm get values 명령 실행 시 출력 결과

업그레이드 중에 명령행을 통해 값을 제공하면 다른 동작이 관찰될 수 있다. 값이 --set 또는 --values 플래그를 통해 전달되면 제공되지 않은 모든 차트값이 기본값으로 재설정된다.

3. --set을 사용해 단일 값을 제공하여 다른 업그레이드를 실행해보자.

```
$ helm upgrade wordpress bitnami/wordpress --set
replicaCount=1 -n chapter3 --version 8.1.0
```

4. 업그레이드 후 `helm get values` 명령을 실행해보자.

```
$ helm get values wordpress -n chapter3
```

출력 결과, 유일한 사용자 제공 값이 replicaCount의 값임을 확인할 수 있다.

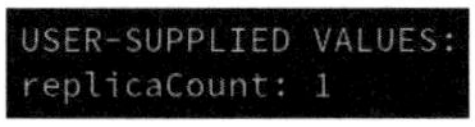

▲ **그림 3.27** replicaCount의 출력 결과

업그레이드 과정에서 하나 이상의 값이 제공될 경우 헬름은 자동으로 --reset-values 플래그를 적용한다. 이렇게 될 경우 --set 또는 --values 플래그와 함께 제공된 개별 속성을 제외하고 모든 값이 기본값으로 다시 설정된다.

사용자에게 --reset-values 또는 --reuse-values 플래그를 수동으로 제공하여 업그레이드 중 값의 동작을 명시적으로 결정할 수 있다. 다음번 업그레이드 시 명령행에서 재정의하기 전에 각 값을 기본값으로 재설정하려면 --reset-values 플래그를 사용한다. 명령행에서 다른 값을 설정하면서 이전 리비전의 값을 재사용하려면 --reuse-values 플래그를 사용한다. 업그레이드 과정에서 값에 대한 관리를 단순화하려면 각 업그레이드에 대한 값을 선언적으로 설정하는 데 사용할 수 있는 파일에 값을 유지한다.

3장에서 제공하는 각 명령을 수행했다면, 이제 워드프레스 릴리스의 네 가지 리비전이 존재해야 한다. 네 번째 리비전의 경우 replicaCount 값만 지정하고 대부분의 값이 기본값으로 다시 설정됐기 때문에 애플리케이션 구성 방식과 상이하다. 다음 절에서는 원하는 값이 포함된 안정적인 버전으로 워드프레스 릴리스를 롤백하는 방법을 살펴볼 예정이다.

▎ 워드프레스 릴리스 롤백

앞으로 나아가는 것이 바람직하지만, 이전 버전의 애플리케이션으로 돌아가는 것이 더 적절한 경우가 있다. helm rollback 명령은 이러한 사용 사례를 만족시키기 위해 존재한다. 워드프레스 릴리스를 이전 상태로 롤백해보자.

워드프레스 이력 검사

모든 헬름 릴리스에는 리비전 이력이 존재한다. 리비전은 특정 릴리스 버전에서 사용된 값, 쿠버네티스 리소스 및 차트 버전을 추적하는 데 사용된다. 차트가 설치, 업그레이드 또는 롤백될 때 새로운 리비전이 생성된다. 수정된 데이터는 기본적으로 쿠버네티스 시크릿에 저장된다(그 밖의 옵션은 HELM_DRIVER 환경 변수에 의해 결정되며, 컨피그맵 또는 로컬 메모리에 가능하다). 이렇게 하면 네임스페이스의 리소스를 보거나 수정할 수 있는 **역할 기반 접근 제어**RBAC, Role-Based Access Control를 갖고 있는 쿠버네티스상의 사용자가 헬름 릴리스를 관리하고 상호작용할 수 있다.

리비전 시크릿은 kubectl을 통해 chapter3 네임스페이스에서 시크릿 정보를 가져와서 확인할 수 있다.

```
$ kubectl get secrets -n chapter3
```

위 명령의 실행 결과 모든 시크릿이 반환되지만, 출력에는 다음 네 가지 정보가 표시된다.

```
sh.helm.release.v1.wordpress.v1
Sh.helm.release.v1.wordpress.v2
sh.helm.release.v1.wordpress.v3
sh.helm.release.v1.wordpress.v4
```

각 시크릿은 릴리스의 리비전 이력 항목과 일치하며, helm history 명령을 통해 확인할 수 있다.

```
$ helm history wordpress -n chapter3
```

이 명령은 다음과 같이 각 리비전의 정보를 테이블 형태로 표시한다(일부 열은 가독성을
위해 생략됐다).

```
REVISION  ...  STATUS     ...  DESCRIPTION
1              superseded      Install complete
2              superseded      Upgrade complete
3              superseded      Upgrade complete
4              deployed        Upgrade complete
```

위의 출력 결과에서 각 리비전에는 업데이트 시간, 상태, 차트, 업그레이드의 앱 버전 및
업그레이드에 대한 설명과 함께 숫자가 포함되어 있다. superseded(대체) 상태의 리비전이
업그레이드됐다. deployed(배포) 상태의 리비전이 현재 배포된 리비전이다. 그 밖의 상태
로는 pending(보류) 및 pending_upgrade(업그레이드 보류)가 있으며, 이는 설치 또는 업그레
이드가 현재 진행 중임을 의미한다. failed(실패)는 설치에 실패했거나 업그레이드되지 않
은 특정 리비전을 나타내며 unknown(알 수 없는) 상태는 확인 불가능한 상태의 리비전에 해
당한다. 알 수 없는 상태의 릴리스가 발생할 가능성은 거의 없다.

앞서 설명한 helm get 명령은 --revision 플래그를 사용해 특정 리비전 번호를 지정할 수
있다. 이는 롤백처럼, 원하는 전체 값 집합이 있는 릴리스를 결정할 때 사용한다. 기억하
다시피, 리비전 4에는 replicaCount 값만 포함되어 있지만 리비전 3에는 원하는 값이 포
함되어 있어야 한다. 이는 --revision 플래그와 함께 helm get values 명령을 실행해 확인
할 수 있다.

```
$ helm get values wordpress --revision 3 -n chapter3
```

해당 리비전을 검사해 전체 값 목록을 확인한다.

▲ **그림 3.28** 특정 리비전 확인 결과

추가적인 검사를 수행하기 위해 또 다른 helm get 명령을 리비전 번호와 함께 실행할 수 있다. 필요한 경우, 리비전 3에 대해 helm get manifest 명령을 실행해 복원 대상이 되는 쿠버네티스 리소스의 상태를 확인할 수도 있다.

다음 절에서는 롤백을 실행해볼 것이다.

롤백 실행

helm rollback 명령의 구문은 다음과 같다.

```
helm rollback <릴리스> [리비전] [플래그]
```

사용자는 릴리스 이름과 원하는 리비전 번호를 제공해 헬름 릴리스를 이전 시점으로 롤백한다. 다음과 같은 명령을 실행해 리비전 3으로의 워드프레스 롤백을 실행한다.

```
$ helm rollback wordpress 3 -n chapter3
```

rollback 하위 명령의 실행 결과, 다음과 같은 출력 결과를 제공한다.

```
Rollback was a success! Happy Helming!
```

이 롤백은 helm history 명령을 실행해 릴리스 이력에서 확인할 수 있다.

```
$ helm history wordpress -n chapter3
```

릴리스 이력 확인 결과, 상태STATUS가 deployed이며 설명DESCRIPTION이 '리비전 3으로 롤백' 인 다섯 번째 리비전이 추가됐음을 알 수 있다. 애플리케이션이 롤백되면 릴리스 이력에 새로운 리비전이 추가된다. 이것은 업그레이드와 혼동돼서는 안 된다. 가장 높은 리비전 번호는 단순히 현재 배포된 릴리스를 나타낸다. 리비전의 설명을 통해 업그레이드나 롤 백에 의해 작성됐는지 여부를 확인한다.

helm get values 실행을 통해 릴리스값을 얻어와서, 롤백 후 원하는 값을 사용하고 있는 지 확인할 수 있다.

```
$ helm get values wordpress -n chapter3
```

출력 결과에는 최신의 안정적인 릴리스값이 표시된다.

```
USER-SUPPLIED VALUES:
replicaCount: 2
resources:
  requests:
    cpu: 100m
    memory: 256Mi
service:
  type: NodePort
wordpressBlogName: Learn Helm!
wordpressEmail: helm-user@example.com
wordpressFirstName: Helm_is
wordpressLastName: Fun
wordpressPassword: my-pass
wordpressUsername: helm-user
```

▲ **그림 3.29** 최신의 안정적인 릴리스값

rollback 하위 명령에서 차트 버전이나 릴리스값을 명시적으로 설정하지 않았음을 알 수 있다. 이는 rollback 하위 명령이 이러한 입력을 허용하도록 설계되지 않았기 때문이다. 차트를 이전 리비전으로 롤백하고 해당 리비전의 차트 버전 및 값을 활용하도록 설계됐다.

rollback 하위 명령은 일상적으로 사용되는 명령은 아니며, 애플리케이션의 현재 상태가 불안정하고 이전의 안정적인 지점으로 되돌려야 하는 긴급 상황에서만 사용한다.

워드프레스 릴리스를 성공적으로 롤백했다면 3장의 실습을 거의 마친 것이다. 마지막 단계는 다음 절에서 설명할 uninstall 하위 명령을 활용해 쿠버네티스 클러스터에서 워드프레스 애플리케이션을 제거하는 것이다.

▌ 워드프레스 릴리스 삭제

헬름 릴리스를 삭제하는 것은 관리하는 쿠버네티스 리소스를 삭제하는 것을 의미한다. 또한 uninstall 명령은 릴리스 이력을 삭제한다. 반면에 --keep-history 플래그를 지정하는 경우 헬름 릴리스 이력을 유지하도록 지시한다.

uninstall 명령의 구문은 매우 간단하다.

```
helm uninstall RELEASE_NAME [...] [플래그]
```

helm uninstall 명령을 실행해 워드프레스 릴리스를 삭제한다.

```
$ helm uninstall wordpress -n chapter3
```

삭제되면, 다음과 같은 메시지가 출력된다.

```
release 'wordpress' uninstalled
```

또한 워드프레스 릴리스가 더 이상 chapter3 네임스페이스에 존재하지 않음을 확인할 수 있다.

```
$ helm list -n chapter3
```

이 명령의 실행 결과, 빈 테이블이 출력될 것이다.

kubectl get 명령으로 워드프레스 디플로이먼트의 상태 확인을 통해, 릴리스가 더 이상 존재하지 않음을 확인할 수 있다.

```
$ kubectl get deployments -l app=wordpress -n chapter3
No resources found in chapter3 namespace.
```

예상한 대로 워드프레스 디플로이먼트를 더 이상 사용할 수 없다.

```
$ kubectl get pvc -n chapter3
```

그러나 kubectl get pvc 명령을 통해, 네임스페이스에 여전히 PersistentVolumeClaim을 사용할 수 있음을 확인할 수 있다.

```
NAME                        STATUS    VOLUME
data-wordpress-mariadb-0    Bound     pvc-a721aeb7-d3df-4221-b3a0-a7f30a6d10c6
```

▲ 그림 3.30 영구 볼륨 요청을 보여주는 출력 결과

이 영구 볼륨 요청 리소스는 스테이트풀셋에 의해 백그라운드에서 생성됐기 때문에 삭제되지 않는다. 쿠버네티스에서 스테이트풀셋에 의해 생성된 영구 볼륨 요청 리소스는 스테이트풀셋이 삭제된 경우 자동으로 제거되지 않는다. helm uninstall 프로세스 중에 스테이트풀셋이 삭제됐지만, 연관된 영구 볼륨 요청은 삭제되지 않았다. 영구 볼륨 요청 리소스는 다음 명령을 사용해 수동으로 삭제할 수 있다.

```
$ kubectl delete pvc -l release=wordpress -n chapter3
```

지금까지 워드프레스를 설치 및 제거했으므로, 이 책의 뒷부분에서 수행할 실습을 위해 지금까지 구성한 쿠버네티스 환경을 정리해보자.

▌환경 정리

쿠버네티스 환경을 정리하려면, 다음 명령을 실행해 3장에서 생성한 네임스페이스를 제거해야 한다.

```
$ kubectl delete namespace chapter3
```

chapter3 네임스페이스가 삭제된 후 미니쿠베 VM을 중지할 수도 있다.

```
$ minikube stop
```

위 명령의 실행 결과로 VM이 종료되지만, 다음 실습에서 빠르게 작업을 수행할 수 있도록 상태가 유지된다.

▌요약

3장에서는 헬름 차트를 설치하고 수명주기를 관리하는 방법을 학습했다. 먼저, 헬름 허브에서 워드프레스 차트를 검색해 설치했다. 차트를 검색한 후, 헬름 허브의 지침에 따라 차트가 포함된 리포지토리를 추가했다. 그런 다음, 워드프레스 차트를 검사해 기본값을 재정의하는 값 집합을 생성했다. 이러한 값은 values 파일에 저장되어 설치 중에 제공됐다.

차트를 설치한 후 추가 값을 제공하여 `helm upgrade` 명령을 사용해 릴리스를 업그레이드했다. 또한 차트를 이전 상태로 복원하기 위해 `helm rollback` 명령으로 롤백을 수행했다. 마지막으로, 실습을 마친 후 `helm uninstall` 명령으로 워드프레스 릴리스를 제거했다.

3장에서는 헬름을 최종 사용자 및 차트 소비자로 활용하는 방법을 설명했다. 패키지 매니저로 헬름을 사용해 쿠버네티스 애플리케이션을 클러스터에 설치했다. 또한 업그레이드 및 롤백을 수행해 애플리케이션의 수명주기를 관리했다. 헬름으로 설치를 관리하려면 이러한 워크플로우에 대한 이해가 필수적이다.

4장에서는 차트 생성 방법을 학습하기 위해 헬름 차트의 개념과 구조를 좀 더 자세히 살펴볼 것이다.

▎ 더 읽을거리

로컬에 리포지토리 추가, 차트 검사 및 3장에서 사용된 네 가지 수명주기 명령(install, upgrade, rollback, uninstall) 사용에 대해 자세히 알아보려면 https://helm.sh/docs/intro/using_helm/에서 확인할 수 있다.

▎ 평가 문제

1. 헬름 허브란 무엇인가? 사용자가 차트 및 차트 리포지토리와 상호작용하는 방법은 무엇인가?

2. `helm get`과 `helm show` 명령 집합의 차이점은 무엇인가? 언제 사용하는 것이 적합한가?

3. `helm install` 및 `helm upgrade` 명령에서 `--set` 및 `--values` 플래그의 차이점은 무엇인가? 하나를 사용하면 다른 것 대비 어떠한 이점이 존재하는가?

4. 릴리스의 리비전 목록을 제공하기 위해 어떤 명령을 사용할 수 있는가?

5. 값을 제공하지 않고 릴리스를 업그레이드하면 기본적으로 어떻게 되는가? 업그레이드에 대한 값을 제공할 때와 동작이 어떻게 다른가?

6. 릴리스의 리비전이 5개 있다고 가정해보자. 릴리스를 리비전 3으로 롤백한 후 `helm history` 명령 실행 시 무엇이 표시되는가?

7. 쿠버네티스 네임스페이스에 배포된 모든 릴리스를 확인해보고 싶다고 가정해보자. 어떤 명령을 실행해야 하는가?

8. `helm repo add`를 실행해 차트 저장소를 추가한다고 가정해보자. 해당 리포지토리 아래의 모든 차트를 나열하기 위해 어떤 명령을 실행할 수 있는가?

헬름 차트 개발

2부에서는 헬름 차트의 구조를 학습할 것이다. 헬름 차트를 처음부터 빌드하는 방법을 배우고 차트 디버깅 및 테스트 기술을 학습할 것이다.

2부의 구성은 다음과 같다.

- **4장** 헬름 차트 이해
- **5장** 첫 번째 헬름 차트 빌드
- **6장** 헬름 차트 테스트

헬름 차트 이해

4장에서는 최종 사용자 관점에서 헬름을 패키지 매니저로 활용해 쿠버네티스에 애플리케이션을 설치하는 방법을 학습했다. 이러한 방식으로 헬름을 사용하면 모든 리소스와 로직이 헬름 차트의 일부로 포함되기 때문에 쿠버네티스에 대한 전문지식이나 애플리케이션에 대한 깊은 이해가 필요하지 않다. 익숙해져야 하는 유일한 개념은 설치를 커스터마이징하기 위해 차트가 제공하는 값이다.

이제, '헬름 차트 사용'에서 '동작 방식 및 생성 방식 이해'로 주제를 전환해보자.

4장에서 다루는 내용은 다음과 같다.

- YAML 형식 이해
- 차트 템플릿 이해
- 차트 정의 이해
- 수명주기 관리
- 헬름 차트 문서화

▌ 기술 요구사항

이번 절에서는 로컬 머신에 헬름 바이너리가 설치되어 있어야 한다. 이 도구의 설치 및 구성은 2장 '쿠버네티스 및 헬름 환경 준비'에서 다룬다.

▌ YAML 형식 이해

YAML^{YAML Ain't Markup Language}은 사람이 읽을 수 있는 설정을 만드는 데 사용되는 파일 형식이다. 쿠버네티스 리소스를 구성하는 데 가장 일반적으로 사용되는 파일 형식이며, 헬름 차트의 많은 파일에 사용되는 형식이다.

YAML 파일은 설정을 선언하기 위해 키-값 형식을 따른다. YAML의 키-값 설정을 살펴보자.

키-값 쌍 정의

YAML 키-값 쌍의 가장 기본적인 예 중 하나는 다음과 같다.

```
name: LearnHelm
```

위의 예제에서 name 키에는 LearHelm 값이 제공된다. YAML에서 키와 값은 콜론(:)으로 구분된다. 콜론 왼쪽에 쓰인 문자는 키를 나타내고, 콜론 오른쪽에 쓰인 문자는 값을 나타낸다.

간격은 YAML 형식이다. 다음 행은 키-값 쌍을 구성하지 않는다.

```
name:LearnHelm
```

콜론과 LearnHelm 문자열 사이에 공백이 없다. 이로 인해 구문 분석 오류가 발생한다. 콜론과 값 사이에는 공백이 있어야 한다.

앞의 예제는 간단한 키-값 쌍을 나타내지만, YAML을 사용하면 중첩된 요소 또는 블록으로 좀 더 복잡한 쌍을 구성할 수 있다. 예를 들면 다음과 같다.

```
resources:
  limits:
    cpu: 100m
    memory: 512Mi
```

위의 예제는 2개의 키-값 쌍의 맵을 포함하는 리소스 객체를 보여준다.

키	값
resources.limits.cpu	100m
resources.limits.memory	512Mi

키는 YAML 블록 아래의 들여쓰기에 따라 결정된다. 각 들여쓰기는 키 이름에 점(.) 구분 기호를 추가한다. YAML 블록에 더 이상 들여쓰기가 존재하지 않을 경우 키의 값에 해당한다. 일반적으로 YAML의 들여쓰기는 2개의 공백을 사용해야 하지만, 사용자는 간격이 문서 전체에서 일관되는 한 원하는 만큼의 공백을 사용할 수 있다.

 YAML에서는 탭을 지원하지 않으므로, 사용할 경우 구문 분석 오류가 발생한다.

YAML 키-값 쌍에 대한 이해를 통해 값을 정의할 수 있는 몇 가지 공통 타입을 살펴보자.

값 타입

YAML 파일의 값은 다른 타입일 수 있다. 가장 일반적인 타입은 문자열이며, 텍스트값이다. 따옴표로 값을 감싸서 문자열을 선언할 수 있지만 항상 필요한 것은 아니다. 값에 하

나 이상의 알파벳 문자나 특수 문자가 포함된 경우, 따옴표가 있거나 없는 문자열로 간주된다. 다음과 같이 파이프(|) 기호를 사용해 여러 행의 문자열을 설정할 수 있다.

```
configuration: |
  server.port=8443
  logging.file.path=/var/log
```

값은 정수일 수도 있다. 따옴표로 감싸지 않은 숫자인 경우 값은 정수다. 다음 YAML은 정숫값을 선언한다.

```
replicas: 1
```

이를 복제본에 문자열값을 할당하는 다음 YAML과 비교해보자.

```
replicas: '1'
```

불리언^{Boolean}값도 종종 사용되며, true 또는 false로 선언할 수 있다.

```
ingress:
  enable: true
```

위 YAML은 ingress.enable을 true 불리언값으로 설정한다. 허용되는 그 밖의 불리언값은 yes, no, on, off, y, n, Y, N이다.

값을 리스트^{list} 같은 더 복잡한 타입으로 설정할 수도 있다. YAML의 리스트에 존재하는 아이템^{item}은 대시(-) 기호로 식별된다.

다음은 YAML 리스트의 예를 보여준다.

```
servicePorts:
  - 8080
  - 8443
```

위 YAML은 servicePorts를 정수 리스트(예: 8080 및 8443)로 설정한다. 이 구문은 또한 객체의 리스트를 설명하는 데 사용될 수 있다.

```
deployment:
  env:
    - name: MY_VAR
      value: MY_VALUE
    - name: SERVICE_NAME
      value: MY_SERVICE
```

이 경우 env는 name 및 value를 포함하는 객체의 리스트로 설정된다. 리스트는 주로 쿠버네티스와 헬름 구성에 모두 사용되며, 이를 이해하면 헬름을 최대한 활용하는 데 유용하다. 쿠버네티스 및 헬름 세계에서는 가독성을 높이기 위해 YAML이 더 일반적으로 사용되지만, JSON^{JavaScript Object Notation} 형식도 사용할 수 있다. 이 형식을 간단히 설명해보겠다.

JSON 형식

YAML은 널리 사용되는 또 다른 형식(JSON)의 슈퍼셋^{superset}이다. JSON은 YAML과 비슷한 키-값 쌍의 문자열이다. 주요 차이점은 YAML이 간격과 들여쓰기를 통해 키-값 쌍을 구성하는 반면, JSON은 중괄호와 괄호를 사용한다는 것이다.

다음 예는 이전 YAML 예제를 JSON 형식으로 변환한 것이다.

```
{
  "deployment": {
    "env": [
      {
```

```
      "name": "MY_VAR",
      "value": "MY_VALUE"
    },
    {
      "name": "SERVICE_NAME",
      "value": "MY_SERVICE"
    }
  ]
 }
}
```

JSON의 모든 키는 따옴표로 감싸져 있고 콜론 앞에 배치된다.

- YAML에서 들여쓰기가 블록을 나타내는 것과 비슷한 방식으로, JSON에서는 중괄호({)가 들여쓰기를 나타낸다.
- YAML에서 대시(-)가 리스트를 나타내는 것과 유사한 방식으로, JSON에서는 대괄호([)가 리스트를 나타낸다.

YAML 및 JSON 형식에 대한 더 많은 구성 방법이 있지만, 소개 부분에서는 헬름 차트에서 사용 방법을 이해하기에 충분한 정도만 학습하기로 한다.

다음 절에서는 헬름 차트 파일의 구조를 설명한다. 여기에는 여러 YAML 및 JSON 파일이 포함되어 있다.

헬름 차트 구조

이전 장에서 설명했던 바와 같이, 헬름 차트는 쿠버네티스 리소스의 패키지로 이를 통해 사용자는 다양한 복잡성을 지닌 애플리케이션을 쿠버네티스에 배포할 수 있다. 그러나 헬름 차트가 되기 위해서는 특정 파일 구조를 따라야 한다.

```
my-chart/
  # 차트 파일 및 디렉토리
```

헬름 차트의 이름을 최상위 디렉토리의 이름으로 지정하는 것이 가장 좋다. 이것은 기술적 요구사항은 아니지만 헬름 차트의 이름을 훨씬 더 쉽게 식별할 수 있도록 한다. 이전 예제의 파일 구조의 경우 헬름 차트의 이름은 my-chart다.

최상위 디렉토리 아래에는 헬름 차트를 구성하는 파일과 디렉토리가 위치한다. 다음 표는 최상위 디렉토리 아래 위치할 수 있는 파일 및 디렉토리를 보여준다.

파일/디렉토리	정의	필수 여부
Chart.yaml	헬름 차트에 대한 메타데이터를 포함하고 있는 파일	예
templates/	YAML 형식의 쿠버네티스 리소스를 포함하고 있는 디렉토리	예(Chart.yaml에 디펜던시가 선언되어 있지 않은 경우)
templates/NOTES.txt	차트 설치 과정에서 사용 지침을 제공하기 위해 생성되는 파일	아니요
values.yaml	차트의 기본값을 포함하고 있는 파일	아니요(모든 차트에 해당 파일이 포함되어 있는 것이 모범 사례다.)
.helmignore	헬름 차트 패키징 과정에서 생략해야 하는 파일 및 디렉토리 목록이 포함된 파일	아니요
charts/	헬름 차트가 의존하고 있는 차트가 포함된 디렉토리	헬름의 디펜던시 관리 시스템이 해당 디렉토리를 자동으로 생성하기 때문에 명시적으로 제공할 필요가 없다.
Chart.lock	사전에 적용된 디펜던시 버전을 저장하는 데 사용되는 파일	헬름의 디펜던시 관리 시스템이 해당 파일을 자동으로 생성하기 때문에 명시적으로 제공할 필요가 없다.
crds/	templates/ 아래에 위치한 리소스에 앞서 설치될 CRD(Custom Resource Definition) YAML 리소스가 포함된 디렉토리	아니요
README.md	헬름 차트에 대한 설치 및 사용자 정보가 포함된 파일	아니요(하지만 모든 차트가 해당 파일을 포함하고 있어야 한다.)
LICENSE	차트의 라이선스가 포함된 파일	아니요
values.schema.json	차트의 값 스키마를 JSON 형식으로 포함하고 있는 파일	아니요

4장 전반에 걸쳐 차트가 생성되는 방법을 이해하기 위해 앞서 설명한 각 파일을 탐색해 볼 것이다. 먼저 쿠버네티스 리소스를 동적으로 생성할 수 있도록 차트 템플릿^{chart template}이 동작하는 방식을 이해하는 것부터 시작할 것이다.

▌차트 템플릿 이해

헬름 차트의 기본 목적은 애플리케이션을 구성하는 쿠버네티스 리소스를 생성하고 관리하는 것이다. 이는 차트 템플릿을 통해 수행되며, 값은 해당 템플릿을 커스터마이징하여 매개변수로 전달된다. 이번 절에서는 헬름 템플릿 및 값의 동작 방식을 설명한다.

헬름 차트에는 배포할 쿠버네티스 리소스를 정의하는 templates/ 디렉토리가 포함돼야 한다(차트가 디펜던시를 선언하는 경우, 해당 디렉토리가 반드시 필요한 것은 아니다). templates/ 디렉토리 하위의 내용은 쿠버네티스 리소스를 구성하는 다음과 같은 YAML 파일이다. templates/ 디렉토리의 내용은 다음과 같을 것이다.

```
templates/
  configmap.yaml
  deployment.yaml
  service.yaml
```

configmap.yaml 리소스의 내용은 다음과 같을 것이다.

```
apiVersion: v1
kind: ConfigMap
metadata:
  name: {{ .Release.Name }}
data:
  configuration.txt: |-
    {{ .Values.configurationData }}
```

"이전 예제가 유효한 YAML 구문인가?"라는 질문을 던질 수 있을 것이다. configmapl.yaml 파일은 실제로 유효한 YAML 리소스를 생성하기 위해 특정 값 집합을 기반으로 리소스의 구성을 수정하는 헬름 템플릿이기 때문이다. 여는 중괄호와 닫는 중괄호는 설치 또는 업그레이드 과정에서 제거될 **Golang**(Go) 템플릿의 입력 테스트를 나타낸다.

Go 템플릿에 대해 자세히 알아보고 쿠버네티스 리소스 파일을 생성하는 데 어떻게 사용되는지 살펴보자.

Go 템플릿 작성

Go는 2009년에 구글에서 개발한 프로그래밍 언어다. 쿠버네티스, 헬름, 쿠버네티스 및 컨테이너 커뮤니티의 기타 여러 도구에서 사용하는 프로그래밍 언어다. Go 프로그래밍 언어의 핵심 컴포넌트는 다양한 형식의 파일을 생성하는 데 활용할 수 있는 템플릿이다. 헬름의 경우, Go 템플릿은 헬름 차트의 templates/ 디렉토리 아래에 쿠버네티스 YAML 리소스를 생성하는 데 사용된다.

Go 템플릿의 제어 구조 및 처리는 2개의 여는 중괄호({{)로 시작하고 2개의 닫는 중괄호(}})로 끝난다. 이러한 문장 부호는 templates/ 디렉토리 아래의 로컬 파일에 표시될 수 있지만, 설치 또는 업그레이드 과정에서 발생하는 처리 중에 제거된다.

Go 템플릿에 대한 자세한 내용은 5장 '첫 번째 헬름 차트 빌드'에서 자세히 살펴볼 것이다. 4장에서는 실습을 시작하기에 앞서 간략한 소개로 Go 템플릿의 일반적인 기능을 설명할 것이다. 매개변수화부터 시작해 Go 템플릿이 제공하는 기능 목록에 대한 논의를 시작할 것이다.

값 및 내장 객체를 통한 필드의 매개변수화

헬름 차트는 차트 디렉토리에 values.yaml 파일을 포함하고 있다. 이 파일은 차트의 모든 기본값을 선언하며, 이는 쿠버네티스 리소스를 동적으로 생성하기 위해 Go 템플릿에서 참조하고 헬름에서 처리한다.

차트의 values.yaml 파일은 다음과 같이 정의될 것이다.

```
## chapterNumber는 현재의 챕터 넘버를 나열한다.
chapterNumber: 4
## chapterName은 현재 챕터에 대한 설명 정보를 제공한다.
chapterName: Understanding Helm Charts
```

파운드 기호(#)로 시작하는 행은 주석(실행 중에 무시됨)이며, 사용자가 적용 방법을 이해할 수 있도록 설명하는 값에 대한 세부 정보를 제공해야 한다. 주석에는 값을 검색할 때 주석이 표시될 수 있도록 값의 이름이 포함될 수도 있다. 파일의 다른 행은 키-값 쌍을 나타낸다. YAML 형식에 대한 소개는 4장의 시작 부분에 설명했다.

Go 템플릿은 .Values로 시작하며, values.yaml 파일에 정의된 값을 참조하거나 설치 또는 업그레이드 과정에서 --set 또는 --values 플래그를 사용해 전달한다.

다음 예제는 처리 전의 템플릿을 나타낸다.

```
env:
  - name: CHAPTER_NUMBER
    value: {{ .Values.chapterNumber }}
  - name: CHAPTER_NAME
    values: {{ .Values.chapterName }}
```

템플릿이 처리된 후 YAML 리소스의 스니펫snippet[1]이 다음과 같이 렌더링된다.

```
env:
  - name: CHAPTER_NUMBER
    value: 4
  - name: CHAPTER_NAME
    values: Understanding Helm Charts
```

---

1   재사용 가능한 코드 및 텍스트의 일부를 의미함 – 옮긴이

차트의 값을 참조하는 데 사용되는 .Values 구조는 매개변수화에 사용할 수 있는 기본 제공 객체다. 내장 객체의 전체 목록은 헬름 문서(https://helm.sh/docs/chart_template_guide/builtin_objects/)에서 찾을 수 있으며, 일반적인 객체는 다음 표에서 설명하고 있다.

객체	정의
.Release.Name	설치를 위해 제공된 릴리스의 이름
.Release.Namespace	릴리스가 설치된 네임스페이스
.Release.Revision	설치 또는 업그레이드의 리비전 번호
.Values	values.yaml 파일의 값 또는 사용자가 제공한 값을 참조하는 데 사용
.Chart.Name, .Chart.Version, .Chart.Appversion 등	Chart.yaml의 필드를 참조하는 데 사용. Chart.$Field 컨벤션에 따라 해당 필드를 참조
.Files.Get	차트 디렉토리 내 파일을 가져오기 위해 사용
.Files.AsSecrets	파일을 Base64 인코딩 문자열로 반환하여 차트 디렉토리에 파일로 시크릿 데이터를 생성
.Files.AsConfig	파일의 내용을 YAML 맵으로 반환하여 차트 디렉토리에 파일로 컨피그맵 데이터를 생성
.Capabilities.APIVersions	쿠버네티스 클러스터에서 사용 가능한 API 버전 목록을 반환
.Template.Name	해당 객체가 사용하는 템플릿 파일에 대한 상대 경로를 반환

각 객체 앞에 붙은 점(.)은 객체의 범위를 나타낸다. 객체의 이름 뒤에 오는 점은 해당 객체로 범위를 제한한다. 예를 들어, .Values 범위는 차트의 값만 표시한다. .Release 범위는 Release 객체의 하위 필드만을 표시한다. 그리고 .scope는 전역 범위를 나타내며 모든 객체와 이전 표에 정의된 공통 객체를 표시한다.

values.schema.json 파일

값과 매개변수화에 대한 주제를 다루는 동안 잠시 시간을 내어 차트의 디렉토리에 포함될 수 있는 파일 중 하나인 values.schema.json 파일에 대해 살펴보자. values.schema.json 파일은 values 파일에서 특정 스키마를 적용하는 데 사용된다. 이 스키마는 설치 또는 업그레이드 과정에서 제공된 값의 유효성 검사를 수행하는 데 사용될 수 있다.

다음 스니펫은 values.schema.json 파일의 내용을 보여준다.

```
{
  '$schema': 'https://json-schema.org/draft-07/schema#',
  'properties': {
    'replicas': {
      'description': 'number of application instances to deploy',
      'minimum': 0
      'type' 'integer'
    },
    . . .
  'title': 'values',
  'type': 'object'
}
```

위와 같은 스키마 파일을 사용하면 replicas 값은 최소 0으로 설정돼야 한다. 이 파일에 추가된 값은 제공할 수 있는 값에 대한 추가적인 제한을 둔다. 이러한 파일은 사용자가 차트의 템플릿에서 매개변수로 지원되는 값만 제공할 수 있게 하는 좋은 방법이다.

Go 템플릿을 사용하면 차트 개발자가 헬름 차트를 매개변수화할 수 있으며, 개발자는 조건부 로직을 YAML에 적용할 수도 있다. 다음으로 이 기능을 살펴보자.

흐름 제어를 통한 세분화된 템플릿 처리

매개변수화를 통해 차트 개발자는 필드를 특정 값으로 대체할 수 있으며, Go 템플릿은 개발자에게 템플릿의 흐름과 구조를 제어할 수 있는 기능도 제공한다. 이는 다음과 같은 키워드를 사용해 수행할 수 있다(Go에서는 액션action이라고 함).

액션	정의
if/else	파일의 섹션을 조건부로 포함하거나 제외하는 데 사용
with	참조되는 값의 범위를 수정하는 데 사용
range	값의 목록을 반복하는 데 사용

차트 템플릿 작성 과정에서 특정 쿠버네티스 리소스 또는 리소스의 특정 부분을 포함하거나 제외해야 하는 경우가 있다. 이러한 목적으로 if...else 액션을 사용할 수 있다. 디플로이먼트 템플릿의 스니펫에는 다음과 같은 조건부 블록이 포함되어 있다.

```
readinessProbe:
{{- if .Values.probeType.httpGet }}
  httpGet:
    path: /healthz
    port: 8080
    scheme: HTTP
{{- else }}
  tcpSocket:
    port: 8080
{{- end }}
  initialDelaySeconds: 30
  periodSeconds: 10
```

if 블록은 readinessProbe 구문을 조건부로 설정하는 데 사용된다. 만약 probeType.httpGet 값이 true이거나 널null이 아닌 경우, httpGet readinessProbe가 템플릿화된다. 그렇지 않은 경우 readinessProbe는 tcpSocket readinessProbe 타입으로 설정된다. 중괄호에 사용된 대시(-)는 처리 후 공백을 제거해야 함을 나타내는 데 사용된다. 여는 중괄호 뒤에 사용된 대시는 중괄호 앞의 공백을 제거하고, 닫는 중괄호 바로 앞에 사용된 대시는 중괄호 뒤의 공백을 제거한다.

차트 개발자는 with 액션을 사용해 값의 범위를 수정할 수도 있다. 이 액션은 참조되는 값의 블록이 깊게 중첩된 경우에 유용하다. 깊이 중첩된 값을 참조하는 데 필요한 문자의 양을 줄여 템플릿 파일의 가독성과 유지관리를 단순화할 수 있다.

```
application:
  resources:
    limits:
      cpu: 100m
      memory: 512Mi
```

with 액션이 없을 경우, 이러한 값은 다음과 같이 템플릿 파일에서 참조된다.

```
cpu: {{ .Values.application.resources.limits.cpu }}
memory: {{ .Values.application.resources.limits.memory }}
```

with 액션을 통해 개발자는 이러한 값의 범위를 수정하고 단축된 구문으로 참조할 수 있다.

```
{{- with .Values.application.resources.limits }}
cpu: {{ .cpu }}
memory: {{ .memory }}
{{- end }}
```

마지막으로, 개발자는 range 액션을 사용해 반복적인 작업을 수행할 수 있다. 이 액션을 통해 개발자는 값 목록을 반복할 수 있다. 차트에 다음과 같은 값이 있다고 가정해보자.

```
servicePorts:
  - name: http
    port: 8080
  - name: https
    port: 8443
  - name: jolokia
    port: 8778
```

위의 코드는 다음 예제와 같이 반복될 수 있는 servicePorts 목록을 제공한다.

```
spec:
  ports:
{{- range .Values.servicePorts }}
  - name: {{ - name }}
  port: {{ .port }}
{{- end }}
```

with 및 range 액션은 제공된 객체로 범위를 제한한다. range 예제에서 range는 .Values.servicePorts 객체에 대해 동작하며, 점(.) 기호를 통해 범위를 객체에 정의된 값으로 제한한다. 모든 값과 기본 제공 객체가 참조되는 범위에서 전역 범위를 적용하려면, 개발자는 다음과 같이 참조 접두사에 달러($) 기호를 붙여야 한다.

```
{{- range .Values.servicePorts }}
  - name: {{ $.Release.Name }}-{{ .name }}
  port: {{ .port }}
{{- end }}
```

차트의 값 외에도, 개발자는 리소스 렌더링에 도움이 되는 변수를 생성할 수 있다. 다음 절에서 이에 대해 자세히 살펴볼 예정이다.

템플릿 변수

다른 템플릿 기능만큼 일반적으로 사용되지는 않지만 차트 개발자는 차트 템플릿에 변수를 생성해 부가적인 처리 옵션을 제공할 수 있다. 이러한 접근 방식의 일반적인 용도는 흐름 제어이지만, 템플릿 변수는 그 밖의 사용 사례에도 사용할 수 있다.

차트 템플릿의 변수는 다음과 같이 정의된다.

```
{{ $myvar := 'Hello World!' }}
```

위 예제는 myvar 변수를 Hello World! 문자열로 설정한다. 차트의 값과 같은 객체에도 변수를 할당할 수 있다.

```
{{ $myvar := .Values.greeting }}
```

설정된 변수는 나중에 다음과 같은 방식으로 템플릿에서 참조된다.

```
data:
  greeting.txt: |
    {{ $myvar }}
```

변수를 사용하는 가장 좋은 사용 사례 중 하나는 range 블록이며, 여기서 변수는 반복되는 목록의 인덱스 및 값을 캡처하도록 설정된다.

```
data:
  greetings.txt: |
{{- range $index, $value := .Values.greetings }}
    Greeting {{ $index }}: {{ $value }}
{{- end }}
```

결과는 다음과 같이 렌더링된다.

```
data:
  greetings.txt: |
    Greeting 0: Hello
    Greeting 1: Hola
    Greeting 2: Hallo
```

변수는 다음과 같이 반복되는 맵의 처리를 단순화할 수도 있다.

```
data:
  greetings.txt: |
{{- range $key, $val := .Values.greetings }}
    Greeting in {{ $key }}: {{ $val }}
{{- end }}
```

가능한 결과는 다음과 같다.

```
data:
  greetings.txt: |
```

```
Greeting in English: Hello
Greeting in Spanish: Hola
Greeting in German: Hallo
```

마지막으로, 변수는 현재 범위를 벗어난 값을 참조하는 데 사용할 수 있다.

다음과 같은 블록을 고려해보자.

```
{{- with .Values.application.configuration }}
My application is called {{ .Release.Name }}
{{- end }}
```

위와 같은 템플릿은 .Release.Name이 .Values.application.configuration 범위에 포함되지 않기 때문에 처리에 실패한다. 이 문제를 해결할 수 있는 한 가지 방법은 with 블록 위에 변수를 .Release.Name으로 설정하는 것이다.

```
{{ $appName := .Release.Name }}
{{- with .Values.application.configuration }}
My application is called {{ $appName }}
{{- end }}
```

이것이 위와 같은 문제에 대한 가능한 해결책이지만, 달러 기호를 사용해 전역 범위를 나타내는 접근 방식이 선호된다. 이는 구성하는 데 더 적은 행이 필요하고 차트의 복잡성 증가에 따라 읽기가 더 쉽기 때문이다.

흐름 제어 및 변수는 리소스를 동적으로 생성할 수 있는 강력한 개념이다. 흐름 제어 외에도 차트 개발자는 함수[function] 및 파이프라인[pipeline]을 활용해 리소스 렌더링 및 형식 지정을 할 수 있다.

함수 및 파이프라인을 사용한 복잡한 처리

Go 템플릿은 복잡한 데이터 처리를 가능하게 하는 함수 및 파이프라인 개념을 제공한다.

Go 템플릿 함수는 다른 언어 및 구문에서 접할 수 있는 다른 함수와 유사하다. 함수에는 특정 입력을 소비하고 제공된 입력을 기반으로 출력을 제공하도록 설계된 로직이 포함되어 있다.

Go 템플릿의 경우, 함수는 다음과 같은 구문을 사용해 호출된다.

```
functionName arg1 arg2 . . .
```

일반적으로 사용되는 Go 함수 중 하나는 indent 함수다. YAML이 공백에 민감한 마크업 언어이기 때문에, 이 함수는 문자열이 올바르게 형식화됐는지 확인하기 위해 지정된 수의 문자열에 대한 들여쓰기를 수행한다. indent 함수는 들여쓰기 할 공백의 수와 들여쓰기 할 문자열을 입력으로 사용한다.

다음 템플릿은 이를 설명한다.

```
data:
  application-config: |-
{{ indent 4 .Values.config }}
```

위 예제는 config 값에 포함된 문자열을 4개의 공백으로 들여쓰기 하여, 문자열이 application-config YAML 키 아래에서 제대로 들여쓰기가 되게 한다.

헬름이 제공하는 다른 구성은 파이프라인이다. 파이프라인은 한 명령의 출력이 다른 명령에 대한 입력으로 제공되는 유닉스^{UNIX}에서 차용한 개념이다.

```
cat file.txt | grep helm
```

위의 예제는 유닉스의 파이프라인을 나타낸다. 파이프(|)의 왼쪽에는 첫 번째 명령이 있고 오른쪽에는 두 번째 명령이 있다. 첫 번째 명령인 cat file.txt는 file.txt라는 파일의 내용을 출력하고 grep helm 명령에 입력으로 전달해, 첫 번째 명령에 대한 출력을 helm이

라는 단어로 필터링한다.

Go 파이프라인은 비슷한 방식으로 동작한다. 이는 indent 함수로 다시 설명할 수 있다.

```
data:
  application-config: |-
{{ .Values.config | indent 4 }}
```

위 예제는 config 값을 4칸 들여쓰기 한다. 파이프라인은 여러 명령을 함께 연결하는 데 가장 적합하다. 파이프라인에 세 번째 명령인 quote를 추가할 수 있다. 이 명령은 최종 템플릿에 인용 부호를 붙인다.

```
data:
  application-config: |-
{{ .Values.config | indent 4 | quote }}
```

파이프라인으로 작성되기 때문에 읽기 쉽고 자연스럽다.

헬름 차트에서 사용할 수 있는 다양한 Go 템플릿 함수가 존재한다. 이러한 함수에 대한 설명은 Go 문서인 https://golang.org/pkg/text/template/#hdr-Functions에서 확인할 수 있으며 Sprig 템플릿인 http://masterminds.github.io/sprig/에서 확인할 수 있다. 차트 개발 중에 사용할 수 있는 일반적인 Go 템플릿 기능은 다음과 같다.

- date: 날짜 형식 지정
- default: 기본값 설정
- fail: 템플릿 렌더링 실패
- include: Go 템플릿을 실행하고 결과를 반환
- nindent: 들여쓰기 전에 새 행을 추가한다는 점을 제외하면 들여쓰기와 유사
- indent: 설정된 공백의 수만큼 텍스트에 대한 들여쓰기를 수행
- now: 현재 날짜/시간을 표시

- quote: 문자열을 인용 부호로 묶음

- required: 사용자 입력을 필요로 함

- splitList: 문자열을 문자열 목록으로 분할

- toYaml: 문자열을 YAML 형식으로 변환

Go 템플릿 언어는 YAML 리소스 생성을 추가로 제어하기 위해 if 액션에서 다음과 같은 불리언 연산자를 사용할 수 있다.

- and

- or

- not

- eq('equal'의 약자)

- ne('not equal'의 약자)

- lt('less than'의 약자)

- le('less than or equal to'의 약자)

- gt('greater than'의 약자)

- ge('greater than or equal to'의 약자)

쿠버네티스 리소스를 생성하는 것 외에도, Go 템플릿을 사용해 반복적인 템플릿이 있는 YAML 리소스에서 재사용할 수 있는 함수를 만들 수 있다. 이는 다음 절에서 설명할 명명된 템플릿^{named template}을 생성해 수행할 수 있다.

명명된 템플릿으로 코드 재사용 활성화

템플릿 파일을 생성할 때, 쿠버네티스 리소스에 YAML의 반복적인 블록이나 보일러플레이트가 있을 수 있다.

이에 대한 한 가지 예는 다음과 같이 지정할 수 있는 리소스의 라벨이다.

```
labels:
  'app.kubernetes.io/instance': {{ .Release.Name }}
  'app.kubernetes.io/managed-by': {{ .Release.Service }}
```

일관성을 위해 이러한 각 라벨을 헬름 차트의 각 리소스에 추가할 수 있다. 차트에 다양한 쿠버네티스 리소스가 포함되어 있는 경우, 각 파일에 원하는 라벨을 포함시키는 것이 번거로울 수 있다. 특히, 라벨을 수정해야 하거나 향후 각 리소스에 새로운 라벨을 추가해야 하는 경우 더욱 그러하다.

헬름은 차트 개발자가 보일러플레이트를 줄이기 위해 적용할 수 있는 재사용 가능한 템플릿을 생성할 수 있는 명명된 템플릿이라고 하는 구성을 제공한다. 명명된 템플릿은 templates/ 디렉토리 하위에 정의되며 밑줄 문자로 시작하고 .tpl 파일 확장자로 끝나는 파일이다. 대부분의 차트는 명명된 템플릿을 포함하는 _helpers.tpl이라는 파일로 생성되지만, 파일을 helpers라고 할 필요는 없다.

tpl 파일에 명명된 템플릿을 만들기 위해, 개발자는 define 액션을 취할 수 있다. 다음 예제에서는 리소스 라벨을 캡슐화하는 데 사용할 수 있는 명명된 템플릿을 생성한다.

```
{{- define 'mychart.labels' }}
labels:
  'app.kubernetes.io/instance': {{ .Release.Name }}
  'app.kubernetes.io/managed-by': {{ .Release.Service }}
{{- end }}
```

define 액션은 템플릿 이름을 인수로 사용한다. 위의 예제에서 템플릿 이름은 mychart.labels이다. 템플릿 이름 지정에 대한 일반적인 규칙은 $CHART_NAME.$TEMPLATE_NAME이다. 여기서 $CHART_NAME은 헬름 차트의 이름이고, $TEMPLATE_NAME은 템플릿의 목적을 설명하는 짧고 설명적인 이름이다.

mychart.labels 이름은 템플릿이 mychart 헬름 차트에 고유하며 적용되는 리소스에 라벨을 생성함을 의미한다.

쿠버네티스 YAM 템플릿에서 명명된 템플릿을 사용하려면, 다음과 같은 사용법을 통해 include 함수를 사용할 수 있다.

```
include [TEMPLATE_NAME] [SCOPE]
```

TEMPLATE_NAME 매개변수는 처리해야 하는 명명된 템플릿의 이름이다. SCOPE 매개변수는 값의 범위와 처리돼야 하는 내장된 객체다. 대부분의 경우 이 매개변수는 현재 최상위 범위를 나타내는 점(.)이지만, 명명된 템플릿이 현재 범위의 외부 값을 참조하는 경우 달러 기호($)를 사용해야 한다.

다음 예제는 명명된 템플릿을 처리하는 데 include 함수를 사용하는 방법을 보여준다.

```
metadata:
  name: {{ .Release.Name }}
{{- include 'mychart.labels' . | indent 2 }}
```

위 예제는 리소스 이름을 릴리스 이름으로 설정하는 것으로부터 시작한다. 그런 다음, include 함수를 사용해 라벨을 처리하고 파이프라인을 통해 선언한 대로 각 행을 2개의 공백으로 들여쓰기를 진행한다. 처리가 완료되면, template-demonstration이라는 릴리스 내의 리소스가 다음과 같이 나타날 수 있다.

```
metadata:
  name: template-demonstration
  labels:
    'app.kubernetes.io/instance': template-demonstration
    'app.kubernetes.io/managed-by': Helm
```

헬름은 또한 명명된 템플릿을 확장할 수 있는 템플릿 액션을 제공한다. 이 액션은 include와 동일한 용도로 사용되지만, 한 가지 주요 제한사항이 존재한다. 파이프라인에서 추가 형식 및 처리를 제공하기 위해 사용할 수 없다. 템플릿 액션은 단순히 데이터를 인라인으로 표시하는 데 사용된다. 이러한 제한으로 인해, 차트 개발자는 include가 템플릿과 기능 패리티를 갖지만 파이프라인 처리의 추가 이점을 제공하기 때문에 템플릿 액션에 대해 include 함수를 사용해야 한다.

다음 절에서는 명명된 템플릿을 사용해 여러 다른 차트에서 보일러플레이트를 줄이는 방법을 살펴볼 것이다.

라이브러리 차트

헬름 차트에는 application 또는 library로 설정된 Chart.yaml 파일에 정의된 type 필드가 존재한다. 애플리케이션 차트는 쿠버네티스에 전체 애플리케이션을 배포하는 데 사용된다. 가장 일반적인 타입의 차트이며 기본 설정이다. 그러나 차트는 라이브러리 차트로 정의할 수도 있다. 이러한 타입의 차트는 애플리케이션을 배포하는 데 사용되지 않고, 대신 여러 다른 차트에서 사용할 수 있는 명명된 템플릿을 제공하는 데 사용된다. 이 사용 사례의 예는 이전 절에서 정의된 labels 예제다. 개발자는 리소스에 동일한 라벨이 있는 여러 다른 차트를 유지할 수 있다. 각 차트에서 동일한 이름의 템플릿을 정의하는 대신 _helpers.tpl 파일에서 개발자는 리소스 라벨을 디펜던시로 생성하기 위한 명명된 템플릿을 제공하는 라이브러리 차트를 선언할 수 있다.

헬름은 기존 쿠버네티스 리소스를 생성하는 데 가장 일반적으로 사용되지만, 다음 절에서 설명할 **커스텀 리소스**CR, Custom Resource를 생성할 수도 있다.

CR 템플릿

CR은 쿠버네티스 API에 고유하지 않은 리소스를 생성하는 데 사용된다. 이 기능을 사용해 쿠버네티스가 제공하는 기능을 강화할 수 있다. 기본적인 쿠버네티스 리소스 같은 헬름 템플릿을 사용해 CR을 생성할 수 있지만, 이에 앞서 CR을 정의하는 **커스텀 리소스 정의**CRD, Custom Resource Definition가 있어야 한다. CR이 생성되기 전에 CRD가 존재하지 않을 경우, 설치가 실패한다.

헬름 차트에는 템플릿을 설치하기 전에 제공해야 하는 CRD로 구성된 crds/ 폴더가 포함될 수 있다. crds/ 폴더의 예제는 다음과 같다.

```
crds/
  my-custom-resource-crd.yaml
```

my-custom-resource-crd.yaml 파일에는 다음과 같은 내용이 포함될 수 있다.

```
apiVersion: apiextensions.k8s.io/v1
kind: CustomResourceDefinition
metadata:
  name: my-custom-resources.learnhelm.io
spec:
  group: learnhelm.io
  names:
    kind: MyCustomResource
    listKind: MyCustomResourceList
    plural: MyCustomResources
    singular: MyCustomResource
    scope: Namespaced
    version: v1
```

그런 다음, templates 디렉토리는 MyCustomResource 리소스의 인스턴스를 포함할 수 있다.

```
templates/
  my-custom-resource.yaml
```

이와 같은 파일 구조는 templates/ 디렉토리 하위에 CR이 정의되기 전에 MyCustomResource CRD가 설치되게 한다.

해당 기능을 사용하려면 권한 확대를 통해 CRD를 생성해야 하기 때문에 사용자가 클러스터 관리자(cluster administrator)여야 한다. 클러스터 관리자가 아닌 경우 관리자에게 미리 CRD 생성을 요청하는 것이 좋다. 이렇게 하면 CRD가 이미 클러스터에 존재하기 때문에 crds/ 폴더를 차트에 포함시킬 필요가 없다.

지금까지 헬름 템플릿에 대해 많은 세부 사항을 다뤘다. 요약하자면, 헬름 템플릿은 헬름 차트의 '두뇌' 역할을 하며 쿠버네티스 리소스를 생성하는 데 사용된다. 4장의 다른 주제와 5장 '첫 번째 헬름 차트 빌드'에서 헬름 템플릿을 작성하는 실습을 진행할 것이다.

지금부터 차트 템플릿과 동일하게 중요한 주제인 Chart.yaml 파일을 사용해 헬름 차트의 기본 사항에 대한 논의를 진행할 것이다.

▌차트 정의 이해

차트 정의^{chart definition}라고도 알려진 Chart.yaml 파일은 헬름 차트에 대한 다양한 메타데이터를 선언하는 리소스다. 이 파일은 필수이며 차트의 파일 구조에 포함되지 않은 경우 다음과 같은 오류 메시지가 표시된다.

```
Error: validation: chart.metadata is required
```

3장 '첫 번째 헬름 차트 설치'에서 helm show chart 명령을 실행해 **비트나미의 워드프레스 차트**에 대한 차트 정의를 살펴봤다. 이 명령을 다시 실행해 차트 정의를 상기해보자. 해당 작업이 3장에서 수행됐기 때문에 비트나미 차트 저장소가 이미 추가됐다고 가정하자.

```
$ helm show chart bitnami/wordpress --version 8.1.0
```

다음은 워드프레스 차트의 차트 정의다.

```
apiVersion: v1
appVersion: 5.3.2
dependencies:
- condition: mariadb.enabled
  name: mariadb
  repository: https://kubernetes-charts.storage.googleapis.com/
  tags:
  - wordpress-database
  version: 7.x.x
description: Web publishing platform for building blogs and websites.
home: http://www.wordpress.com/
icon: https://bitnami.com/assets/stacks/wordpress/img/wordpress-stack-220x234.png
keywords:
- wordpress
- cms
- blog
- http
- web
- application
- php
maintainers:
- email: containers@bitnami.com
  name: Bitnami
name: wordpress
sources:
- https://github.com/bitnami/bitnami-docker-wordpress
version: 8.1.0
```

▲ **그림 4.1** 워드프레스 차트의 차트 정의

차트 정의 또는 Chart.yaml 파일에는 다양한 필드가 포함될 수 있다. 일부 필드는 필수이고, 대부분의 다른 필드는 선택사항이며 필요한 경우에만 제공할 수 있다.

지금까지 Chart.yaml 파일에 대한 기본적인 이해를 마쳤으므로, 다음 절에서는 파일의 필수 필드를 살펴보자.

필수 필드

차트 정의에는 중요한 차트 메타데이터가 포함된 다음과 같은 필드가 포함되어 있어야 한다.

필드	설명
apiVersion	차트의 API 버전
name	헬름 차트의 이름
version	헬름 차트의 버전

이러한 각 필수 필드를 자세히 살펴보자.

- apiVersion 필드는 v1과 v2, 두 가지 값 중 하나로 설정할 수 있다.

- apiVersion 필드가 v1로 설정된 경우, 차트는 레거시 차트 구조를 따른다. 헬름 3 릴리스 이전에 사용된 apiVersion 값으로, 차트 구조에서 추가적으로 requirement.yaml 파일이 지원되고 차트 정의에서 type 필드가 지원되지 않는다. 헬름 3는 apiVersion 값 v1과 역으로 호환되지만, 사라지게 될 기능[deprecated feature]이 더 이상 사용되지 않도록 apiVersion 값을 v2로 설정해야 한다.

- name 필드는 헬름 차트의 이름을 정의하는 데 사용된다. 이 값은 헬름 차트를 포함하는 최상위 디렉토리의 이름과 같아야 한다. 헬름 차트의 이름은 릴리스에 사용된 차트의 이름을 반환하기 위한 helm list 명령뿐만 아니라 helm search 명령의 검색 결과에 표시된다. 이 필드의 값은 간결하면서도 설명적이어야 한다. 예를 들면, wordpress 또는 redis-cluster와 같이 짧은 이름으로 차트에 의해 설치된 애플리케이션을 설명해야 한다. 케밥 케이스[kebab case], 즉 대시로 단어를 구분하는 것은 명명 규칙에서 다른 단어를 구별할 때 사용하는 일반적인 규칙이다. 가끔 이름은 rediscluster처럼 한 단어로 작성되기도 한다.

- version 필드는 헬름 차트의 버전을 결정하는 데 사용된다. 버전의 경우 유효한 차트 버전이 되려면 SemVer[Semantic Versioning] 2.0.0 형식을 따라야 한다. SemVer는 Major.Minor.Patch 형식을 기반으로 버전을 설명한다. 주요 변경사항이 도입되면 메이저[Major] 버전이 증가해야 하며, 하위 버전과 호환되는 기능이 출시되는 경우 마이너[Minor] 버전이 증가해야 하며, 버그가 수정되는 경우 패치[Patch] 버전이 증가해야 한다. 마이너 버전이 증가하면 패치 버전이 다시 0으로 설정된다. 메이저 버전이 증가하면 마이너 버전과 패치 버전이 모두 0으로 재설정된다. 차트 개발자는 주요 변경사항, 새로운 기능 및 버그 수정이 릴리스된 시기를 나타내는 데 사용되므로 차트의 버전을 증가시킬 때 특별한 주의를 기울여야 한다.

위 세 가지 필드는 Chart.yaml 파일에 필요한 유일한 필드이지만, 차트에 추가적인 메타데이터를 추가하기 위해 포함할 수 있는 더 많은 선택적 필드가 존재한다.

사용 가능한 Chart.yaml 의 다른 필드를 살펴보자.

선택적 메타데이터

필수 필드 외에도 다음 표에서 설명하고 있는 바와 같이 차트에 대해 추가적인 세부 정보를 제공하는 데 사용할 수 있는 많은 선택적 필드가 존재한다.

필드	설명
appVersion	헬름 차트와 함께 배포된 애플리케이션의 버전. SemVer일 필요는 없다.
dependencies	Chart.yaml로 정의된 차트가 종속된 차트의 목록
deprecated	헬름 차트가 더 이상 사용되지 않는지 여부
description	헬름 차트에 대한 간단한 설명
home	프로젝트 홈페이지의 URL
icon	헬름 차트를 나타내는 데 사용되는 SVG 또는 PNG 형식의 아이콘. 헬름 허브의 차트 페이지에 표시된다.
keywords	helm search 명령으로 검색하는 데 사용되는 프로젝트를 설명하는 데 사용되는 키워드 목록
kubeversion	SemVer 형식의 호환되는 다양한 쿠버네티스 버전
maintainers	헬름 차트의 유지관리자 목록
sources	헬름 차트 또는 애플리케이션의 소스 코드로 연결되는 URL 목록
type	정의해야 하는 헬름 차트의 타입

이러한 필드 중 일부는 헬름 차트에 대한 정보를 사용자에게 표시하는 간단한 메타데이터를 제공한다. 그러나 다른 필드는 헬름 차트의 동작을 수정하는 데 사용되는데, 이러한 필드 중 첫 번째 필드는 application 또는 library로 설정할 수 있는 type 필드다. application으로 설정된 경우 차트는 쿠버네티스 리소스를 배포한다. 라이브러리로 설정된 경우 차트는 헬퍼 템플릿helper template을 통해 다른 차트에 기능을 제공한다.

헬름 차트의 동작을 수정할 수 있는 두 번째 필드는 dependencies 필드이며, 다음 절에서 설명한다.

차트 디펜던시 관리

차트 디펜던시^{chart dependencies}는 헬름 차트가 의존할 수 있는 다른 차트의 리소스를 설치하는 데 사용된다. 이에 대한 예로 워드프레스 차트에서 백엔드 데이터를 저장하기 위해 디펜던시로 선언한 마리아DB 차트가 있다. mariadb 디펜던시를 사용함으로써, 워드프레스 차트는 해당 리소스를 처음부터 정의할 필요가 없다.

디펜던시는 Chart.yaml 파일의 dependencies 필드에 선언된다. 다음은 워드프레스 차트 정의와 관련된 스니펫이다.

```
dependencies:
- condition: mariadb.enabled
  name: mariadb
  repository: https://kubernetes-charts.storage.googleapis.com/
  tags:
  - wordpress-database
  version: 7.x.x
```

▲ **그림 4.2** 워드프레스 헬름 차트에 선언된 mariadb 디펜던시

위 예제는 단일 디펜던시인 mariadb를 표시하고 있지만, dependencies 블록은 여러 디펜던시 목록을 정의할 수 있다. dependencies 블록에는 차트의 디펜던시 관리 동작을 수정하는 데 적용할 수 있는 다양한 필드가 포함되어 있다. 이러한 필드는 다음 표에 정의되어 있다.

필드	정의	필수 여부
name	디펜던시 차트의 이름	예
repository	디펜던시 차트가 있는 위치	예
version	포함할 디펜던시 차트의 버전	예
alias	디펜던시를 부여하는 대체 이름	아니요
condition	디펜던시를 포함해야 하는지 여부를 결정하는 불리언값	아니요
import-values	디펜던시 차트의 값을 상위 차트로 전파	아니요
tags	차트를 포함할지 여부를 결정하는 불리언값 목록	아니요

dependencies 블록 아래의 최소 필수 필드는 name, repository, version 필드다. 앞의 wordpress 디펜던시 스니펫에서 볼 수 있듯이, 디펜던시의 이름은 mariadb이며 리포지토리는 https://kubernetes-charts.storage.googleapis.com에서 찾을 수 있다. 이는 제공된 리포지토리에서 Chart.yaml 파일의 name 필드가 mariadb인 헬름 차트를 검색한다. dependencies 블록의 version 필드는 포함돼야 하는 차트의 버전을 지정한다. 7.0.0과 같이 특정 버전으로 고정하거나 와일드카드 버전을 지정할 수 있다. 이전 예제에서 나열된 디펜던시는 7.x.x 같은 와일드카드 버전을 제공한다. 이는 헬름이 와일드카드와 일치하는 최신 버전의 차트를 다운로드하도록 지시한다.

지금까지 필수 디펜던시 필드에 대한 학습을 진행했으므로, 이제 선언된 디펜던시를 다운로드하는 방법을 살펴보자.

디펜던시 다운로드

다음 표에 나열된 helm dependency 하위 명령을 사용해 디펜던시를 다운로드할 수 있다.

명령	정의
helm dependency build	Chart.lock 파일을 기반으로 charts/ 디렉토리를 재빌드한다. Chart.lock 파일을 찾을 수 없는 경우, 이 명령은 helm dependency update 명령의 동작을 미러링한다.
helm dependency list	주어진 차트에 대한 디펜던시를 나열한다.
helm dependency update	Chart.yaml 파일의 내용을 기반으로 charts/ 디렉토리를 업데이트하고 Chart.lock 파일을 생성한다.

처음으로 디펜던시를 다운로드하는 경우, helm dependency update 명령을 실행해 각 디펜던시를 주어진 헬름 차트의 charts/ 디렉토리에 다운로드할 수 있다.

```
$ helm dependency update $CHART_PATH
```

helm dependency update 명령은 파일 확장자가 .tgz인 GZip 아카이브 형식으로 리포지토리에서 디펜던시를 다운로드한다. 이 명령은 또한 Chart.lock이라는 파일도 생성한다. Chart.lock 파일은 Chart.yaml 파일과 유사하다. Chart.yaml 파일에는 차트 디펜던시의 원하는 상태가 포함되어 있지만, Chart.lock 파일에는 적용된 디펜던시의 실제 상태가 정의되어 있다.

Chart.lock 파일의 예제는 다음과 같다.

```
dependencies:
- name: mariadb
  repository: https://charts.bitnami.com
  version: 7.3.1
digest: sha256:8bb0797aa542ddb22c41cf39d599264ebbe3665c95a22421ffd57fdb99bdb740
generated: "2020-01-01T22:39:38.439294071-05:00"
```

▲ **그림 4.3** Chart.lock 파일

Chart.lock 파일을 이에 대응하는 Chart.yaml 파일과 비교해보자.

```
apiVersion: v2
version: 0.0.1
name: dependencies-demonstration
dependencies:
  - name: mariadb
    version: 7.x.x
    repository: https://charts.bitnami.com
```

▲ **그림 4.4** 대응하는 Chart.yaml 파일

Chart.yaml 파일에서 명시된 `mariadb` 디펜던시의 버전이 7.x.x이지만, Chart.lock 파일의 경우 버전이 7.3.1임을 확인할 수 있다. 이는 Chart.yaml 파일이 헬름에 최신 버전의 7.x.x 릴리스를 다운로드하도록 지시했고 다운로드된 실제 버전이 7.3.1이었기 때문이다.

Chart.lock 파일이 있으면, 헬름은 charts/ 디렉터리가 제거됐거나 재빌드돼야 하는 경우 원래 다운로드했던 정확한 디펜던시를 다시 다운로드할 수 있다. 이는 차트에 대해 `helm dependency build` 명령을 실행해 수행할 수 있다.

```
$ helm dependency build $CHART_PATH
```

---

helm dependency build 명령을 사용해 디펜던시를 다운로드할 수 있기 때문에 소스 제어 source control에 charts/ 디렉토리를 포함시키지 않고 리포지토리의 용량을 줄일 수 있다.

시간이 지남에 따라 7.x.x 릴리스의 최신 버전을 사용할 수 있다. 이때 helm dependency update 명령을 실행해 디펜던시를 조정할 수 있다. 즉, 사용 가능한 최신 버전이 다운로 드되고 Chart.lock 파일이 다시 생성된다. 추후에 8.x.x 릴리스에서 다운로드를 수행하 거나 디펜던시를 7.0.0과 같이 특정 릴리스에 고정하려는 경우 Chart.yaml 파일에서 이 를 설정하고 helm dependency update 명령을 실행할 수 있다.

helm dependency list 명령을 사용해 로컬 시스템에 저장된 헬름 차트의 다운로드된 디펜 던시를 확인할 수 있다.

```
$ helm dependency list $CHART_NAME
```

명령의 실행 결과 다음과 같은 출력을 확인할 수 있을 것이다.

```
NAME     VERSION REPOSITORY                 STATUS
mariadb 7.x.x   https://charts.bitnami.com  ok
```
▲ **그림 4.5** helm dependency list 실행 결과

STATUS 열은 디펜던시가 charts/ 디렉토리에 성공적으로 다운로드됐는지 여부를 판별한 다. 상태가 ok일 경우 다운로드가 완료된 것이다. 상태가 missing으로 표시될 경우 디펜 던시가 아직 다운로드되지 않은 것이다.

기본적으로 Chart.yaml 파일에 선언된 모든 디펜던시가 다운로드되지만, dependencies 블록의 조건이나 tags 필드를 제공해 이를 수정할 수 있다. 이와 관련된 내용은 다음 절 에서 설명한다.

조건부 디펜던시

condition 및 flags 필드를 활용해 설치 또는 업그레이드 과정에서 디펜던시를 조건부로

포함할 수 있다. Chart.yaml 파일의 예제 dependencies 블록을 살펴보자.

```
dependencies:
  - name: dependency1
    repository: https://example.com
    version: 1.x.x
    condition: dependency1.enabled
    tags:
      - monitoring
  - name: dependency2
    repository: https://example.com
    version: 2.x.x
    condition: dependency2.enabled
    tags:
      - monitoring
```

condition 및 tags 필드가 포함되어 있음을 확인할 수 있다. condition 필드는 사용자가 제공하거나 차트의 values.yaml 파일에 설정해야 하는 값이 나열된다. true로 판단될 경우 condition 필드는 차트가 디펜던시로 포함되게 한다. 만약 false일 경우 디펜던시가 포함되지 않는다. 다음과 같이 조건을 쉼표로 정의해 여러 조건을 정의할 수 있다.

```
condition: dependency1.enabled, global.dependency1.enabled
```

조건 설정에 관한 모범 사례는 chartname.enabled 값 형식을 따르는 것이다. 여기서 각 디펜던시에는 디펜던시의 차트 이름에 따라 고유한 조건 집합이 존재한다. 이를 통해 사용자는 직관적인 값 스키마에 따라 개별 차트를 활성화하거나 비활성화할 수 있다. 조건값이 차트의 values.yaml 파일에 포함되지 않거나 사용자가 제공하지 않을 경우 이 필드는 무시된다.

condition 필드는 개별 디펜던시를 활성화하거나 비활성화하는 데 사용되지만, tags 필드는 디펜던시 그룹을 활성화하거나 비활성화하는 데 사용된다. 앞선 예제의 dependencies 블록에서 두 디펜던시 모두 monitoring이라는 태그를 나열하고 있다. 즉, monitoring 태그가 활성화된 경우 두 디펜던시가 모두 포함된다. 만약 monitoring 태그가 거짓으로 설정된 경우 디펜던시가 생략된다. 태그는 다음과 같이 상위 차트인 values.yaml 파일에 있는 tags YAML 객체 아래에 설정해 활성화 또는 비활성화할 수 있다.

```
tags:
  monitoring: true
```

디펜던시는 YAML 구문에서 제공하는 목록을 통해 Chart.yaml 파일에 여러 개의 태그를 정의할 수 있다. 디펜던시가 포함되기 위해서는 하나의 태그만 true로 평가돼야 한다.

 디펜던시의 모든 태그가 무시되면, 디펜던시가 기본적으로 포함된다.

이번 절에서는 디펜던시를 조건부로 선언하는 방법을 설명했다. 다음으로 디펜던시의 값을 재정의하고 참조하는 방법을 살펴볼 것이다.

자식 차트에서 값 재정의 및 참조

기본적으로 디펜던시 차트(자식 차트child chart라고도 함)에 속하는 값은 자식 차트와 동일한 이름으로 설정된 맵에서 값을 래핑wrapping하여 재정의하거나 참조할 수 있다. 다음과 같은 값을 지원하는 my-dep라는 자식 차트를 상상해보자.

```
replicas: 1
servicePorts:
  - 8080
  - 8443
```

이러한 차트가 디펜던시로 설치되면 다음과 같이 부모 차트parent chart의 my-dep YAML 객체에 값을 설정해 이러한 값을 재정의할 수 있다.

```
my-dep:
  replicas: 3
  servicePorts:
    - 8080
    - 8443
    - 8778
```

위의 예제는 my-dep에 정의된 replicas 및 servicePorts 값을 재정의하여 replicas를 3으로 설정하고 servicePorts에 8778을 추가한다. 이러한 값은 점 표기법(예: my-dep.replicas)에 따라 상위 차트의 템플릿에서 참조할 수 있다. 값을 재정의하고 참조하는 것 외에도, 다음 절에서 설명하는 import-values 필드를 정의해 디펜던시값을 직접 가져올 수 있다.

import-values를 통한 값 가져오기

Chart.yaml 파일의 dependencies 블록은 자식 차트의 기본값을 가져오는 데 사용할 수 있는 import-values 필드를 지원한다. 이 필드는 몇 가지 방식으로 동작한다. 첫 번째 방법은 자식 차트에서 가져올 키 목록을 제공하는 것이다. 이것이 제대로 동작하기 위해서는 자식 차트에서 다음과 같이 exports 블록 아래에 선언된 값이 존재해야 한다.

```
exports:
  image:
    registry: 'my-registry.io'
    name: learnhelm/my-image
    tag: latest
```

그런 다음 부모 차트는 Chart.yaml 파일에서 import-values 필드를 정의할 수 있다.

```
dependencies:
  - name: mariadb
    repository: https://charts.bitnami.com
    version: 7.x.x
    import-values:
      - image
```

이렇게 하면 자식 차트의 exports.image 하위의 기본값이 부모 차트에서 다음과 같이 참조될 수 있다.

```
registry: 'my-registry.io'
name: learnhelm/my-image
tag: latest
```

이렇게 하면 image 맵이 제거되고 그 아래에 있던 키-값 쌍만 남게 된다. 이러한 일이 발생하지 않게 하려면 import-values 필드가 자식-부모 형식이라고 하는 것에 따라 image 맵을 유지할 수 있다. 이를 통해 차트 개발자는 자식 차트에서 가져와야 하는 값을 지정하고 상위 차트에서 참조해야 하는 이름을 제공할 수 있다. 자식-부모 형식을 사용하면 자식 차트의 exports 블록에 값이 존재하지 않아도 이를 수행할 수 있다. 다음 dependencies 블록은 이에 대한 예를 보여준다.

```
dependencies:
  - name: mariadb
    repository: https://charts.bitnami.com
    version: 7.x.x
    import-values:
      - child: image
        parent: image
```

이 예제는 자식 차트의 image 블록 아래에 있는 각 값을 가져와서 부모 차트의 image 블록 아래로 가져온다.

 import-values 필드를 사용해 가져온 값은 부모 차트에서 재정의할 수 없다. 하위 차트의 값을 재정의해야 하는 경우 import-values 필드를 사용하지 말고, 대신 각 값에 하위 차트의 이름을 접두사로 지정해 원하는 값을 재정의할 수 있다.

이번 절에서는 Chart.yaml 파일에서 디펜던시를 관리하는 방법을 설명했다. 이제 헬름 차트에서 수명주기 관리 훅을 정의하는 방법을 살펴보겠다.

▎수명주기 관리

헬름 차트 및 관련 릴리스의 주요 이점 중 하나는 쿠버네티스상의 복잡한 애플리케이션을 관리할 수 있는 능력이다. 릴리스는 수명주기 동안 여러 단계를 거친다. 릴리스의 수명주기에 대한 추가 관리 기능을 제공하기 위해 헬름은 릴리스 주기 내에서 여러 시점에서 작업을 수행할 수 있도록 훅hook 메커니즘을 제공한다. 이번 절에서는 릴리스 수명주기의 여러 단계를 탐색하고 훅을 사용해 릴리스뿐만 아니라 전체 쿠버네티스 환경과 상호작용할 수 있는 기능을 제공하는 방법을 소개한다.

3장 '첫 번째 헬름 차트 설치'에서 설치, 업그레이드, 제거, 롤백을 포함하여 헬름 릴리스의 전체 수명을 포괄하는 여러 단계를 살펴봤다. 헬름 차트는 쿠버네티스에 배포될 하나 이상의 애플리케이션을 관리하기 때문에 복잡하며, 리소스 배포 외에 추가적인 액션을 수행해야 하는 경우가 많다. 여기에는 다음과 같은 내용이 포함될 수 있다.

- 인증서 및 시크릿 관리와 같이 애플리케이션에 필요한 전제 조건 완료
- 백업 또는 복원을 수행하기 위해 차트 업그레이드의 일부로 데이터베이스 관리
- 차트를 제거하기 전에 자산asset 정리

잠재적인 옵션 목록은 길 수 있으며, 다음 절에서 설명할 헬름 훅의 기본적인 사항과 실행할 수 있는 시기를 먼저 이해하는 것이 중요하다.

헬름 훅의 기본사항

훅은 릴리스의 수명 동안 지정된 시점에 일회성 액션으로 실행된다. 헬름 내의 대부분의 기능과 마찬가지로 훅은 또 다른 쿠버네티스 리소스, 특히 컨테이너 내에서 구현된다. 쿠버네티스 내의 워크로드 대부분은 API 요청을 제공하는 애플리케이션과 같이 수명이 긴 프로세스로 설계됐지만, 워크로드는 완료되면 성공 또는 실패를 나타내는 스크립트를 사용해 실행되는 단일 태스크task 또는 태스크의 집합으로 구성될 수 있다.

단기 태스크^{short-lived task}를 생성하기 위해 쿠버네티스 환경에서 일반적으로 사용되는 두 가지 옵션은 베어 **파드**^{pod} 또는 **잡**^{job}을 사용하는 것이다. 베어 파드는 완료될 때까지 실행된 다음 종료되는 파드이며, 노드에 장애가 발생해도 재스케줄링이 되지 않는다. 이러한 이유로 수명주기 훅을 잡으로 실행하는 것이 선호될 수 있다. 이 잡은 노드가 실패하거나 사용할 수 없게 되면 훅을 재스케줄링한다.

훅은 단순히 쿠버네티스 리소스로 정의되기 때문에, templates/ 폴더에도 배치되고 helm.sh/hook 애노테이션으로도 주석이 추가된다. 이 주석을 지정하면 표준 처리 과정에서 쿠버네티스 환경에 적용되는 나머지 리소스와 함께 렌더링되지 않는다. 대신, helm.sh/hook 애노테이션에 지정된 값을 기반으로 렌더링 및 적용되며, 헬름 릴리스 수명주기의 일부로 쿠버네티스 내에서 실행돼야 하는 시기를 결정한다.

다음은 훅을 잡으로 정의하는 방법의 예다.

```yaml
apiVersion: batch/v1
kind: Job
metadata:
  name: helm-auditing
  annotations:
    'helm.sh/hook': pre-install,post-install
spec:
  template:
    metadata:
      name: helm-auditing
    spec:
      restartPolicy: Never
      containers:
      - name: helm-auditing
        command: ["/bin/sh", "-c", "echo Hook Executed at $(date)"]
        image: alpine
```

이 간단한 예제는 10초 동안 슬립^{sleep} 모드로 들어가기 전에 컨테이너 내부의 현재 날짜와 시간을 인쇄한다. 헬름은 helm.sh/hook 애노테이션에 표시된 바와 같이 차트를 설치하기 전과 후에 해당 훅을 실행한다. 이러한 타입의 훅에 대한 사용 사례는 쿠버네티스 환경에서 애플리케이션에 대한 설치를 추적을 담당하는 감사 시스템auditing system에 연결하는 것이다. 차트 설치 프로세스를 완료하는 데 걸린 총 시간을 추적하기 위해 설치가 완료된 후 유사한 훅을 추가할 수 있다.

지금까지 헬름 훅의 기본 사항을 설명했으므로, 이제 헬름 차트에서 훅을 정의하는 방법을 살펴보자.

훅 실행

이전 절의 잡 훅에서 봤듯이 helm.sh/hook 애노테이션의 값은 pre-install이었다. pre-install은 헬름 차트의 수명 동안 훅을 실행할 수 있는 지점 중 하나다.

다음 표는 훅이 실행되는 시기를 나타내는 helm.sh/hook 애노테이션에서 사용 가능한 옵션을 나타낸다. 각 훅에 대한 상세 설명은 https://helm.sh/docs/topics/charts_hooks/#the-available-hooks에서 찾을 수 있는 공식 헬름 문서를 참조한다.

애노테이션값	설명
pre-install	템플릿이 렌더링된 후 쿠버네티스에서 리소스가 생성되기 전에 실행된다.
post-install	모든 리소스가 쿠버네티스에 로드된 후 실행된다.
pre-delete	쿠버네티스에서 리소스가 삭제되기 전에 삭제 요청에서 실행된다.
post-delete	릴리스의 모든 리소스가 삭제된 후 삭제 요청에서 실행된다.
pre-upgrade	템플릿이 렌더링된 후 리소스가 업데이트되기 전에 업그레이드 요청에서 실행된다.
post-upgrade	모든 리소스가 업그레이드된 후 업그레이드 과정에서 실행된다.
pre-rollback	템플릿이 렌더링된 후 리소스가 롤백되기 전에 롤백 요청에서 실행된다.
post-rollback	모든 리소스가 수정된 후 롤백 요청에서 실행된다.
test	6장 '헬름 차트 테스트'에서 자세히 설명할 helm test 하위 명령이 호출될 때 실행된다(이전 헬름 버전의 test-success 및 test-failure 옵션을 대체한다).

helm.sh/hook 애노테이션에는 차트의 릴리스 주기 내에서 동일한 리소스가 다른 시점에서 실행됨을 나타내는 여러 값이 포함될 수 있다. 예를 들어, 차트의 설치 전후에 실행되는 훅의 경우 다음과 같은 애노테이션을 파드 또는 잡에 정의할 수 있다.

```
annotations:
  'helm.sh/hook': pre-install,post-install
```

선택해야 하는 차트의 수명주기에서 원하는 단계를 결정하기 위해 훅이 실행되는 방법과 시기를 이해하는 것이 매우 유용하다. 이전 예제에서 설명했듯이, helm install 명령 실행 시 pre-install 및 post-install에서 실행되도록 표시되면 다음과 같은 액션을 취하게 된다.

1. 사용자가 헬름 차트를 설치한다(예: helm install bitnami/wordpress --version 8.1.0을 실행).

2. 헬름 API가 호출된다.

3. crds/ 폴더의 CRD가 쿠버네티스 환경에 로드된다.

4. 차트 템플릿의 확인이 수행되고 리소스가 렌더링된다.

5. pre-install 훅은 가중치별로 정렬된 다음 렌더링되어 쿠버네티스에 로드된다.

6. 헬름은 훅이 준비될 때까지 대기한다.

7. 템플릿 리소스가 렌더링되고 쿠버네티스 환경에 적용된다.

8. post-install 훅이 실행된다.

9. 헬름은 post-install 훅이 완료될 때까지 대기한다.

10. helm install 명령의 결과가 반환된다.

헬름 훅 실행의 기본 사항을 이해하고, 헬름 훅과 관련된 고급 주제를 살펴보자.

고급 훅 개념

표준 헬름 템플릿 리소스를 훅으로 변환하는 데는 최소한의 노력이 필요하지만, 차트의 실행 및 리소스 제거에 도움이 되는 추가 옵션이 존재한다.

헬름 차트의 수명 동안 실행할 수 있는 훅 수에는 제한이 없으며, 동일한 수명주기 단계에 대해 여러 훅이 구성된 경우가 있을 수 있다. 이 시나리오가 발생하면 기본적으로는 이름을 기준으로 알파벳순으로 정렬된다. 그러나 helm.sh/weight 애노테이션을 사용해 각 훅의 가중치를 지정하여 순서를 정의할 수 있다. 가중치는 오름차순으로 정렬되지만, 여러 훅에 동일한 가중치가 포함된 경우 이름을 기준으로 알파벳순으로 정렬하는 기본 논리가 사용된다.

훅은 수명주기 관리에 유용한 메커니즘을 제공하지만, 일반 템플릿 리소스와 달리 훅은 헬름에서 추적하거나 관리하지 않기 때문에 helm uninstall 명령을 호출하는 동안 차트의 나머지 부분과 함께 제거되지 않는다는 점에 유의해야 한다. 대신 삭제 정책^{deletion policy}을 구성하고 TTL을 설정하는 등 릴리스의 수명주기 동안 훅을 제거하기 위한 몇 가지 전략을 사용할 수 있다.

먼저, helm.sh/hook-delete-poliy 애노테이션을 훅과 연관된 파드 또는 잡에 지정할 수 있다. 이 애노테이션은 헬름이 쿠버네티스에서 리소스를 제거할 때 액션을 취해야 하는 시기를 결정한다. 다음과 같은 옵션을 사용할 수 있다(자세한 설명은 https://helm.sh/docs/topics/charts_hooks/#hook-deletion-policies에서 찾을 수 있는 헬름 문서를 참조한다).

애노테이션값	설명
before-hook-creation	훅이 시작되기 전에 이전 리소스를 삭제한다(기본 액션).
hook-succeeded	훅이 성공적으로 실행된 후 리소스를 삭제한다.
hook-failed	실행 중 훅이 실패하면 리소스를 삭제한다.

또한 쿠버네티스는 다음과 같이 잡의 ttlSecondsAfterFinished 속성을 사용하여 완료된 후 리소스가 유지되는 시간을 제한하는 TTL^{Time-To-Live} 메커니즘을 정의하는 옵션을 제공한다.

```
apiVersion: batch/v1
kind: Job
metadata:
  name: ttl-job
  annotations:
    'helm.sh/hook': post-install
spec:
  ttlSecondsAfterFinished: 60
```

위 예제에서 리소스는 완료 또는 실패 시 60초 이내에 제거된다.

릴리스 수명주기의 마지막 단계는 삭제이며, helm uninstall 명령을 호출하는 동안 표준 차트 템플릿이 제거되더라도 헬름이 이 작업을 수행하지 않고 특정 리소스를 유지하기를 원할 수 있다. 이에 대한 일반적인 사용 사례는, PersistentVolumeClaim을 통해 새로운 영구 볼륨이 릴리스의 수명주기 시작 부분에 생성되지만 볼륨의 데이터가 유지될 수 있도록 마지막까지 다른 리소스와 함께 제거해서는 안 되는 경우다. 이 옵션은 다음과 같이 helm.sh/resource-policy 애노테이션을 사용해 활성화된다.

```
'helm.sh/resource-policy': keep
```

위와 같이 설정할 경우, 헬름은 helm uninstall 명령을 실행하는 동안 더 이상 리소스에 대한 제거를 고려하지 않는다. 리소스가 더 이상 관리되지 않을 경우, 나머지 리소스가 제거되면 고아가 된다는 점에 유의해야 한다. helm install 명령을 사용하면 이전에 제거되지 않았던 기존 리소스와 리소스 이름 충돌로 문제가 발생할 수 있다. 고아가 된 리소스는 kubectl delete 명령을 사용해 수동으로 삭제할 수 있다.

이번 절에서는 차트의 수명주기를 관리하기 위한 훅 및 자동화를 작성하는 방법을 설명했다. 다음 절에서는 헬름 차트를 올바르게 문서화하여 사용자가 원활한 경험을 할 수 있게 하는 방법을 설명할 것이다.

▌ 헬름 차트 문서화

사용자가 상호작용하는 여타 소프트웨어와 마찬가지로, 헬름 차트는 사용자가 상호작용하는 방법을 알 수 있도록 적절하게 문서화돼야 한다. 헬름 차트 구조는 사용 방법의 문서화를 위한 README.md 파일, 사용 및 배포에 대한 권한을 다루는 LICENSE 파일, 차트 설치 과정에서 사용 지침 생성을 위한 templates/NOTES.txt 파일을 지원한다.

README.md 파일

README는 제품의 설치, 사용법 및 기타 세부 사항을 설명하기 위해 소프트웨어 개발 과정에서 일반적으로 사용되는 파일이다. 헬름 차트의 README 파일에는 주로 다음과 같은 세부 정보가 포함되어 있다.

- **전제 조건**: 전제 조건의 일반적인 예는 차트를 설치하기 전에 쿠버네티스 디플로이먼트에 마운트할 목적으로 쿠버네티스 클러스터에 대한 시크릿 또는 시크릿 집합을 생성하는 것이다. 사용자는 README 파일을 참조해 이러한 요구사항을 확인할 수 있다.
- **값**: 차트는 주로 다양한 값으로 구성되며, 각 값은 README 파일의 표에 설명되어 있다. 테이블에는 값의 이름, 설명 또는 기능 및 기본값을 지정해야 한다. 설치 또는 업그레이드 과정에서 값을 제공해야 하는지 여부를 표시하는 것도 도움이 될 수 있다.
- **애플리케이션별 정보**: 헬름 차트를 사용해 애플리케이션을 설치하는 경우 접근 방법 또는 애플리케이션의 동작 방법과 같이 애플리케이션 자체에 대한 추가 정보가 필요할 수 있다. 이러한 세부 정보는 README 파일을 통해 제공할 수 있다.

헬름의 README 파일은 **마크다운**Markdown으로 형식화된 언어를 사용해 작성된다. 마크다운은 깃허브 프로젝트 및 오픈소스 소프트웨어에서 일반적으로 사용되며 텍스트를 쉽게 코드화하는 방법이다. 마크다운에 관한 더 자세한 정보는 https://www.markdownguide.org/에 있는 마크다운 가이드 웹사이트에서 확인할 수 있다.

LICENSE 파일

README 파일에 포함된 기술 지침 외에도 차트 유지관리자는 사용자가 차트 사용 및 배포에 대해 갖고 있는 권한을 나타내는 라이선스를 포함해야 할 수도 있다. 이러한 세부 정보는 차트 디렉토리 아래의 LICENSE라는 파일로 구성할 수 있다.

LICENSE 파일은 소프트웨어 라이선스가 포함된 일반 텍스트 파일이다. 라이선스는 사용자 정의로 작성되거나 아파치 라이선스 2.0 또는 MIT 라이선스 같은 오픈소스 소프트웨어에서 일반적으로 사용되는 라이선스의 사본일 수 있다. 라이선스 간의 차이점과 소프트웨어 사용 및 배포의 합법성을 이해하는 것은 이 책의 범위를 벗어나지만 Choose a License 웹사이트(https://choosealicense.com/)에서 이러한 세부 정보를 확인할 수 있으며, 헬름 차트에 적합한 라이선스를 선택하는 데 도움이 될 것이다.

templates/NOTES.txt 파일

README.md 파일과 마찬가지로 templates/NOTES.txt 파일은 헬름을 사용해 설치된 애플리케이션에 대한 사용 지침을 제공하는 데 사용된다. 차이점은 README.md 파일은 정적이지만, NOTES.txt 파일은 Go 템플릿을 사용해 동적으로 생성할 수 있다는 것이다.

헬름 차트의 values.yaml 파일에 다음과 같은 값이 구성되어 있다고 가정해보자.

```
## serviceType은 NodePort나 LoadBalancer를 설정할 수 있다.
serviceType: NodePort
```

설정된 서비스의 타입에 따라, 애플리케이션에 액세스하는 방법이 달라진다. 서비스가 NodePort 서비스인 경우, 각 쿠버네티스 노드에 설정된 특정 포트 번호를 사용해 액세스할 수 있다. 서비스가 LoadBalancer로 설정된 경우 서비스 생성 시 자동으로 프로비저닝된 로드 밸런서의 URL을 사용해 애플리케이션에 액세스한다. 쿠버네티스 경험이 부족한 사용자에게는 사용 중인 서비스 타입에 따라 애플리케이션에 액세스하는 방법을 이해하는 것이 어려울 수 있다. 따라서 차트 유지관리자는 애플리케이션에 액세스할 수 있는 방법에 대한 지침을 제공할 수 있도록 templates 디렉토리 아래에 NOTES.txt 파일을 통해 제공해야 한다.

다음 예제는 이러한 용도로 사용하는 templates/NOTES.txt 파일을 사용하는 방법을 보여준다.

```
{{- if eq .Values.serviceType 'NodePort' }}
export NODE_PORT=$(kubectl get --namespace {{ .Release.
Namespace }} -o jsonpath='{.spec.ports[0].nodePort}' services
{{.Release.Name }})

export NODE_IP=$(kubectl get nodes --namespace {{ .Release.
Namespace }} -o jsonpath='{.items[0].status.addresses[0].
address}')

echo "URL: http://$NODE_IP:$NODE_PORT"
{{- else }}
export SERVICE_IP=$(kubectl get svc --namespace {{ .Release.
Name }} wordpress --template '{{ range (index .status.
loadBalancer.ingress 0) }}{{.}}{{ end }}')

echo "URL: http://$SERVICE_IP"
{{- end }}
```

위 파일은 애플리케이션의 설치, 업그레이드 및 롤백 단계 과정에서 생성 및 표시되며 helm get notes 명령을 실행해 재호출할 수 있다. 아 파일을 제공함으로써, 사용자는 애플리케이션에 대한 사용 방법을 좀 더 잘 이해할 수 있다.

지금까지 차트를 쉽게 배포할 수 있는 실제 패키징을 세외하고 헬름 차트를 구성하는 대부분의 자산에 대해 설명했다. 패키징에 대한 개념은 다음 절에서 설명한다.

헬름 차트 패키징

헬름 차트는 공통 파일 구조를 따르지만, 쉽게 배포할 수 있도록 패키징해야 한다. 차트는 tgz 아카이브에 패키징되어 있다. 이 아카이브는 tar 배시 유틸리티 또는 아카이브 매니저를 사용해 수동으로 생성할 수 있지만, 헬름은 이 작업을 단순화하기 위해 helm package 명령을 제공한다. helm package 명령 구문은 다음과 같다.

```
$ helm package [차트이름] [...] [플래그]
```

helm package 명령은 로컬 차트 디렉토리에 대해 실행된다. 이 명령이 성공적으로 실행될 경우, 다음과 같은 파일 형식으로 tgz 아카이브를 생성한다.

```
$차트이름-$차트버전.tgz
```

그런 다음 아카이브는 차트 리포지토리로 푸시해 배포할 수 있다. 이 작업은 5장 '첫 번째 헬름 차트 빌드'에서 자세히 살펴본다.

helm package 명령은 차트 디렉토리 아래의 모든 파일을 포함한다. 이는 주로 선호되는 동작이지만, 디렉토리에 헬름에 필수적이지 않은 파일이 포함되어 있는 경우 항상 바람직하진 않을 수 있다. 이에 대한 일반적인 예는 Git SCM에서 관리하는 프로젝트에 있는 .git/ 디렉토리다. 이 파일이 차트의 tgz 아카이브에 패키징될 경우 어떠한 용도로도 사용되지 않으며 아카이브의 크기만 증가할 뿐이다. 헬름은 헬름 아카이브에서 특정 파일 및 폴더를 생략하는 데 사용할 수 있는 .helmignore라는 파일을 지원한다. 다음은 .helmignore 파일의 예를 설명한다.

```
# 깃 디렉토리 및 파일을 무시한다.
.git/
.gitignore
```

이 파일은 .git/ 디렉토리 또는 .gitignore 파일이 차트의 디렉토리에 나타날 경우 `helm package` 명령에 의해 무시된다는 것을 보여준다. 즉, tgz 아카이브에 존재하지 않게 된다. 이 파일에서 파운드 기호(#)로 시작하는 행은 주석 역할을 한다. 차트의 디렉토리에 차트의 전체 기능에 필요하지 않은 파일과 폴더가 존재하는 경우 헬름 차트에 .helmignore 파일을 포함시켜야 한다.

요약

헬름 차트는 주로 YAML 형식으로 작성되어 있으며, 특정 파일 구조를 따르는 파일의 집합이다. Chart.yaml 파일은 차트 메타데이터를 설정하고 디펜던시를 선언하는 데 사용된다. templates/ 디렉토리는 Go 템플릿인 쿠버네티스 YAML 리소스를 포함하는 데 사용되어 동적으로 생성될 수 있다. templates/ 디렉토리 하위에 정의된 쿠버네티스 리소스에는 애플리케이션 수명주기의 단계를 구성하기 위한 특정 훅도 포함될 수 있다. 사용자에게 문서를 제공하기 위해, 차트에는 README.md 및 templates/NOTES.txt 파일이 포함될 수 있으며 LICENSE 파일을 사용해 차트에 대한 사용 및 배포 권한을 선언한다. 마지막으로, 차트에는 최종 패키지 제품에서 선언된 파일을 생략하는 데 사용되는 .helmignore 파일이 포함될 수 있다.

4장에서는 헬름 차트의 구조와 차트의 주요 컴포넌트를 설정하는 방법을 학습했다. 4장에서 학습한 지식을 바탕으로, 이제 첫 번째 헬름 차트 작성 방법의 기본 개념을 이해하게 됐으며, 5장 '첫 번째 헬름 차트 빌드'에서 이를 수행하게 될 것이다.

더 읽을거리

헬름 차트 작성의 기본 사항을 자세히 알아보려면 https://helm.sh/docs/chart_template_guide/의 헬름 문서에서 차트 템플릿 가이드 페이지를 참조한다. https://

helm.sh/docs/topics/charts/의 Charts 섹션에서는 차트 파일 구조, 디펜던시 및 Chart.yaml 파일을 포함하여 4장에서 논의한 많은 주제에 대해서도 설명한다.

▌ 평가 문제

1. 쿠버네티스 및 헬름에서 가장 보편적으로 사용되는 파일 형식은 무엇인가?

2. Chart.yaml 파일의 세 가지 필수 필드는 무엇인가?

3. 차트 디펜던시값을 어떻게 참조하거나 재정의할 수 있는가?

4. 헬름을 사용하여 배포된 데이터베이스의 데이터 스냅샷을 생성한다고 가정해보자. 데이터베이스를 최신 버전으로 업그레이드하기 전에 데이터 스냅샷을 생성하려면 어떻게 해야 하는가?

5. 차트 개발자는 문서를 제공하고 최종 사용자를 위한 차트 설치 프로세스를 단순화하기 위해 어떤 파일을 만들 수 있는가?

6. 반복되는 YAML 부분을 생성하기 위해, 어떤 헬름 템플릿 구성을 활용할 수 있는가?

7. Chart.yaml 파일은 Chart.lock 파일과 어떻게 다른가?

8. 리소스를 훅으로 정의하는 애노테이션의 이름은 무엇인가?

9. 차트 템플릿에서 함수 및 파이프라인의 목적은 무엇인가? 사용할 수 있는 일반적인 기능은 무엇인가?

첫 번째 헬름 차트 빌드

4장에서는 헬름 차트를 구성하는 다양한 측면을 학습했다. 이제 헬름 차트를 작성해보며 이 지식을 테스트할 차례다. 헬름 차트를 빌드하는 방법을 학습하면 복잡한 쿠버네티스 애플리케이션을 배포하기 쉬운 방식으로 패키징할 수 있다.

5장에서는 쿠버네티스 커뮤니티 전반에서 보편적으로 사용되는 퀵스타트quickstart 애플리케이션인 방명록Guestbook 애플리케이션을 배포하는 헬름 차트 빌드 방법을 살펴볼 것이다. 이 차트는 잘 작성되고 쉽게 유지관리할 수 있는 자동화 부분을 제공하기 위해 쿠버네티스 및 헬름 차트 개발의 모범 사례에 따라 작성된다. 이 차트를 개발하는 과정에서 자신만의 헬름 차트를 만드는 데 적용할 수 있는 다양한 기술을 학습하게 된다. 5장의 끝부분에서는 헬름 차트를 패키징하고 최종 사용자가 쉽게 액세스할 수 있도록 차트 리포지토리에 배포하는 방법을 학습하게 된다.

5장에서 다루는 내용은 다음과 같다.

- 방명록 애플리케이션 이해
- 방명록 헬름 차트 생성
- 방명록 헬름 차트 개선
- 방명록 차트를 차트 리포지토리에 게시

▌ 기술 요구사항

5장에서는 다음과 같은 기술을 필요로 한다.

- 미니쿠베
- kubectl
- 헬름

앞서 설명한 도구 외에도 https://github.com/PacktPublishing/-Learn-Helm에서 이 책의 깃허브 리포지토리를 찾을 수 있다. 5장의 예제가 포함된 helm-charts/charts/guestbook 폴더를 참조하라.

5장의 마지막 절인 '차트 리포지토리 생성'을 완료하려면, 자신만의 깃허브 계정을 생성하는 것을 추천한다. 자신만의 깃허브 계정을 생성하는 방법에 대한 지침은 해당 절에서 제공된다.

▌ 방명록 애플리케이션 이해

5장에서는 쿠버네티스 커뮤니티에서 제공하는 방명록 튜토리얼 애플리케이션을 배포하기 위한 헬름 차트를 생성할 것이다. 이 애플리케이션은 쿠버네티스 문서의 https://kubernetes.io/docs/tutorials/stateless-application/guestbook/ 페이지에 소개되어 있다.

방명록 애플리케이션은 레디스^{Redis} 백엔드에 메시지를 보관하도록 설계된 간단한 PHP^{Hypertext Preprocessor} 프론트엔드다. 프론트엔드는 다음 스크린샷과 같이 대화상자와 Submit^{제출} 버튼으로 구성된다.

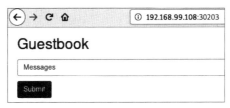

▲ **그림 5.1** 방명록 PHP 프론트엔드

이 애플리케이션과 상호작용하기 위해 사용자는 다음과 같은 단계를 수행할 수 있다.

1. Messages 대화상자에 메시지를 입력한다.

2. Submit 버튼을 클릭한다.

3. Submit 버튼을 클릭하면 메시지가 레디스 데이터베이스에 저장된다.

레디스는 5장에서 데이터 복제를 위해 클러스터링되는 인메모리^{in-memory} 키-값 데이터 저장소다. 클러스터는 방명록 프론트엔드가 쓰기 작업을 수행할 하나의 마스터 노드로 구성된다. 일단 쓰기 작업이 수행될 경우 마스터 노드^{master node}는 방명록 프론트엔드가 읽기 작업을 수행할 여러 개의 슬레이브 노드^{slave node}에 데이터를 복제한다. 다음 다이어 그램은 방명록 프론트엔드가 레디스 백엔드와 상호작용하는 방식을 설명한다.

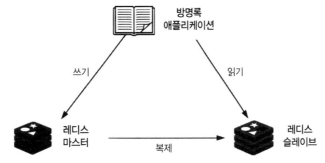

▲ **그림 5.2** 방명록 프론트엔드와 레디스 간 상호작용

방명록 프론트엔드와 레디스 백엔드가 상호작용하는 방식에 대한 기본적인 이해를 바탕으로 헬름 차트 개발을 시작할 수 있도록 쿠버네티스 환경 설정을 진행해보자. 시작하기에 앞서, 우선 미니쿠베를 구동하고 5장을 위한 전용 네임스페이스를 생성한다.

▎ 환경 설정

작동 중인 차트를 보려면, 다음 단계에 따라 미니쿠베 환경을 생성해야 한다.

1. 다음과 같이 minikube start 명령을 실행해 미니쿠베를 구동한다.

```
$ minikube start
```

2. 다음과 같이 chapter5라는 새로운 네임스페이스를 생성한다.

```
$ kubectl create namespace chapter5
```

방명록 차트가 배포될 때 해당 네임스페이스를 사용한다. 이제 환경이 준비됐으므로 차트 작성을 시작한다.

▎ 방명록 헬름 차트 생성

이 절에서는 방명록 애플리케이션을 배포하기 위한 헬름 차트를 생성한다. 최종적으로 생성된 차트는 팩트^Packt 리포지토리의 helm-charts/charts/guestbook 폴더에 게시됐다. 예제를 따라갈 때 해당 위치를 참조하자.

먼저 차트의 초기 파일 구조를 만들기 위해 방명록 헬름 차트를 스캐폴딩^scaffolding하여 개발을 시작할 것이다.

초기 파일 구조 스캐폴딩

4장 '헬름 차트 이해'에서 살펴봤듯이, 헬름 차트가 유효한 것으로 간주되기 위해서는 특정 파일 구조를 따라야 한다. 즉, 차트에는 다음과 같은 필수 파일이 포함돼야 한다.

- Chart.yaml: 차트 메타데이터를 정의하는 데 사용된다.
- values.yaml: 기본 차트값을 정의하는 데 사용된다.
- templates/: 생성할 차트의 템플릿 및 쿠버네티스 리소스를 정의하는 데 사용된다.

4장에서 차트에 포함할 수 있는 각 파일 목록을 제공했지만, 위의 세 가지 파일은 새로운 차트 개발을 시작하는 데 필요한 파일이다. 이 세 파일을 처음부터 생성할 수 있지만, 헬름은 새로운 차트를 좀 더 빠르게 스캐폴딩하는 데 사용할 수 있는 helm create 명령을 제공한다. 앞서 설명한 파일들을 나열하는 것 외에도, helm create 명령은 헬름 차트를 좀 더 빠르게 작성하는 데 활용할 수 있는 다양한 보일러플레이트 템플릿을 생성한다. 이 명령을 사용해 guestbook이라고 하는 새로운 헬름 차트를 스캐폴딩해보자.

helm create 명령은 헬름 차트의 이름(guestbook)을 인수로 사용한다. 해당 차트를 스캐폴딩하려면, 로컬 명령행에서 다음과 같은 명령을 실행해야 한다.

```
$ helm create guestbook
```

이 명령을 실행하면 로컬 머신에 guestbook/이라고 하는 새로운 디렉터리가 생성된다. 이는 헬름 차트가 포함된 디렉터리다. 디렉터리 안에는 다음과 같은 4개의 파일이 존재한다.

- charts/
- Chart.yaml
- templates/
- values.yaml

보다시피, `helm create` 명령은 필요한 Chart.yaml, values.yaml, templates/ 파일 외에도 charts/ 디렉토리를 생성한다. charts/ 디렉토리는 현재는 비어 있지만, 나중에 차트의 디펜던시를 선언할 때 자동으로 채워진다. 또한 앞서 언급된 파일이 기본 설정으로 자동으로 채워졌음을 알 수 있다. 방명록 차트를 개발하는 과정에서 5장 전반에 걸쳐 이러한 기본값을 많이 활용할 것이다.

templates/ 디렉토리 아래의 내용을 살펴보면, 기본적으로 다양한 템플릿 리소스가 포함되어 있음을 알 수 있다. 이처럼 포함되어 있는 리소스는 처음부터 이러한 리소스를 만드는 데 소요되는 시간을 절약할 수 있다. 많은 수의 유용한 템플릿이 생성되지만, templates/tests/ 폴더를 제거할 것이다. 이 폴더는 헬름 차트에 대한 테스트를 포함하는 데 사용되지만, 6장 '헬름 차트 테스트'에서는 자체 테스트를 작성하는 데 중점을 둘 것이다. 다음 명령을 실행해 template/tests/ 폴더를 제거한다.

```
$ rm -rf guestbook/templates/tests
```

이제 guestbook 차트가 스캐폴딩됐으므로, 생성된 Chart.yaml 파일에 대한 평가를 진행한다.

차트 정의 평가

차트 정의 또는 Chart.yaml 파일은 헬름 차트의 메타데이터를 포함하는 데 사용된다. 이미 4장 '헬름 차트 이해'에서 Chart.yaml 파일의 가능한 각 옵션에 대해 논의했지만, 일반적인 차트 정의에 포함된 주요 설정을 요약해보면 다음과 같다.

- apiVersion: v1 또는 v2로 설정(v2는 헬름 3에서 선호되는 옵션이다.)
- version: 헬름 차트의 버전을 의미한다. 이것은 SemVer^Semantic Versioning 사양을 준수하는 버전이어야 한다.
- name: 헬름 차트의 이름

- description: 헬름 차트에 간략한 설명 및 배포하도록 설계된 항목
- type: application 또는 library로 설정한다. application 차트는 특정 애플리케이션을 배포하는 데 사용된다. library 차트에는 보일러플레이트를 줄이고 다른 차트에서 사용할 수 있도록 헬퍼 함수^{helper function}('명명된 템플릿'이라고도 함) 집합이 포함되어 있다.
- dependencies: 헬름 차트가 의존하고 있는 차트의 목록

스캐폴딩된 Chart.yaml 파일을 확인해보면, 이러한 각 필드(dependencies 제외)가 이미 설정되어 있음을 알 수 있다. 이 파일은 다음 스크린샷에서 확인할 수 있다.

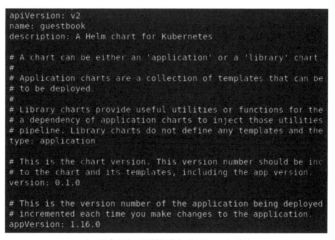

▲ **그림 5.3** 스캐폴딩된 Chart.yaml 파일

지금은 이 파일에 포함된 설정을 기본값으로 놔두겠다(원하는 경우, 더 창의적인 설명을 추가해도 된다). 이 기본값이 관련이 있는 경우 5장의 뒷부분에서 업데이트할 것이다.

기본적인 차트의 정의에는 포함되지 않지만, 고려해야 할 추가적인 설정은 dependencies이다. 개발에 드는 노력을 단순화하기 위해, 레디스의 디펜던시가 추가되는 다음 질에서 이에 대해 좀 더 자세히 설명할 예정이다.

레디스 차트 디펜던시 추가

'방명록 애플리케이션 이해' 절에서 언급했듯이, 헬름 차트는 애플리케이션의 상태를 저장하는 데 사용할 레디스 데이터베이스를 배포할 수 있어야 한다. 이 차트를 처음부터 완벽히 작성했다면 레디스의 동작 방식과 쿠버네티스에 올바르게 배포할 수 있는 방법을 제대로 이해하고 있어야 한다. 또한 레디스를 배포하는 데 필요한 차트 템플릿도 생성해야 한다.

또는 논리 및 필수 차트 템플릿을 이미 포함하고 있는 레디스 디펜던시를 포함하여 guestbook 헬름 차트를 만드는 데 드는 노력을 크게 줄일 수 있다. 차트 개발을 단순화하기 위해 레디스 디펜던시를 추가하여 스캐폴딩된 Chart.yaml 파일을 수정해보자.

레디스 차트 디펜던시를 추가하는 프로세스는 다음 단계에 따라 수행할 수 있다.

1. 다음과 같은 명령을 실행해 헬름 허브 리포지토리에서 레디스 차트를 검색한다.

```
$ helm search hub redis
```

2. 위 명령의 실행 결과 표시될 차트 중 하나는 비트나미의 레디스 차트다. 이것이 바로 디펜던시로 사용할 차트다. 3장 '첫 번째 헬름 차트 설치'에서 아직 bitnami 리포지토리를 추가하지 않은 경우 helm add repo 명령을 통해 바로 해당 차트 리포지토리를 추가한다. 리포지토리 URL^{Uniform Resource Locator}은 헬름 허브 리포지토리의 레디스 차트 페이지에서 확인할 수 있다. 코드는 다음 스니펫에서 확인할 수 있다.

```
$ helm add repo bitnami https://charts.bitnami.com
```

3. 사용하고자 하는 레디스의 차트 버전을 결정한다. 다음과 같은 명령을 실행해 버전 번호의 목록을 찾을 수 있다.

```
$ helm search repo redis --versions
NAME                      CHART VERSION       APP VERSION
bitnami/redis             10.5.14             5.0.8
bitnami/redis             10.5.13             5.0.8
bitnami/redis             10.5.12             5.0.8
bitnami/redis             10.5.11             5.0.8
```

선택해야 하는 버전은 앱 버전이 아니라 차트 버전이다. 앱 버전은 레디스 버전
만 설명하고, 차트 버전은 실제 헬름 차트의 버전을 설명한다.

디펜던시를 사용하면 특정 차트 버전 또는 10.5.x와 같은 와일드카드를 선택할
수 있다. 와일드카드를 사용하면 해당 와일드카드와 일치하는 최신 레디스 버전
(이 경우 버전 10.5.14)으로 차트를 쉽게 업데이트할 수 있다. 이번 예제에서는 버
전 10.5.x를 사용한다.

4. Chart.yaml 파일에 dependencies 필드를 추가한다. 방명록 차트의 경우 다음과
   같은 최소 필수 필드로 이 필드를 구성한다(추가 필드는 4장 '헬름 차트 이해'에서 논의
   했다).

   ○ name: 디펜던시 차트의 이름

   ○ version: 디펜던시 차트의 버전

   ○ repository: 디펜던시 차트 리포지토리의 URL

   다음과 같은 YAML^{YAML Ain't Markup Language} 코드를 Chart.yaml 파일의 끝에 추가하
   고 레디스 차트에 대해 수집한 정보를 제공해 디펜던시 설정을 구성한다.

```
dependencies:
  - name: redis
    version: 10.5.x
    repository: https://charts.bitnami.com
```

디펜던시를 추가하면 전체 Chart.yaml 파일의 내용이 다음과 같아야 한다(간결성을 위해
주석과 빈 줄이 제거됨).

```
apiVersion: v2
name: guestbook
description: A Helm chart for Kubernetes
type: application
version: 0.1.0
appVersion: 1.16.0
dependencies:
  - name: redis
    version: 10.5.x
    repository: https://charts.bitnami.com
```

이 파일은 https://github.com/PacktPublishing/-Learn-Helm/blob/master/helm-charts/charts/guestbook/Chart.yaml에 위치한 팩트 리포지토리에서 확인할 수 있다 (5장 뒷부분에서 수정하기 때문에 version 및 appVersion 필드가 다를 수 있음에 유의하기 바란다).

이제 디펜던시가 차트의 정의에 추가됐기 때문에, 해당 디펜던시를 다운로드하여 올바르게 구성됐는지 확인한다.

레디스 차트 디펜던시 다운로드

처음으로 디펜던시를 다운로드할 때는 helm dependency update 명령을 사용해야 한다. 이 명령은 디펜던시를 charts/ 디렉토리에 다운로드하고 다운로드한 차트에 대한 메타데이터를 지정하는 Chart.lock 파일을 생성한다.

helm dependency update 명령을 실행해 레디스 디펜던시를 다운로드한다. 이 명령은 헬름 차트의 위치를 인수로 취하며, 실행 결과는 다음 스니펫에서 볼 수 있다.

```
$ helm dependency update guestbook
Hang tight while we grab the latest from your chart repositories...
...Successfully got an update from the 'bitnami' chart repository
Update Complete. Happy Helming!
Saving 1 charts
Downloading redis from repo https://charts.bitnami.com
Deleting outdated charts
```

다음 예시와 같이 레디스 차트가 charts/ 폴더 아래에 위치하는지 확인함으로써 다운로드가 성공했는지 확인할 수 있다.

```
$ ls guestbook/charts
redis-10.5.14.tgz
```

이제 레디스 디펜던시가 포함됐으므로 values.yaml 파일을 수정해 계속 진행한다. 여기서는 레디스 및 방명록 프론트엔드 애플리케이션 구성과 관련된 값을 재정의한다.

values.yaml 파일 수정

헬름 차트의 values.yaml 파일은 차트의 템플릿 전체에 참조되는 기본 매개변수의 집합을 제공하는 데 사용된다. 사용자가 헬름 차트와 상호작용할 때 필요한 경우 --set 또는 --values 플래그를 사용해 이러한 기본값을 재정의할 수 있다. 이처럼 기본 매개변수 집합을 제공하는 것 외에도, 잘 작성된 헬름 차트는 각 값에 대한 직관적인 이름과 구현하기 어려운 값을 설명하는 주석을 포함하여 자체적으로 문서화되어 있어야 한다. values.yaml 파일에 대한 자체 문서화를 진행하는 경우 사용자와 유지관리자 모두 차트의 값을 이해할 필요가 있다면 해당 파일을 참조할 수 있다.

helm create 명령은 헬름 차트 개발 전반에 걸쳐 일반적으로 많이 사용되는 보일러플레이트값이 포함된 values 파일을 생성한다. 이 파일의 끝에 몇 가지 추가적인 값을 더하여 레디스 디펜던시 구성을 완료한다. 이후에는 방명록 프론트엔드 리소스를 구성하기 위해 일부 보일러플레이트값을 수정하는 데 중점을 둘 것이다.

레디스 차트를 구성하기 위한 값 추가

디펜던시를 추가하면 차트 템플릿을 생성할 필요가 없지만, 구성하기 위해 일부 값을 재정의해야 할 수도 있다. 이 경우 나머지 방명록 차트와 원활하게 동작할 수 있도록 레디스 차트값 중 일부를 재정의해야 한다.

먼저 레디스 차트의 값에 대해 알아보자. 다운로드한 레디스 차트에 대해 다음과 같이 helm show values 명령을 실행하면 된다.

```
$ helm show values charts/redis-10.5.14.tgz
```

다운로드한 레디스 차트 버전과 일치하도록 명령을 수정해야 한다. 표시된 값 목록을 사용해 다음과 같이 재정의해야 할 값을 식별해보자.

1. 레디스 차트에서 재정의해야 하는 첫 번째 값은 fullnameOverride다. 이 값은 다음 과 같이 helm show values 실행 결과에 표시된다.

```
## redis.fullname 템플릿을 완전히 재정의하는 문자열
##
# fullnameOverride:
```

차트는 주로 쿠버네티스 리소스 이름을 쉽게 생성하기 위해 $CHART_NAME.fullname 이라는 명명된 템플릿에서 이 값을 사용한다. fullnameOverride가 설정되면 명명 된 템플릿이 이 값으로 평가된다. 그렇지 않을 경우, 템플릿의 결과는 .Release. Name 객체 또는 설치 시 제공된 헬름 릴리스의 이름을 기반으로 한다.

레디스 디펜던시는 redis.fullname 템플릿을 사용해 레디스 마스터 및 레디스 슬 레이브 서비스 이름을 설정한다.

다음 스니펫은 레디스 차트에서 레디스 마스터 서비스 이름이 생성되는 방법의 예를 보여준다.

```
name: {{ template 'redis.fullname' . }}-master
```

방명록 애플리케이션을 사용하려면 레디스 서비스의 이름이 redis-master 및 redis-slave여야 한다. 결과적으로, fullnameOverride 값을 redis로 설정해야 한다.

redis.fullname 템플릿의 동작 방식과 레디스 차트 전체에 적용되는 방식에 대해 자세히 알아보려면 charts/ 폴더 아래에 있는 레디스 디펜던시 압축을 해제할 수 있다. 해당 폴더의 templates/_helpers.tpl 파일에서 redis.fullname 템플릿을 찾을 수 있으며 각 YAML 템플릿 전체에서 해당 호출을 기록한다(생성된 guestbook 차트에도 _helpers.tpl 파일에 유사한 템플릿이 포함되어 있지만, 일반적으로 유지관리자가 템플릿을 커스터마이징한 경우 디펜던시의 리소스를 참조하는 것이 더 안전하다).

방명록 애플리케이션의 동작 방식을 자세히 알아보려면 깃허브에서 소스 코드를 찾을 수 있다. 다음 파일은 필수 레디스 서비스 이름을 정의한다.

https://github.com/kubernetes/examples/blob/master/guestbook/php-redis/guestbook.php

2. 레디스 차트에서 재정의해야 하는 다음 값은 usePassword다. 다음 코드 스니펫은 helm show values의 출력에서 이 값이 어떻게 보이는지 보여준다.

```
## 패스워드 인증을 사용한다.
usePassword: true
```

방명록 애플리케이션은 레디스 데이터베이스에 대한 인증되지 않은 액세스용으로 작성됐기 때문에 이 값을 false로 설정하려고 한다.

3. 재정의해야 하는 최종값은 configmap이다. 이 값이 helm show values 출력에 나타나는 방법은 다음과 같다.

```
## 레디스 컨피그 파일
## ref: https://redis.io/topics/config
##
configmap: |-
# AOF https://redis.io/topics/persistence#append-only-file 활성화
appendonly yes
# RDB 퍼시스턴스 비활성화, AOF 퍼시스턴스는 이미 활성화되어 있다.
save ''
```

기본 configmap 값은 레디스가 사용할 수 있는 두 가지 유형의 지속성persistence인 AOFAppend Only File 및 RDFRedis Database File 지속성을 활성화할 것이다. 레디스의 AOF 지속성은 변경 내역을 제공하기 위해 변경로그 스타일 파일changelog-style file에 새로운 데이터 항목을 추가하는 방식으로 동작한다. RDF 지속성은 데이터 스냅샷을 생성하기 위해 특정 간격으로 데이터를 파일에 복사하는 방식으로 동작한다.

5장의 뒷부분에서 사용자가 레디스 데이터베이스를 이전 스냅샷으로 백업하고 복원할 수 있는 간단한 수명주기 훅을 생성한다. RDB 지속성만 스냅샷 파일과 함께 동작하기 때문에 configmap 값을 appendonly no로 덮어써서 AOF 지속성을 비활성화한다.

각 레디스 값이 식별되면, 다음 코드 블록에 표시된 대로 차트의 values.yaml 파일의 끝 부분에 이러한 값을 추가한다.

```
redis:
  # Override the redis.fullname template
  fullnameOverride: redis
  # Enable unauthenticated access to Redis
  usePassword: false
  # Disable AOF persistence
  configmap: |-
    appendonly no
```

4장 '헬름 차트 이해'에서 살펴봤듯이, 차트 종속성에서 재정의된 값은 해당 차트 이름 아래에 범위가 지정돼야 한다. 이것이 바로 각각의 값이 redis 구문 아래에 추가되는 이유다.

팩트 리포지토리의 https://github.com/PacktPublishing/-Learn-Helm/blob/master/helm-charts/charts/guestbook/values.yaml에 있는 values.yaml 파일을 참조해 레디스 값을 올바르게 구성했는지 확인할 수 있다.

레디스와 관련이 없는 일부 값은 다음 절에서 수정할 예정이기 때문에 values.yaml 파일과 다를 수 있다.

레디스 디펜던시의 값이 구성된 상태에서, 방명록 프론트엔드를 배포하기 위해 `helm create` 명령에 의해 생성된 기본값을 수정해보자.

방명록 프론트엔드 배포를 위한 값 수정

5장의 시작 부분에서 `helm create` 명령을 실행했을 때 생성된 항목 중 일부는 templates/ 디렉토리 아래의 기본 템플릿과 values.yaml 파일의 기본값이다.

다음은 생성된 기본 템플릿 목록이다.

- deployment.yaml: 쿠버네티스에 방명록 애플리케이션을 배포하는 데 사용된다.
- ingress.yaml: 쿠버네티스 클러스터 외부에서 방명록 애플리케이션에 액세스할 수 있는 하나의 옵션을 제공한다.
- serviceaccount.yaml: 방명록 애플리케이션을 위한 전용 서비스 계정을 생성하는 데 사용된다.
- service.yaml: 방명록 애플리케이션의 여러 인스턴스 간의 부하 분산에 사용된다. 또한 쿠버네티스 클러스터 외부에서 방명록 애플리케이션에 액세스하는 옵션을 제공할 수 있다.
- _helpers.tp: 헬름 차트 전반에 걸쳐 사용되는 공통 템플릿 집합을 제공한다.
- NOTES.txt: 설치 후 애플리케이션에 액세스하는 데 사용되는 일련의 지침을 제공한다.

이러한 각 템플릿은 차트의 값으로 구성된다. `helm create` 명령은 방명록 애플리케이션을 배포하기 위한 좋은 출발점을 제공하지만, 실제 필요로 하는 각 기본값을 제공하지는 않는다. 기본값을 필숫값으로 대체하기 위해, 생성된 차트 템플릿을 관찰하고 그에 따라 매개변수를 수정할 수 있다.

수정이 필요한 템플릿의 위치를 살펴보자.

첫 번째 위치는 deployment.yaml 차트 템플릿에 있다. 이 파일에는 다음과 같이 배포할 컨테이너 이미지를 나타내는 행이 존재한다.

```
image: '{{ .Values.image.repository }}:{{ .Chart.AppVersion }}'
```

보다시피, image는 image.repository 값과 AppVersion 차트 설정에 의해 결정된다. values.yaml 파일을 살펴보면, image.repository 값이 다음과 같이 현재 기본적으로 nginx 이미지를 배포하도록 구성되어 있음을 확인할 수 있다.

```
image:
  repository: nginx
```

마찬가지로, Chart.yaml 파일을 살펴보면 다음과 같이 AppVersion이 현재 1.16.0으로 설정되어 있음을 알 수 있다.

```
appVersion: 1.16.0
```

방명록 애플리케이션은 쿠버네티스 튜토리얼을 통해 제공되기 때문에 쿠버네티스 문서 (https://kubernetes.io/docs/tutorials/stateless-application/guestbook/#creating-the-guestbook-frontend-deployment)에서 배포해야 하는 특정 이미지를 찾을 수 있다.

문서를 통해 이미지가 다음과 같이 지정되어 있어야 함을 알 수 있다.

```
image: gcr.io/google-samples/gb-frontend:v4
```

결과적으로, 이미지 필드가 제대로 생성되려면 image.repository 값을 gcr.io/google-samples/gb-frontend로 설정하고 AppVersion 차트 설정을 v4로 설정해야 한다.

수정해야 할 두 번째 위치는 service.yaml 차트 템플릿이다. 이 파일에는 다음과 같이 서비스 타입을 결정해야 하는 행이 존재한다.

```
type: {{ .Values.service.type }}
```

service.type 값을 확인해보면, values.yaml 파일에 표시된 바와 같이 기본적으로 ClusterIP 서비스 타입으로 설정된다.

```
service:
  type: ClusterIP
```

guestbook 차트의 경우, ClusterIP 대신 NodePort 서비스를 생성하도록 이 값을 수정한다. 이를 통해 미니쿠베 **가상 머신**VM, virtual machine에 포트를 노출하여 미니쿠베 환경에서 애플리케이션에 더 쉽게 액세스할 수 있다. 포트에 연결되면 방명록 프론트엔드에 액세스할 수 있다.

helm create 명령은 액세스를 허용하는 ingress.yaml 템플릿을 생성했지만, 애드온add-on이나 개선사항이 필요하지 않기 때문에 미니쿠베 환경에서 작업할 경우 NodePort 서비스가 더 일반적으로 권장된다. 다행스럽게도, 생성된 차트는 기본적으로 인그레스ingress 리소스에 대한 생성을 비활성화하기 때문에, 해당 기능을 비활성화하는 데 필요한 작업은 존재하지 않는다.

지금까지 변경해야 할 기본 설정을 결정했으므로, 이제 다음과 같이 values.yaml 파일을 먼저 업데이트해보자.

1. image.repository 값이 gcr.io/googlesamples/gb-frontend로 설정되도록 변경한다. 전체 image 구문은 이제 다음과 같이 변경돼야 한다.

```
image:
  repository: gcr.io/google-samples/gb-frontend
  pullPolicy: IfNotPresent
```

2. service.type 값이 NodePort로 설정되도록 변경한다. 전체 service 구문은 이제 다음과 같이 변경돼야 한다.

```
service:
  type: NodePort
  port: 80
```

3. https://github.com/PacktPublishing/-Learn-Helm/blob/master/helm-charts/charts/guestbook/Chart.yaml에 위치한 팩트 리포지토리의 파일을 참조해 values.yaml 파일이 올바르게 수정됐는지 확인할 수 있다.

다음으로, 올바른 방명록 애플리케이션 버전이 배포되도록 Chart.yaml 파일을 다음과 같이 업데이트한다.

1. appVersion 필드가 v4로 설정되도록 변경한다. 이제 appVersion 필드는 다음과 같아야 한다.

```
appVersion: v4
```

2. https://github.com/PacktPublishing/-Learn-Helm/blob/master/helm-charts/charts/guestbook/Chart.yaml에 위치하는 팩트 리포지토리의 파일을 참조해 Chart.yaml 파일이 올바르게 수정됐는지 확인할 수 있다.

이제 차트가 적절한 값과 설정으로 업데이트됐으므로, 이 차트를 미니쿠베 환경에 배포해 실제로 동작하는지 살펴본다.

방명록 차트 설치

방명록 차트를 설치하려면, guestbook/ 디렉토리 외부에서 다음과 같은 명령을 실행한다.

```
$ helm install my-guestbook guestbook -n chapter5
```

성공적으로 설치되면 다음과 같은 메시지가 표시된다.

```
NAME: my-guestbook
LAST DEPLOYED: Sun Apr 26 09:57:52 2020
NAMESPACE: chapter5
STATUS: deployed
REVISION: 1
NOTES:
1. Get the application URL by running these commands:
   export NODE_PORT=$(kubectl get --namespace chapter5 -o
jsonpath='{.spec.ports[0].nodePort}' services my-guestbook)
   export NODE_IP=$(kubectl get nodes --namespace chapter5 -o
jsonpath='{.items[0].status.addresses[0].address}')
   echo http://$NODE_IP:$NODE_PORT
```

설치에 성공했지만, 방명록 및 레디스 파드가 즉시 Ready 상태가 아님을 확인할 수 있다. 파드가 준비되지 않은 경우 아직 액세스할 수 없다. --wait 플래그 전달을 통해 파드가 준비 상태가 될 때까지 헬름이 대기하도록 설정할 수 있다. --wait 플래그는 --timeout 플래그와 함께 사용하여 헬름이 파드가 준비될 때까지 대기하는 시간(초)을 늘릴 수 있다. 기본값은 5분으로 설정되어 있으며, 이는 애플리케이션에 충분한 시간이다.

다음과 같이 각 파드의 상태를 확인함으로써 --wait 플래그를 사용하지 않고 모든 파드가 준비됐는지 확인할 수 있다.

```
$ kubectl get pods -n chapter5
```

각 파드가 준비되면 다음 그림과 같이 READY 열 아래의 각 파드 상태가 1/1임을 확인할 수 있다.

```
NAME                               READY   STATUS    RESTARTS
my-guestbook-55ffc69c6f-tc27h      1/1     Running   0
redis-master-0                     1/1     Running   0
redis-slave-0                      1/1     Running   0
redis-slave-1                      1/1     Running   0
```
▲ **그림 5.4** 각 파드가 준비된 경우 kubectl get pods -n chapter5의 출력 결과

파드가 준비 상태가 되면, 릴리스 노트에 표시된 명령을 실행할 수 있다. 필요한 경우 다음과 같은 코드를 실행해 다시 표시할 수 있다.

```
$ helm get notes my-guestbook -n chapter5
NOTES:
1. Get the application URL by running these commands:
  export NODE_PORT=$(kubectl get --namespace chapter5 -o
jsonpath='{.spec.ports[0].nodePort}' services my-guestbook)
  export NODE_IP=$(kubectl get nodes --namespace chapter5 -o
jsonpath='{.items[0].status.addresses[0].address}')
  echo http://$NODE_IP:$NODE_PORT
```

방명록 URL(echo 명령의 출력)을 복사해 브라우저에 붙여넣으면, 다음 스크린샷과 같이 방명록 **사용자 인터페이스**^{UI, user interface}가 표시된다.

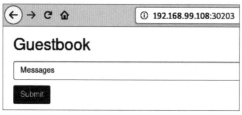

▲ **그림 5.5** 방명록 프론트엔드

대화상자에 메시지를 입력하고 Submit 버튼을 클릭한다. 방명록 프론트엔드는 Submit 버튼 아래에 다음 스크린샷과 같이 레디스 데이터베이스에 저장됐음을 나타내는 메시지를 표시한다.

▲ **그림 5.6** 이전에 보낸 메시지를 표시하는 방명록 프론트엔드

메시지를 작성할 수 있고 저장 결과가 화면에 표시되는 것을 확인했다면, 첫 번째 헬름 차트를 성공적으로 빌드하고 배포한 것이다. Submit 버튼 클릭 결과 표시되는 메시지를 볼 수 없는 경우 레디스 디펜던시가 올바르게 설정되지 않은 것이다. 이러한 경우, 레디스 값이 올바르게 구성됐는지 확인하고 레디스 디펜던시가 Chart.yaml 파일에 올바르게 선언됐는지 확인이 필요하다.

준비가 되면, 다음과 같이 `helm uninstall` 명령을 사용해 해당 차트를 제거한다.

```
$ helm uninstall my-guestbook -n chapter5
```

또한 레디스 디펜던시가 스테이트풀셋StatefulSet(삭제 시 **영구 볼륨 요청**PVC, PersistentVolumeClaim을 자동으로 제거하지 않음)을 사용해 데이터베이스 퍼시스턴트database persistent를 만들었기 때문에 레디스 PVC를 수동으로 제거해야 한다.

다음과 같은 명령을 실행해 레디스 PVC를 제거한다.

```
$ kubectl delete pvc -l app=redis -n chapter5
```

다음 절에서는 guestbook 차트를 개선할 수 있는 방법을 살펴본다.

▌방명록 헬름 차트 개선

이전 절에서 생성된 차트를 통해 방명록 애플리케이션을 성공적으로 배포할 수 있었다. 그러나 모든 유형의 소프트웨어와 마찬가지로, 헬름 차트는 항상 개선될 수 있다. 이번 절에서는 guestbook 차트를 개선하기 위해 다음 두 가지 기능에 중점을 둘 것이다.

- 레디스 데이터베이스 백업 및 복원을 위한 수명주기 훅
- 유효한 값만 제공될 수 있도록 입력에 대한 유효성 검사

먼저, 수명주기 훅을 추가하는 데 중점을 두자.

사전 업그레이드 및 사전 롤백 수명주기 훅 생성

이번 절에서는 다음과 같은 2개의 수명주기 훅을 생성한다.

1. 첫 번째 훅은 사전 업그레이드(pre-upgrade) 수명주기 단계에서 발생한다. 이 단계는 helm upgrade 명령이 실행된 직후이자, 쿠버네티스 리소스가 수정되기 전에 발생한다. 이 훅은 업그레이드를 수행하기 전에 레디스 데이터베이스의 데이터 스냅샷을 생성하는 데 사용되어 업그레이드가 잘못된 경우 데이터베이스의 백업을 보장한다.

2. 두 번째 훅은 사전 롤백(pre-rollback) 수명주기 단계에서 발생한다. 이 단계는 helm rollback 명령이 실행된 직후 쿠버네티스 리소스가 원래 상태로 되돌아가기 전에 발생한다. 이 훅은 레디스 데이터베이스를 이전에 생성한 데이터 스냅샷으로 복원하고 쿠버네티스 리소스 구성이 스냅샷을 생성한 시점과 일치하도록 되돌린다.

이번 절을 마치고 나면, 수명주기 훅과 이를 통해 수행할 수 있는 강력한 기능에 대해 더 잘 알게 될 것이다. 이번 절에서 생성한 훅은 매우 간단하며 헬름 훅의 기본 기능을 탐색하기 위한 용도로만 사용된다. 운영 환경에서는 이러한 훅을 그대로 사용하지 않는 것을 권고한다.

사전 업그레이드 수명주기 훅을 생성하는 방법을 살펴보자.

데이터 스냅샷 생성을 위한 사전 업그레이드 훅 생성

레디스에서 데이터 스냅샷은 dump.rdb 파일에 포함된다. 이는 쿠버네티스 네임스페이스에 새로운 PVC를 만드는 훅을 생성해 파일을 백업할 수 있다. 그런 다음 훅은 dump.rdb 파일을 새로운 PersistentVolumeClaim에 복사하는 잡[job] 리소스를 생성할 수 있다.

helm create 명령은 초기 guestbook 차트를 빠르게 만들 수 있는 몇 가지 강력한 리소스 템플릿을 생성하지만, 해당 작업에 사용할 수 있는 훅을 스캐폴딩하지 않는다. 결과적으로, 다음 단계에 따라 사전 업그레이드 훅을 생성할 수 있다.

1. 먼저, 훅 템플릿을 포함한 새로운 폴더를 생성해야 한다. 기술적인 요구사항은 아니지만, 훅 템플릿을 일반 차트 템플릿과 분리하는 데 도움이 된다. 또한 기능별로 훅 템플릿을 그룹화할 수 있다.

   다음과 같이 guestbook 파일 구조에 templates/backup이라는 새로운 폴더를 생성한다.

   ```
   $ mkdir guestbook/templates/backup
   ```

2. 다음으로, 백업을 수행하는 데 필요한 2개의 템플릿을 스캐폴딩해야 한다. 필요한 첫 번째 템플릿은 복사된 dump.rdb 파일을 포함하는 데 사용되는 PersistentVolumeClaim 템플릿이다. 두 번째 템플릿은 복사를 수행하는 데 사용될 잡 템플릿이다.

   다음과 같이 플레이스홀더[placeholder] 역할을 할 2개의 빈 템플릿 파일을 생성한다.

   ```
   $ touch guestbook/templates/backup/persistentvolumeclaim.yaml
   $ touch guestbook/templates/backup/job.yaml
   ```

3. 팩트 리포지토리를 참조해 작업 내용을 다시 확인할 수 있다. 파일 구조는 https://github.com/PacktPublishing/-Learn-Helm/tree/master/helm-charts/charts/guestbook/templates/backup에서 확인할 수 있는 파일 구조와 동일해야 한다.

4. 다음으로, persistentvolumeclaim.yaml 템플릿을 생성해보자. 다음 파일 내용을 backup/persistentvolumeclaim.yaml 파일에 복사한다. 이 파일을 https://github.com/PacktPublishing/-Learn-Helm/blob/master/helm-charts/charts/guestbook/templates/backup/persistentvolumeclaim.yaml에서도 복사할 수 있다. 여백^{whitespace}은 유효한 YAML 구문에 따라 탭이 아닌 공백으로 구성된다. 파일의 내용은 다음에서 확인할 수 있다.

```
1  {{- if .Values.redis.master.persistence.enabled }}
2  apiVersion: v1
3  kind: PersistentVolumeClaim
4  metadata:
5    name: redis-data-{{ .Values.redis.fullnameOverride }}-master-0-backup-{{ sub .Release.Revision 1 }}
6    labels:
7      {{- include "guestbook.labels" . | nindent 4 }}
8    annotations:
9      "helm.sh/hook": pre-upgrade
10     "helm.sh/hook-weight": "0"
11 spec:
12   accessModes:
13     - ReadWriteOnce
14   resources:
15     requests:
16       storage: {{ .Values.redis.master.persistence.size }}
17 {{- end }}
```

▲ 그림 5.7 backup/persistentvolumeclaim.yaml 템플릿

계속 진행하기에 앞서, 파일의 생성 방법을 이해하기 위해 persistentvolume claim.yaml 파일의 일부를 살펴보자.

이 파일의 1행과 17행은 if 액션으로 구성된다. 해당 액션은 전체 파일을 캡슐화하기 때문에 `redis.master.persistence.enabled` 값이 `true`로 설정된 경우에만 이 리소스가 포함됨을 의미한다. 레디스 디펜던시 차트에서 이 값은 기본적으로 `true`이며, `helm show values` 명령을 사용해 이를 확인할 수 있다.

5행은 새로운 PVC 백업의 이름을 결정한다. PVC 백업의 이름은 레디스 디펜던시 차트에 의해 생성된 레디스 마스터 PVC에 주어진 이름(`redis-data-redis-master-0`)을 기반으로 하며, 백업용으로 설계된 PVC의 의도가 나타나도록 지어진다. PVC 백업의 이름 또한 리비전 번호를 기반으로 한다. 이 훅은 사전 업그레이드 훅으로 실행되기 때문에, 업그레이드 중인 리비전 번호를 사용하려고 한다. `sub` 함수는 이 리비전 번호에서 1을 차감하는 데 사용되기 때문에, 백업 PVC에는 이전 리비전 번호의 데이터 스냅샷이 포함되어 있음이 분명하다.

9행은 이 리소스를 사전 업그레이드 훅으로 선언하는 주석을 생성한다. 10행은 `helm.sh/hook-weight` 애노테이션을 작성하여 다른 사전 업그레이드 훅과 비교해 해당 리소스가 작성돼야 하는 순서를 결정한다. 가중치는 오름차순으로 실행되기 때문에, 해당 리소스는 다른 사전 업그레이드 리소스보다 먼저 생성된다.

5. persistentvolumeclaim.yaml 파일이 생성된 후, 최종 사전 업그레이드 템플릿인 job.yaml을 생성한다. 다음 내용을 backup/job.yaml 파일에 복사한다(이 파일은 https://github.com/PacktPublishing/-Learn-Helm/blob/master/helm-charts/charts/guestbook/templates/backup/job.yaml에서도 가져와서 복사할 수 있다).

```
1   {{- if .Values.redis.master.persistence.enabled }}
2   apiVersion: batch/v1
3   kind: Job
4   metadata:
5     name: {{ include "guestbook.fullname" . }}-backup
6     labels:
7       {{- include "guestbook.labels" . | nindent 4 }}
8     annotations:
9       "helm.sh/hook": pre-upgrade
10      "helm.sh/hook-delete-policy": before-hook-creation,hook-succeeded
11      "helm.sh/hook-weight": "1"
12  spec:
13    template:
14      spec:
15        containers:
16          - name: backup
17            image: redis:alpine3.11
18            command: ["/bin/sh", "-c"]
19            args: ["redis-cli -h {{ .Values.redis.fullnameOverride }}-master save && cp /data/dump.rdb /backup/dump.rdb"]
20            volumeMounts:
21              - name: redis-data
22                mountPath: /data
23              - name: backup
24                mountPath: /backup
25        restartPolicy: Never
26        volumes:
27          - name: redis-data
28            persistentVolumeClaim:
29              claimName: redis-data-{{ .Values.redis.fullnameOverride }}-master-0
30          - name: backup
31            persistentVolumeClaim:
32              claimName: redis-data-{{ .Values.redis.fullnameOverride }}-master-0-backup-{{ sub .Release.Revision 1 }}
33  {{- end }}
```

▲ **그림 5.8** backup/job.yaml 템플릿

어떻게 생성됐는지 이해하기 위해 job.yaml 템플릿의 일부를 살펴보자.

9행은 이 템플릿을 사전 업그레이드 훅으로 다시 정의한다. 11행은 훅의 가중치를 1로 설정해, 이 리소스가 사전 업그레이드 PersistentVolumeClaim 후에 생성됨을 나타낸다.

10행은 새로운 애노테이션을 설정하여 이 잡을 삭제해야 하는 시기를 결정한다. 기본적으로 헬름은 초기 생성 이후에 훅을 관리하지 않는다. 즉, helm uninstall 명령이 실행될 때 삭제되지 않는 것을 의미한다. helm.sh/hook-delete-policy 애노테이션은 리소스를 삭제해야 하는 조건을 결정하는 데 사용한다. 이 잡은 훅 생성 전 삭제before-hook-creation delete 정책을 포함하고 있으며, 네임스페이스에 이미 존재하는 경우 helm upgrade 명령 수행 과정에서 제거되어, 그 자리에 새로운 잡을 생성할 수 있게 할 것이다. 이 잡은 훅 성공 삭제hook-succeeded delete 정책에도 포함되어, 성공적으로 실행 시 삭제된다.

19행은 dump.rdb 파일의 백업을 수행한다. 레디스 마스터에 연결해, 데이터베이스 상태를 저장하고 파일을 백업 PVC에 복사한다.

29행과 32행은 각각 레디스 마스터 PVC와 백업 PVC를 정의한다. 이러한 PVC는 dump.rdb 파일을 복사하기 위해 잡에 의해 마운트된다.

앞의 각 단계를 수행한 경우 헬름 차트에 대한 사전 업그레이드 훅을 생성한 것이다. 다음 절에 대한 진행을 통해 사전 롤백 훅을 생성해보자. 그런 다음, guestbook 차트를 재배포해 이러한 훅이 정상적으로 동작하는지 확인하자.

데이터베이스 복원을 위한 사전 롤백 훅 생성

사전 업그레이드 훅이 레디스 마스터 PVC에서 백업 PVC로 dump.db 파일을 복사하도록 작성된 반면에, 사전 롤백 훅은 데이터베이스를 이전 스냅샷으로 복원하는 역방향 작업을 수행하도록 작성된다.

다음 단계에 따라 사전 롤백 훅을 생성한다.

1. 사전 롤백 훅을 포함하는 데 사용할 templates/restore 폴더를 다음과 같이 생성한다.

```
$ mkdir guestbook/templates/restore
```

2. 데이터베이스를 복원하는 데 사용할 비어 있는 job.yaml 템플릿을 다음과 같이 스캐폴딩한다.

```
$ touch guestbook/templates/restore/job.yaml
```

3. https://github.com/PacktPublishing/-Learn-Helm/tree/master/helm-charts/charts/guestbook/templates/restore를 참고해 올바른 구조로 생성됐는지 확인할 수 있다.

4. 다음으로, job.yaml 파일에 내용을 추가해보자. 다음과 같은 내용을 restore/job.yaml 파일에 복사한다(이 파일은 https://github.com/PacktPublishing/−Learn−Helm/blob/master/helm−charts/charts/guestbook/templates/restore/job.yaml에서도 복사할 수 있다).

```
1   {{- if .Values.redis.master.persistence.enabled }}
2   apiVersion: batch/v1
3   kind: Job
4   metadata:
5     name: {{ include "guestbook.fullname" . }}-restore
6     labels:
7       {{- include "guestbook.labels" . | nindent 4 }}
8     annotations:
9       "helm.sh/hook": pre-rollback
10      "helm.sh/hook-delete-policy": before-hook-creation,hook-succeeded
11  spec:
12    template:
13      spec:
14        containers:
15          - name: restore
16            image: redis:alpine3.11
17            command: ["/bin/sh", "-c"]
18            args: ["cp /backup/dump.rdb /data/dump.rdb &&
19              redis-cli -h {{ .Values.redis.fullnameOverride }}-master debug restart || true"]
20            volumeMounts:
21              - name: redis-data
22                mountPath: /data
23              - name: backup
24                mountPath: /backup
25        restartPolicy: Never
26        volumes:
27          - name: redis-data
28            persistentVolumeClaim:
29              claimName: redis-data-{{ .Values.redis.fullnameOverride }}-master-0
30          - name: backup
31            persistentVolumeClaim:
32              claimName: redis-data-{{ .Values.redis.fullnameOverride }}-master-0-backup-{{ .Release.Revision }}
33  {{- end }}
```

▲ **그림 5.9** rollback/job.yaml 템플릿

이 템플릿의 7행은 해당 리소스를 사전 롤백 훅으로 선언한다.

실제 데이터 복원은 18행과 19행에서 수행된다. 18행은 dump.rdb 파일을 백업 PVC에서 레디스 마스터 PVC로 복사한다. 복사되면, 19행은 스냅샷을 다시 로드할 수 있도록 데이터베이스를 재시작한다. 레디스 데이터베이스를 재시작하는 데 사용되는 명령은 데이터베이스 연결이 예기치 않게 종료되기 때문에 실패한 종료 코드를 반환한다. 이를 해

결할 수 있는 방법은 명령에 || true를 추가해 종료 코드를 무효화할 수 있다.

29행은 레디스 마스터 볼륨을 정의하고, 32행은 원하는 백업 볼륨을 정의한다. 이는 롤백되는 리비전에 의해 결정된다.

사전 업그레이드 및 사전 롤백 수명주기 훅이 생성됐으므로, 미니쿠베 환경에서 실행해 정상적으로 동작하는지 살펴보자.

수명주기 훅 실행

생성한 수명주기 훅을 실행하려면, 먼저 다음과 같이 helm install 명령을 실행해 차트를 다시 설치해야 한다.

```
$ helm install my-guestbook guestbook -n chapter5
```

각 파드가 1/1 Ready 상태로 보고되면, 표시된 릴리스 정보에 따라 방명록 애플리케이션에 액세스한다. 애플리케이션에 액세스하기 위한 포트는 이전과 다름에 주의해야 한다.

방명록 프론트엔드에 액세스하여 메시지를 작성한다. 다음 스크린샷에서 예제 메시지를 확인할 수 있다.

▲ **그림 5.10** 방명록 차트 설치 및 메시지 입력 시 확인할 수 있는 방명록 프론트엔드

메시지가 쓰이고 해당 텍스트가 Submit 버튼 아래에 표시되면, helm upgrade 명령을 실행해 사전 업그레이드 훅에 대한 트리거를 실행한다. helm upgrade 명령은 백업이 완료될 때까지 잠시 중단되며, 이는 다음과 같은 명령을 통해 확인할 수 있다.

```
$ helm upgrade my-guestbook guestbook -n chapter5
```

명령의 실행 결과가 반환되면, 레디스 마스터 PVC와 새롭게 생성된 PVC인 redis-data-redis-master-0-backup-1을 확인할 수 있다.

```
$ kubectl get pvc -n chapter5
NAME                                STATUS
redis-data-redis-master-0           Bound
redis-data-redis-master-0-backup-1  Bound
```

새롭게 생성된 백업 PVC에는 사전 롤백 수명주기 단계에서 생성된 데이터베이스 복원을 위한 데이터 스냅샷이 포함되어 있다.

이제 프론트엔드에 추가적인 메시지를 입력해보자. 실행 결과, 다음 스크린샷과 같이 Submit 버튼 아래에 2개의 메시지가 표시돼야 한다.

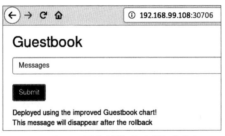

▲ 그림 5.11 롤백 실행 전 방명록 메시지

이제 helm rollback 명령을 실행해 첫 번째 리비전으로 되돌려보자. 이 명령은 복원 프로세스가 완료될 때까지 잠시 중단되며, 다음과 같은 명령을 통해 확인할 수 있다.

```
$ helm rollback my-guestbook 1 -n chapter5
```

위 명령에 대한 실행 결과가 반환될 경우, 브라우저에서 방명록 프론트엔드를 새로고침

한다. 다음 스크린샷과 같이 업그레이드 후에 추가한 메시지는 데이터 백업이 수행되기 전에 존재하지 않았기 때문에 사라진 것을 확인할 수 있다.

▲ **그림 5.12** 사전 롤백 수명주기 단계가 완료된 후 방명록 프론트엔드

이 백업 및 복원 시나리오는 간단한 사용 사례로 사용됐지만, 헬름 수명주기 훅을 차트에 추가해 제공할 수 있는 다양한 가능성 중 하나를 보여준다.

 수명주기 명령(helm install, helm upgrade, helm rollback, helm uninstall)에 --no-hooks 플래그를 추가해 훅을 스킵할 수 있다. 이 명령이 적용될 경우 수명주기에 대한 훅을 스킵한다.

이제 부적절한 값이 제공되는 것을 방지하기 위해 사용자 입력에 대한 유효성 검사 및 방명록 차트를 추가로 개선하는 방법에 중점을 두고 진행할 것이다.

입력 유효성 검사 추가

쿠버네티스 및 헬름으로 작업할 때 새로운 리소스가 생성되면, 쿠버네티스 API^{application programming interface} 서버에서 입력에 대한 유효성 검사를 자동으로 수행한다. 즉, 헬름을 통해 유효하지 않은 리소스가 생성될 경우 API 서버에서 오류 메시지가 반환되어 설치가 실패한다. 쿠버네티스에서 기본적으로 입력에 대한 유효성 검사를 수행하지만, 차트 개발자는 리소스가 API 서버에 도달하기 전에 유효성 검사를 수행하고자 하는 경우가 있을 것이다.

방명록 헬름 차트의 fail 함수를 사용해 입력에 대한 유효성 검사를 수행하는 방법을 살펴보자.

fail 함수 사용

fail 함수는 템플릿 렌더링을 즉시 실패하도록 하는 데 사용된다. 이 함수는 사용자가 유효하지 않은 값을 제공한 경우에 사용할 수 있다. 이 절에서는 사용자 입력을 제한하는 사용 사례를 구현할 것이다.

guestbook 차트의 values.yaml 파일에는 프론트엔드를 위해 생성해야 하는 서비스 타입을 결정하는 데 사용하는 service.type이라는 값이 포함되어 있다. 이 값은 다음과 같다.

```
service:
  type: NodePort
```

이 값을 기본값인 NodePort로 설정했지만, 기술적으로 다른 서비스 타입을 사용할 수 있다. 서비스 타입을 NodePort 및 ClusterIP 서비스로만 제한하고 싶을 경우를 가정해보자. 이 액션은 fail 함수를 사용해 수행할 수 있다.

guestbook 차트에서 서비스 타입을 제한하고자 할 경우 다음 단계를 따른다.

1. 먼저 templates/service.yaml의 위치를 찾는다. 해당 파일에는 다음과 같이 service.type 값에 따라 서비스 타입을 설정하는 행이 포함되어 있다.

```
type: {{ .Values.service.type }}
```

서비스 타입을 설정하기 전에, 먼저 service.type 값이 ClusterIP 또는 NodePort 와 같은지 확인해야 한다. 이는 적절한 설정 목록에 변수를 설정해 수행할 수 있다. 그런 다음, 유효한 설정 목록에 service.type 값이 포함되어 있는지 확인할 수 있다. 그렇다면 서비스 타입에 대한 설정을 진행한다. 그렇지 않을 경우, 차트 렌더링을 중지하고 유요한 서비스 타입에 대한 입력을 알리는 오류 메시지를 사용자에게 반환해야 한다.

2. 1단계에서 설명한 로직을 구현하기 위해 다음에 기술된 service.yaml 파일을 복사한다. 이 파일은 https://github.com/PacktPublishing/-Learn-Helm/blob/master/helm-charts/charts/guestbook/templates/service.yaml에서도 복사할 수 있다.

```
1   apiVersion: v1
2   kind: Service
3   metadata:
4     name: {{ include "guestbook.fullname" . }}
5     labels:
6       {{- include "guestbook.labels" . | nindent 4 }}
7   spec:
8   {{- $serviceTypes := list "ClusterIP" "NodePort" }}
9   {{- if has .Values.service.type $serviceTypes }}
10    type: {{ .Values.service.type }}
11  {{- else }}
12    {{- fail "value 'service.type' must be either 'ClusterIP' or 'NodePort'" }}
13  {{- end }}
14    ports:
15      - port: {{ .Values.service.port }}
16        targetPort: http
17        protocol: TCP
18        name: http
19    selector:
20      {{- include "guestbook.selectorLabels" . | nindent 4 }}
```

▲ **그림 5.13** service.yaml 템플릿에 구현된 서비스 타입에 대한 유효성 검사

8~13행은 입력에 대한 유효성 검사를 나타낸다. 8행은 적절한 서비스 타입 목록과 동일한 serviceTypes라는 변수를 선언한다. 9~13행은 if 액션을 나타낸다. 9행의 has 함수는 service.type 값이 serviceTypes에 포함되어 있는지 확인한다. 그럴 경우 렌더링은 10행으로 진행하여 서비스 타입을 설정한다. 그렇지 않을 경우 렌더링이 12행으로 진행된다. 12행은 fail 함수를 사용해 템플릿 렌더링을 중지하고 유효한 서비스 타입에 대한 메시지를 사용자에게 표시한다.

유효하지 않은 서비스 타입을 제공하도록 my-guestbook 릴리스를 업그레이드한다(릴리스를 제거한 경우 설치로도 충분하다). 다음과 같은 명령을 실행한다.

```
$ helm upgrade my-guestbook . -n chapter5 --set service.type=LoadBalancer
```

앞의 2단계에서 수행한 변경이 성공한 경우, 다음과 유사한 메시지가 표시된다.

```
Error: UPGRADE FAILED: template: guestbook/templates/service.
yaml:12:6: executing 'guestbook/templates/service.yaml' at
<fail 'value 'service.type' must be either 'ClusterIP' or
'NodePort''>: error calling fail: value 'service.type' must be
either 'ClusterIP' or 'NodePort'
```

사용자 입력을 fail로 확인하는 것은 제공된 값이 특정 제약 조건에 맞는지 확인하는 좋은 방법이지만, 또한 사용자가 처음에 특정 값을 제공했는지 확인이 필요한 경우도 존재한다. 이는 다음 절에서 설명하는 required 함수를 사용해 수행할 수 있다.

required 함수 사용

fail 함수와 마찬가지로, required 함수 또한 템플릿 렌더링을 중지하는 데 사용된다. 차이점은 fail 함수와 달리 required 함수는 차트 템플릿이 렌더링될 때 값이 비어 있지 않도록 하기 위해 사용된다는 것이다.

다음과 같이 차트에 image.repository라는 값이 포함되어 있음을 상기해보자.

```
image:
  repository: gcr.io/google-samples/gb-frontend
```

이 값은 배포할 이미지를 결정하는 데 사용된다. 헬름 차트에서 이 값의 중요성을 감안할 때, 차트가 설치될 때 항상 값이 존재하는지 확인하는 데 required 함수를 사용할 수 있다. 현재는 이 차트에서 기본값을 제공하고 있지만, 사용자가 항상 자신의 컨테이너 이미지를 제공하게 하려면 required 함수를 추가해 기본값을 제거할 수 있다.

image.repository 값에 대한 required 함수를 구현하려면 다음 단계를 따른다.

1. templates/deployment.yaml 차트 템플릿을 찾는다. 파일에는 다음과 같이 image.repository 값을 기반으로 컨테이너 이미지를 설정하는 행이 포함되어 있다(appName 차트 설정은 컨테이너 이미지 설정에 도움이 되지만, 이번 예제에서는 image.repository에만 초점을 맞춘다).

```
image: '{{ .Values.image.repository }}:{{ .Chart.AppVersion }}'
```

2. required 함수는 다음 두 인수를 사용한다.

   ○ 값이 제공됐는지 여부를 표시하는 오류 메시지

   ○ 제공해야 하는 값

   위 두 인수가 주어지면, deployment.yaml 파일을 수정해 image.repository 값이 필수가 되도록 수정한다.

   이러한 유효성 검사를 추가하려면, 다음 코드 스니펫에서 복사하거나 https://github.com/PacktPublishing/-Learn-Helm/blob/master/helm-charts/charts/guestbook/templates/deployment.yaml을 참조할 수 있다.

```
24    containers:
25    - name: {{ .Chart.Name }}
26      securityContext:
27        {{- toYaml .Values.securityContext | nindent 12 }}
28      image: "{{ required "value 'image.repository' is required" .Values.image.repository }}:{{ .Chart.AppVersion }}"
29      imagePullPolicy: {{ .Values.image.pullPolicy }}
30      ports:
31        - name: http
32          containerPort: 80
33          protocol: TCP
```

▲ 그림 5.14 28행의 required 함수를 사용하는 deployment.yaml 스니펫

3. 다음과 같이 다음과 같이 비어 있는 `image.repository` 값을 제공하도록 my-guestbook 릴리스를 업그레이드한다.

```
$ helm upgrade my-guestbook . -n chapter5 --set image.repository=''
```

성공적으로 변경된 경우, 다음과 유사한 오류 메시지가 표시된다.

```
Error: UPGRADE FAILED: execution error at (guestbook/
templates/deployment.yaml:28:21): value 'image.
repository' is required
```

지금까지 수명주기 훅 및 입력에 대한 유효성 검사를 완료한 첫 번째 헬름 차트를 성공적으로 작성했다.

다음 절에서는 방명록 차트를 전 세계에서 활용할 수 있도록, 깃허브 페이지를 사용해 간단한 차트 리포지토리를 만드는 방법을 학습할 것이다.

▌ 방명록 차트를 차트 리포지토리에 게시

지금까지 방명록 차트 개발을 완료했으므로, 다른 사용자가 쉽게 액세스할 수 있도록 차트를 리포지토리에 게시할 수 있다. 먼저 차트 리포지토리를 생성해보자.

차트 리포지토리 생성

차트 리포지토리는 다음과 같은 두 가지 컴포넌트를 포함하는 서버다.

- tgz 아카이브로 패키징된 헬름 차트
- 리포지토리에 포함된 차트에 대한 메타데이터를 포함하는 index.yaml 파일

기본 차트 리포지토리는 유지관리자가 자체 index.yaml 파일을 생성해야 하는 반면에, 헬름 커뮤니티의 차트 뮤지엄^{ChartMuseum} 같은 복잡한 솔루션은 새로운 차트가 리포지토리에 푸시될 때 index.yaml 파일을 동적으로 생성한다. 이 예제에서는 깃허브 페이지를 사용해 간단한 차트 리포지토리를 생성할 것이다. 깃허브 페이지를 사용하면 유지관리자는 깃허브 리포지토리에 간단한 정적 호스팅 사이트를 생성할 수 있다. 이 사이트는 헬름 차트를 제공하는 기본 차트 리포지토리를 생성하는 데 사용할 수 있다.

깃허브 페이지 차트 저장소를 생성하려면 깃허브 계정이 있어야 한다. 이미 깃허브 계정이 있는 경우 https://github.com/login에서 로그인할 수 있다. 그렇지 않다면 https://github.com/join에서 새로운 계정을 생성할 수 있다.

깃허브에 로그인한 후, 다음 단계에 따라 차트 리포지토리를 생성한다.

1. https://github.com/new 링크를 따라 새로운 리포지토리 생성 페이지에 접근한다.

2. 차트 리포지토리를 위한 이름을 입력한다. Learn-Helm-Chart-Repository 이름을 사용하는 것을 권고한다.

3. **Initialize this repository with a README**^{README를 통해 리포지토리 초기화} 옆의 체크박스를 선택한다. 이는 깃허브에 내용이 포함되어 있지 않을 경우 정적 사이트를 생성할 수 없기 때문에 필수다.

4. 나머지 설정은 기본값으로 남겨둘 수 있다. 유료 깃허브 프로 계정이 없는 경우, 깃허브 페이지를 활용하려면 개인 정보 설정을 **Public**^{공개}으로 설정해야 한다.

5. 리포지토리 생성 프로세스를 완료하려면 **Create Repository**^{리포지토리 생성} 버튼을 클릭한다.

6. 리포지토리가 생성됐음에도 불구하고, 깃허브 페이지가 활성화될 때까지 헬름 차트를 제공할 준비가 되지 않았다. 리포지토리의 설정에 액세스하려면 리포지토리 내의 **Settings**^{설정} 탭을 클릭한다.

7. 설정 페이지(및 Options^{옵션} 탭)의 **GitHub Pages**^{깃허브 페이지} 섹션을 찾는다. 페이지의 하단 부분에 있을 것이다.

8. **Source**^{소스} 아래의 드롭다운 목록에서 **master branch**^{마스터 브랜치} 옵션을 선택한다. 이렇게 하면 깃허브에서 마스터 브랜치의 콘텐츠를 제공하는 정적 사이트를 생성할 수 있다.

9. 깃허브 페이지를 성공적으로 구성한 경우, 화면 상단에 깃허브 페이지 소스가 저장됐다는 메시지가 표시된다. 다음 스크린샷 예제에서 표시된 바와 같이 정적 사이트의 URL도 확인할 수 있다.

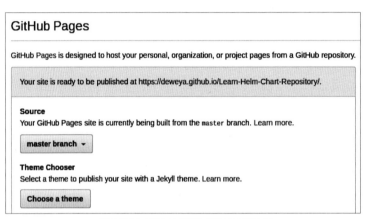

▲ **그림 5.15** 깃허브 페이지 설정 및 예제 URL

깃허브 리포지토리를 구성한 후에는 이를 로컬 머신에 복제해야 한다. 리포지토리를 복제하려면 다음 단계를 따른다.

1. 페이지 상단의 **Code**^{코드} 탭을 선택해 리포지토리의 루트로 이동한다.

2. **Clone or download**^{복제 또는 다운로드} 버튼을 선택한다. 그러면 깃허브 리포지토리의 URL이 표시된다. 이 URL은 깃허브 페이지 정적 사이트와 동일하지 않음에 유의해야 한다.

   필요한 경우 다음 스크린샷 예제를 참조로 사용해 깃허브 리포지토리 URL을 찾을 수 있다.

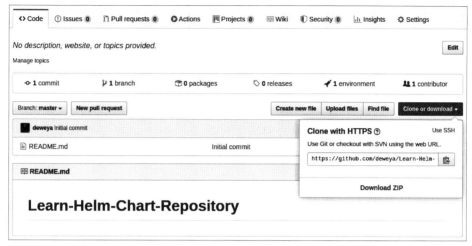

▲ 그림 5.16 깃허브 리포지토리 URL은 Clone or download 버튼을 클릭해 찾을 수 있다.

3. 리포지토리의 깃 레퍼런스를 얻은 후에, 리포지토리를 로컬 머신에 복제한다.
   이 리포지토리를 guestbook 차트와 분리하기를 원하기 때문에 다음 명령을 실
   행할 때 guestbook 디렉토리 내부에 있지 않은지 확인이 필요하다.

```
$ git clone $REPOSITORY_URL
```

리포지토리를 복제했다면, 다음 절로 진행해 guestbook 차트를 차트 리포지토리에 게시
한다.

방명록 헬름 차트 게시

헬름은 헬름 차트를 간단한 작업만으로 게시할 수 있도록 몇 가지 명령을 제공한다. 그러
나 이러한 명령을 실행하기 전에 Chart.yaml 파일에서 차트의 버전 필드를 증가시켜야
할 수도 있다. 차트의 버전 관리는 다른 유형의 소프트웨어와 마찬가지로 릴리스 프로세
스의 중요한 부분이다.

다음과 같이 차트의 Chart.yaml 파일에서 버전 필드를 1.0.0으로 수정한다.

```
version: 1.0.0
```

guestbook 차트의 버전이 증가되면, 차트를 tgz 아카이브로 패키징하여 진행할 수 있다. 이는 helm package 명령을 통해 수행할 수 있다. 로컬 guestbook 디렉토리의 한 수준 위에서 다음과 같은 명령을 실행한다.

```
$ helm package guestbook
```

명령이 성공적으로 실행될 경우 guestbook-1.0.0.tgz 파일이 생성된다.

 디펜던시가 포함된 차트로 작업할 때, helm package 명령은 차트를 성공적으로 패키징하기 위해 디펜던시를 charts/ 디렉토리로 다운로드해야 한다. helm package 명령이 실패한 경우, 레디스 디펜던시가 charts/ 디렉토리에 다운로드됐는지 확인해야 한다. 그렇지 않은 경우, --dependency-update 플래그를 helm package 명령에 추가해, 동일한 명령으로 디펜던시를 다운로드하고 헬름 차트를 패키징할 수 있다.

차트가 패키징되면, 다음과 같은 명령을 실행해 tgz 파일을 깃허브 차트 리포지토리의 복제본에 복사해야 한다.

```
$ cp guestbook-1.0.0.tgz $GITHUB_CHART_REPO_CLONE
```

이 파일이 복사되면 helm repo index 명령을 사용해 헬름 리포지토리에 대한 index.yaml 파일을 생성할 수 있다. 이 명령은 차트 리포지토리 복제본의 위치를 인수로 사용한다. 다음 명령을 실행해 index.yaml 파일을 생성한다.

```
$ helm repo index $GITHUB_CHART_REPO_CLONE
```

이 명령이 성공적으로 실행된 경우, Learn-Helm-Chart-Repository 폴더에 새로운 index.yaml 파일이 표시된다. 이 파일의 내용은 guestbook 차트 메타데이터를 제공한다. 이 리포지토리에 다른 차트가 포함되어 있는 경우, 해당 메타데이터도 이 파일에 표시된다.

이제 헬름 차트 리포지토리에 tgz 아카이브와 index.yaml 파일이 포함돼야 한다. 다음 git 명령을 사용해 이 파일을 깃허브에 푸시한다.

```
$ git add --all
$ git commit -m 'feat: adding the guestbook helm chart'
$ git push origin master
```

깃허브 자격 증명을 입력하라는 메시지가 표시될 수 있다. 자격 증명을 입력한 경우, 로컬 콘텐츠가 원격 리포지토리로 푸시되고 guestbook 헬름 차트가 깃허브 페이지 정적 사이트에서 제공된다.

다음으로, 로컬 헬름 클라이언트에 헬름 리포지토리를 추가하자.

차트 리포지토리 추가

다른 차트 리포지토리의 프로세스와 마찬가지로, 로컬에 추가하려면 우선 깃허브 페이지 차트 리포지토리의 URL을 알아야 한다. 이 URL은 '차트 리포지토리 생성' 절에서 설명했던 바와 같이 Settings 탭에 위치한다.

차트 리포지토리의 URL을 알고 나면, 다음과 같이 helm repo add 명령을 사용해 리포지토리를 로컬에 추가할 수 있다.

```
$ helm repo add learnhelm $GITHUB_PAGES_URL
```

위 명령을 사용해 로컬 헬름 클라이언트가 learnhelm이라는 이름의 리포지토리와 상호작용할 수 있다. 로컬에 구성된 리포지토리에 대해 guestbook 차트를 검색해 해당 차트가 게시됐는지 확인할 수 있다. 이는 다음 명령을 실행해 수행할 수 있다.

```
$ helm search repo guestbook
```

검색 결과에서 반환된 learnhelm/guestbook 차트를 찾아야 한다.

guestbook 차트가 성공적으로 게시됐다면, 미니쿠베 환경을 정리하며 마무리한다.

▌ 정리

다음과 같이, chapter5 네임스페이스에 대한 삭제를 통해 환경을 정리할 수 있다.

```
$ kubectl delete namespace chapter5
```

작업을 마친 경우, `minikube stop` 명령을 사용해 미니쿠베 클러스터를 중지할 수도 있다.

▌ 요약

5장에서는 방명록 애플리케이션을 배포하는 차트 작성을 통해, 처음부터 헬름 차트를 빌드하는 방법을 학습했다. 방명록 프론트엔드와 레디스 디펜던시 차트를 배포하는 차트를 생성하는 것부터 시작했으며, 나중에 수명주기 훅을 작성하고 입력에 대한 유효성 검사를 추가해 해당 차트를 개선했다. 마지막으로, 깃허브 페이지를 사용해 자체 차트 리포지토리를 구축하고 해당 위치에 guestbook 차트를 게시하며 마무리했다.

6장에서는 헬름 차트 테스트 및 디버깅에 대한 전략을 학습하여 차트 개발 기술을 강화할 수 있도록 할 것이다.

▎ 더 읽을거리

방명록 애플리케이션에 관한 추가 정보는 https://kubernetes.io/docs/tutorials/ stateless-application/guestbook/의 쿠버네티스 문서 '레디스를 통한 PHP 방명록 애플리케이션 배포Deploying PHP Guestbook application with Redis' 튜토리얼을 참조한다.

헬름 차트 템플릿 개발에 관한 자세한 내용은 다음 링크를 참조한다.

- 헬름 문서의 차트 개발 가이드: https://helm.sh/docs/chart_template_ guide/getting_started/
- 헬름 문서의 모범 사례 목록: https://helm.sh/docs/topics/chart_best_ practices/conventions/
- 차트 훅에 대한 추가 정보: https://helm.sh/docs/topics/charts_hooks/
- 차트 리포지토리에 대한 정보: https://helm.sh/docs/topics/chart_repository/

▎ 평가 문제

1. 새로운 헬름 차트를 스캐폴딩하는 데 사용할 수 있는 명령은 무엇인가?
2. guestbook 차트를 개발할 때 레디스 차트 디펜던시를 선언하면 어떠한 주요 이점이 존재하는가?
3. 주어진 수명주기 단계에서 훅의 실행 순서를 설정하는 데 사용할 수 있는 애노테이션은 무엇인가?
4. fail 함수를 사용하는 일반적인 사용 사례는 무엇인가? required 함수를 사용하는 일반적인 사용 사례는 무엇인가?
5. 헬름 차트를 깃허브 페이지 차트 리포지토리에 게시하기 위해 어떠한 헬름 명령이 관련되어 있는가?
6. 차트 리포지토리에서 index.yaml 파일의 목적은 무엇인가?

06

헬름 차트 테스트

테스트는 엔지니어가 소프트웨어 개발 과정에서 수행해야 하는 일반적인 작업이다. 테스트는 제품의 기능을 검증하고, 시간이 지남에 따라 발전하는 제품의 회귀를 방지하기 위해 수행된다. 잘 테스트된 소프트웨어는 시간이 지남에 따라 유지관리가 더 쉽고 개발자가 최종 사용자에게 새로운 릴리스를 확실하게 제공할 수 있다.

헬름 차트는 기대하는 품질 수준으로 기능 제공을 보장하기 위해 제대로 테스트돼야 한다. 6장에서는 다음 주제를 포함하여, 헬름 차트 테스트를 수행할 수 있는 강력한 방법을 논의할 것이다.

- 환경 설정
- 헬름 템플릿 확인
- 라이브 클러스터에서 테스트
- 차트 테스트 프로젝트를 통한 차트 테스트 개선
- 정리

┃ 기술 요구사항

6장에서는 다음과 같은 기술을 사용할 것이다.

- minikube
- kubectl
- helm
- git
- yamllint
- yamale
- chart-testing(ct)

이러한 도구 외에도 https://github.com/PacktPublishing/−Learn−Helm에 위치해 있는 팩트 깃허브 리포지토리의 샘플을 따라 할 수 있으며, 이는 6장 전반에 걸쳐 참조된다. 6장 전반에 걸쳐 사용되는 많은 예제 명령에서 팩트 리포지토리를 참조하기 때문에 git clone 명령을 실행해 해당 리포지토리를 복제하는 것이 도움이 될 수 있다.

```
$ git clone https://github.com/PacktPublishing/-Learn-Helm Learn-Helm
```

이제 로컬 미니쿠베 환경에 대한 설정을 진행해보자.

┃ 환경 설정

6장에서는 5장에서 생성한 방명록 차트에 대한 일련의 테스트를 생성하고 실행할 것이다. 다음 단계를 실행해 방명록 차트를 테스트할 미니쿠베 환경을 설정한다.

1. minikube start 명령을 실행해 미니쿠베를 구동한다.

   ```
   minikube start
   ```

   ---

2. 그런 다음, chapter6이라는 새로운 네임스페이스를 생성한다.

```
kubectl create namespace chapter6
```

미니쿠베 환경이 준비됐으면, 헬름 차트를 테스트하는 방법을 논의해보자. 헬름 템플릿을 확인하는 데 사용할 수 있는 방법을 요약하며 논의를 시작해볼 것이다.

▌헬름 템플릿 확인

5장에서는 처음부터 차트를 빌드했다. 최종 산출물은 매개변수화, 조건부 템플릿conditional templating 및 수명주기 훅을 포함하여 매우 복잡했다. 헬름의 주요 목적 중 하나는 쿠버네티스 리소스를 생성하는 것이므로 리소스 템플릿이 쿠버네티스 클러스터에 적용되기 전에 제대로 생성됐는지 확인이 필요하다. 이는 다양한 방법으로 수행할 수 있으며, 다음 절에서 설명한다.

헬름 템플릿을 사용해 로컬에서 템플릿 생성 유효성 검사

차트 템플릿의 유효성을 검사하는 첫 번째 방법은 helm template 명령을 사용하는 것이다. 이 명령을 사용하면 차트 템플릿을 로컬로 렌더링하고 렌더링된 내용을 표준 출력에 표시할 수 있다.

helm template 명령은 다음 구문을 따른다.

```
$ helm template [NAME] [CHART] [flags]
```

이 명령은 .Release 내장 객체 및 쿠버네티스 템플릿이 포함된 차트의 경우 CHART 인수를 충족하기 위해 NAME 인수를 사용해 템플릿을 로컬로 렌더링한다. 팩트 리포지토리의 helm-charts/charts/guestbook 폴더를 사용해 helm template 명령의 기능을 보여줄 수

있다. 이 폴더에는 이전 절에서 개발한 차트와 6장의 후반부에서 사용할 추가 리소스가
포함되어 있다.

다음과 같은 명령을 실행해 guestbook 차트를 로컬로 렌더링한다.

```
$ helm template my-guestbook Learn-Helm/helm-charts/charts/guestbook
```

위 명령의 결과는 다음과 같이, 클러스터에 적용된 경우 생성될 각 쿠버네티스 리소스를
표시한다.

```
---
# Source: guestbook/charts/redis/templates/configmap.yaml
apiVersion: v1
kind: ConfigMap
metadata:
  name: my-guestbook-redis
  labels:
    app: redis
    chart: redis-10.3.5
    heritage: Helm
    release: my-guestbook
data:
  redis.conf: |
    # User-supplied configuration
    appendonly no
    save ""
  master.conf: |-
    dir /data
    rename-command FLUSHDB ""
    rename-command FLUSHALL ""
  replica.conf: |-
    dir /data
    slave-read-only yes
    rename-command FLUSHDB ""
    rename-command FLUSHALL ""
---
# Source: guestbook/charts/redis/templates/health-configmap.yaml
apiVersion: v1
kind: ConfigMap
```

▲ **그림 6.1** helm template의 결과

이 스크린샷 예제는 이전 장에서 생성한 방명록 차트에 대해 helm template 명령 실행 결
과 나타나는 출력의 시작 부분을 의미한다. 보다시피, 완전히 렌더링된 ConfigMap이 릴리
스와 함께 생성된 다른 ConfigMap의 시작 부분과 함께 표시된다. 이러한 리소스를 로컬로

렌더링하면, 쿠버네티스 클러스터에 릴리스가 설치된 경우 생성될 정확한 리소스 및 사양에 대한 아이디어를 얻을 수 있다.

차트 개발 과정에서, `helm template` 명령을 주기적으로 사용해 쿠버네티스 리소스가 올바르게 생성되고 있는지 검증할 수 있다.

유효성 검사를 수행하려고 하는 차트 개발의 일반적인 측면은 다음과 같다.

- 매개변수화된 필드가 기본값 또는 재정의된 값으로 성공적으로 대체됐는지 확인이 필요한 경우
- `if`, `range`, `with` 같은 제어 액션이 제공된 값을 기반으로 YAML 파일을 성공적으로 생성했는지 확인이 필요한 경우
- 리소스에 적절한 간격과 들여쓰기가 포함되어 있는지 확인이 필요한 경우
- 함수와 파이프라인이 YAML 파일을 올바르게 형식화하고 조작하는 데 올바르게 사용되는지 확인이 필요한 경우
- `required` 및 `fail` 같은 함수가 사용자 입력을 기반으로 값을 올바르게 검증하는지 확인이 필요한 경우

차트 템플릿을 로컬로 렌더링하는 방법을 이해했으므로, 지금부터 `helm template` 명령을 활용해 테스트하고 유효성을 검사할 수 있는 특정 측면을 살펴보겠다.

템플릿 매개변수화 테스트

템플릿의 매개변수가 값으로 성공적으로 채워졌는지 확인하는 것이 중요하다. 이는 차트가 여러 다른 값으로 구성될 가능성이 높기 때문에 중요하다. 각 값에 적절한 기본값이 있거나 값이 제공되지 않을 경우, 차트 렌더링에 실패하는 유효성 검사가 있는지 확인하여 차트가 적절하게 매개변수화됐는지 확인할 수 있다.

다음과 같은 디플로이먼트를 상상해보자.

```
apiVersion: apps/v1
kind: Deployment
<skipping>
  replicas: {{ .Values.replicas }}
<skipping>
        ports:
          - containerPort: {{ .Values.port }}
```

replicas 및 port 값에 대한 적절한 기본값은 다음과 같이 차트의 values.yaml 파일에 정의돼야 한다.

```
replicas: 1
port: 8080
```

이 템플릿 리소스에 대해 helm template 명령을 실행하면 다음과 같이 디플로이먼트가 렌더링되고 replicas 및 port 값이 기본값으로 변경된다.

```
apiVersion: apps/v1
kind: Deployment
<skipping>
  replicas: 1
<skipping>
    ports:
      - containerPort: 8080
```

helm template 명령의 출력 결과를 통해 매개변수가 기본값으로 올바르게 대체됐는지 확인할 수 있다. --values 또는 --set 인수를 helm template 명령에 전달하여 제공된 값이 성공적으로 재정의됐는지 확인할 수도 있다.

```
$ helm template my-chart $CHART_DIRECTORY --set replicas=2
```

결과 템플릿은 제공된 값을 반영한다.

```
apiVersion: apps/v1
kind: Deployment
<skipping>
  replicas: 2
<skipping>
    ports:
      - containerPort: 8080
```

기본 설정이 정의된 값은 helm template으로 테스트하기 쉽지만, 유효하지 않은 값으로 인해 차트가 제대로 설치되지 않을 수 있기 때문에 유효성 검사가 필요한 값을 테스트하는 것이 중요하다.

helm template을 사용해 특정 입력만 허용하는 값과 같이 제한이 있는 값이 required 및 fail 함수를 통해 성공적으로 검증됐는지 확인해야 한다.

다음과 같은 디플로이먼트 템플릿을 가정해보자.

```
apiVersion: apps/v1
kind: Deployment
<skipping>
  replicas: {{ .Values.replicas }}
<skipping>
    containers:
      - name: main
        image: {{ .Values.imageRegistry }}/{{ .Values.imageName }}
        ports:
          - containerPort: {{ .Values.port }}
```

만약 이 디플로이먼트가 이전 코드 블록에서 정의된 동일한 values 파일이 있는 차트에 속하고 사용자가 차트 설치를 위해 imageRegistry 및 imageName 값을 제공할 것으로 예상하는 경우 값을 제공하지 않고 helm template 명령을 사용할 수 있다. 다음 출력 결과에서 확인할 수 있듯이 결과는 바람직하지 않다.

```
apiVersion: apps/v1
kind: Deployment
<skipping>
  replicas: 1
<skipping>
    containers:
      - name: main
        image: /
        ports:
          - containerPort: 8080
```

적절한 구분자가 없었기 때문에 렌더링된 결과는 잘못된 이미지 /가 포함된 디플로이먼트가 됐다. helm template을 통해 이를 테스트했기 때문에, 이러한 값이 정의되지 않은 경우 이를 처리해야 한다는 것을 알고 있다. 다음 값이 지정됐는지 확인하는 데 required 함수를 사용해 이를 수행할 수 있다.

```
apiVersion: apps/v1
kind: Deployment
<skipping>
  replicas: {{ .Values.replicas }}
<skipping>
    containers:
      - name: main
        image: {{ required 'value 'imageRegistry' is
required' .Values.imageRegistry }}/{{ required 'value
'imageName' is required' .Values.imageName }}
        ports:
          - containerPort: {{ .Values.port }}
```

helm template 명령이 업데이트된 디플로이먼트 템플릿이 있는 차트에 적용될 경우, 템플릿 엔진에서 발견한 첫 번째 누락된 값을 제공하도록 사용자에게 지시하는 메시지를 표시한다.

```
$ helm template my-chart $CHART_DIRECTORY
Error: execution error at (test-chart/templates/deployment.yaml:17:20):
value 'imageRegistry' is required
```

helm template 명령과 함께 유효한 values 파일을 제공하여, 유효성 검사를 추가로 테스트할 수 있다. 이 예제에서는 사용자 관리 values 파일에 다음과 같은 값이 제공된다고 가정한다.

```
imageRegistry: my-registry.example.com
imageName: learnhelm/my-image
```

이 파일은 다음과 같은 명령을 실행할 때 제공될 수 있다.

```
$ helm template my-chart $CHART_DIRECTORY --values my-values.yaml
---
# Source: test-chart/templates/deployment.yaml
apiVersion: apps/v1
kind: Deployment
<skipping>
  replicas: 1
<skipping>
    containers:
      - name: main
        image: my-registry.example.com/learnhelm/my-image
        ports:
          - containerPort: 8080
```

매개변수화에 대해 일반적인 규칙으로 값을 추적하고 각 값이 차트에서 사용되는지 확인해야 한다. values.yaml 파일에 합리적인 기본값을 설정하고, 기본값을 설정할 수 없는 경우 required 함수를 사용한다. 헬름 템플릿 함수를 사용하여 값이 올바르게 렌더링되고 원하는 쿠버네티스 리소스 구성을 생성하는지 확인한다.

이와는 별도로, values.yaml 파일에 필숫값을 필수라는 주석과 함께 비어 있는 필드로 포함하는 것을 고려할 수 있다. 이를 통해 사용자는 values.yaml 파일을 살펴보고 직접 제공해야 하는 값을 포함하여 차트가 지원하는 모든 값을 확인할 수 있다. imageRegistry 및 imageName 값이 추가된 다음과 같은 values 파일을 고려해보자.

```
replicas: 1
port: 8080
## REQUIRED
imageRegistry:
## REQUIRED
imageName:
```

이러한 값은 차트의 values.yaml 파일에 기록되지만, helm template 명령이 실행될 때 이러한 값은 여전히 null 값으로 여겨져 이전 실행과 같이 정의되지 않은 경우와 동일한 동작을 제공한다. 차이점은 이제 이러한 값이 필요하다는 것을 명시적으로 확인할 수 있다는 것으로, 차트를 처음으로 설치하는 경우 놀라지 않을 것이다.

다음으로, 차트 템플릿을 로컬에서 생성하는 경우 차트의 제어 동작control action을 테스트 하는 데 어떻게 도움이 되는지 설명할 것이다.

제어 동작 테스트

기본 매개변수화 외에도, helm template 명령을 사용해 제어 동작(특히 if 및 range)이 원하는 결과를 생성할 수 있도록 올바르게 처리되는지 확인이 필요하다.

다음과 같은 디플로이먼트 템플릿을 고려해보자.

```
apiVersion: apps/v1
kind: Deployment
<skipping>
{{- range .Values.env }}
  env:
```

```
    - name: {{ .name }}
      value: {{ .value }}
{{- end }}
{{- if .Values.enableLiveness }}
  livenessProbe:
    httpGet:
      path: /
      port: {{ .Values.port }}
    initialDelaySeconds: 5
    periodSeconds: 10
{{- end }}
  ports:
    containerPort: 8080
```

env 및 enableLiveness 값이 모두 null인 경우, helm template 명령을 실행해 렌더링이 계속 성공하는지 테스트할 수 있다.

```
$ helm template my-chart $CHART_DIRECTORY --values my-values.yaml
---
# Source: test-chart/templates/deployment.yaml
apiVersion: apps/v1
kind: Deployment
<skipping>
  ports:
    - containerPort: 8080
```

range 및 if 동작 모두 생성되지 않았음을 확인할 수 있다. null이나 비어 있는 값의 경우 range 절에 의해 조치된 항목이 없으며 이러한 값은 if 동작에 의해 제공될 때 false로 평가된다. 헬름 템플릿에 env 및 enableLiveness 값을 제공한 후 이러한 작업을 사용해 YAML을 올바르게 생성하도록 템플릿을 작성했는지 확인할 수 있다.

values 파일에 다음과 같은 값을 추가할 수 있다.

```
env:
  - name: BOOK
```

```
    value: Learn Helm
enableLiveness: true
```

위와 같은 변경을 수행한 후, 템플릿이 이러한 값을 사용해 올바르게 작성됐음을 확인하기 위해 helm template 명령을 수행하여 원하는 결과를 확인할 수 있다.

```
---
# Source: test-chart/templates/deployment.yaml
apiVersion: apps/v1
kind: Deployment
<skipping>
  env:
    - name: BOOK
      value: Learn Helm
  livenessProbe:
    httpGet:
      path: /
      port: 8080
    initialDelaySeconds: 5
    periodSeconds: 10
  ports:
    - containerPort: 8080
```

특히 제어 구조$^{control\ structure}$가 많거나 복잡한 경우, 차트 개발 프로세스를 더욱 어렵게 만들 수 있기 때문에 차트에 제어 구조를 추가할 때 helm template을 사용해 템플릿을 정기적으로 렌더링하는 습관을 들여야 한다.

제어 구조가 제대로 생성됐는지 확인하는 것 외에도, 함수와 파이프라인이 설계된 바와 같이 동작하는지 확인해야 한다. 이에 대해서는 다음에 설명하겠다.

함수 및 파이프라인 테스트

helm template 명령은 지정된 형식의 YAML을 생성하는 데 자주 사용되는 함수 및 파이프라인에서 생성된 렌더링의 유효성을 검사하는 데도 유용하다.

다음 템플릿을 예로 들어보자.

```
apiVersion: apps/v1
kind: Deployment
<skipping>
  resources:
{{ .Values.resources | toYaml | indent 12 }}
```

이 템플릿에는 컨테이너의 리소스 요구사항을 지정하기 위해 리소스값을 매개변수화하고 형식을 지정하는 파이프라인이 포함되어 있다. 차트의 values.yaml 파일에 합리적인 기본값을 포함하여 애플리케이션에서 클러스터의 과도한 사용을 방지하는 제한이 있는지 확인하는 것이 좋다.

이 템플릿에 대한 리소스값의 예는 다음과 같다.

```
resources:
  limits:
    cpu: 200m
    memory: 256Mi
```

helm template 명령을 실행해 위와 같은 값이 유효한 YAML 형식으로 올바르게 변환되고 출력 결과가 올바른 배포 리소스를 생성하도록 들여쓰기가 됐는지 확인해야 한다.

이 템플릿에 대해 helm template 명령을 실행하면 다음과 같은 결과가 출력된다.

```
apiVersion: apps/v1
kind: Deployment
<skipping>
  resources:
    limits:
      cpu: 200m
      memory: 256Mi
```

다음으로, helm template을 사용해 리소스를 렌더링할 때 서버 측의 유효성 검사를 활성화하는 방법을 설명한다.

차트 렌더링에 서버 측 유효성 검사 추가

helm template 명령은 차트 개발 프로세스에서 중요하며 차트 렌더링을 확인하는 데 자주 사용해야 하지만, 주요 제한사항이 존재한다. helm template 명령의 주요 목적은 클라이언트 측 렌더링을 제공하는 것이다. 즉, 리소스에 대한 유효성 검사를 제공하기 위해 쿠버네티스 API 서버와 통신하지 않는다. 리소스가 생성된 후에 유효한지 확인하려면 --validate 플래그를 사용해 리소스가 생성된 후 쿠버네티스 API 서버와 통신하도록 helm template에 지시할 수 있다.

```
$ helm template my-chart $CHART_DIRECTORY --validate
```

생성된 템플릿이 유효하지 않은 쿠버네티스 리소스를 생성하는 경우 오류 메시지가 발생된다. 예를 들어, apiVersion 값이 apiVersion: v1로 설정된 디플로이먼트 템플릿이 사용됐다고 가정해보자. 유효한 디플로이먼트를 생성하려면, apiVersion 값을 디플로이먼트 리소스를 제공하는 API의 올바른 이름인 apps/v1로 설정해야 한다. 이 값을 단순히 v1로 설정하는 경우 --validate 플래그를 사용하지 않는 helm template의 클라이언트 측 렌더링에 의해 유효한 리소스로 보이는 항목이 생성되지만 --validate 플래그를 사용하면 다음과 같은 오류가 표시된다.

```
Error: unable to build kubernetes objects from release
manifest: unable to recognize '': no matches for kind
'Deployment' in version 'v1'
```

--validate 플래그는 생성된 리소스에서 오류를 포착할 수 있도록 설계됐다. 쿠버네티스 클러스터에 대한 접근 권한이 있고 차트가 유효한 쿠버네티스 리소스를 생성하는지 여부

를 확인이 필요한 경우 해당 플래그를 사용해야 한다. 또는 install, upgrade, rollback, uninstall 명령에 대한 유효성 검사를 수행하기 위해 --dry-run 플래그를 사용할 수 있다.

다음은 install 명령과 함께 이 플래그를 사용하는 예를 보여준다.

```
$ helm install my-chart $CHART --dry-run
```

이 플래그는 차트의 템플릿을 생성하고 --validate 플래그를 사용해 helm template 명령을 실행하는 것과 유사하게 유효성 검사를 수행한다. --dry-run 플래그를 사용하는 경우, 생성된 각 리소스가 명령행에 출력될 뿐 쿠버네티스 환경에 리소스가 생성되지 않는다. 이는 주로 설치를 실행하기 전에 올바른 값을 제공했는지 확인하고 설치가 원하는 결과를 생성하는지 확인하기 위해 온전성 검사sanity check를 수행하는 데 사용된다. 차트 개발자는 이러한 방식으로 --dry-run 플래그를 사용해 차트 렌더링 및 유효성 검사를 테스트하거나 helm template을 사용해 차트의 리소스를 로컬에 생성하고 --validate를 통해 추가적으로 서버 측 유효성 검사를 수행하도록 선택할 수 있다.

템플릿이 의도한 대로 생성됐는지 확인해야 하지만, 개발 및 유지관리를 단순화하기 위해 모범 사례를 따르는 방식으로 템플릿이 생성됐는지 확인해야 한다. 헬름은 이와 같은 용도로 사용할 수 있는 helm lint라는 명령을 제공하며, 이에 대해서는 다음에 자세히 살펴볼 것이다.

헬름 차트 및 템플릿 정적 검사

차트에 대한 정적 검사linting를 수행하는 것은 차트의 포맷이나 차트의 정의 파일에서 발생할 수 있는 오류를 방지하고 헬름 차트로 작업할 때 모범 사례에 대한 지침을 제공하는 데 중요하다. helm lint 명령은 다음과 같은 구문을 따른다.

```
$ helm lint PATH [flags]
```

helm lint 명령은 차트가 유효하고 올바른 형식인지 확인하기 위해 차트 디렉토리에 대해 실행되도록 설계됐다.

 helm lint 명령은 렌더링된 API 스키마의 유효성을 검사하거나 YAML 스타일에 대해 정적 검사를 수행하지 않지만, 유효한 헬름 차트에 있어야 하는 적절한 파일 및 설정으로 구성되어 있는지 확인한다.

5장 '첫 번째 헬름 차트 빌드'에서 작성한 방명록 차트나 https://github.com/PacktPublishing/-Learn-Helm/tree/master/helm-charts/charts/guestbook에 위치하고 있는 팩트 깃허브 리포지토리의 helm-charts/charts/guestbook 폴더에 대해 helm lint 명령을 실행할 수 있다.

```
$ helm lint $GUESTBOOK_CHART_PATH
==> Linting guestbook/
[INFO] Chart.yaml: icon is recommended

1 chart(s) linted, 0 chart(s) failed
```

출력 결과는 차트의 유효성을 나타내며, 1 chart(s) linted, 0 chart(s) failed 메시지가 출력된다. [INFO] 메시지는 차트가 Chart.yaml 파일에 icon 필드를 포함하도록 권장하지만 필수사항은 아니다. 다른 유형의 메시지로는 차트가 차트 규칙을 위반함을 나타내는 [WARNING]과 차트가 설치 시 실패함을 나타내는 [ERROR]가 존재한다.

몇 가지 예제를 실행해보겠다. 다음과 같은 파일 구조의 차트를 고려해보자.

```
guestbook/
  templates/
  values.yaml
```

위 차트 구조에 문제가 있음을 인지해야 한다. 이 차트에는 차트의 메타데이터를 정의하는 Chart.yaml 파일이 존재하지 않는다. 위와 같은 구조의 차트에 대해 정적 검사를 실행하면 다음과 같은 오류가 발생한다.

```
==> Linting .
Error unable to check Chart.yaml file in chart: stat Chart.yaml:
no such file or directory

Error: 1 chart(s) linted, 1 chart(s) failed
```

이 오류는 헬름이 Chart.yaml 파일을 찾을 수 없음을 나타낸다. 비어 있는 Chart.yaml 파일이 차트에 추가되어 올바른 파일 구조를 제공하는 경우에도, Chart.yaml 파일에 잘못된 내용이 포함되어 있기 때문에 오류가 계속 발생한다.

```
guestbook/
  Chart.yaml  # 빈 파일
  templates/
  values.yaml
```

위 차트에 대해 정적 검사를 실행하면 다음과 같은 오류가 발생한다.

```
==> Linting .
[ERROR] Chart.yaml: name is required
[ERROR] Chart.yaml: apiVersion is required. The value must be either 'v1' or 'v2'
[ERROR] Chart.yaml: version is required
[INFO] Chart.yaml: icon is recommended
[ERROR] templates/: validation: chart.metadata.name is required

Error: 1 chart(s) linted, 1 chart(s) failed
```

출력 결과는 Chart.yaml 파일에서 누락된 필수 필드가 나열된다. 오류 메시지는 차트에 name, apiVersion, version 필드가 포함돼야 함을 나타내므로 이러한 필드를 Chart.yaml 파일에 추가해 유효한 헬름 차트를 생성해야 한다. 정적 검사는 apiVersion 및 버전 설정에 대한 추가적인 피드백을 제공해 apiVersion 값이 v1 또는 v2로 설정되어 있고 버전 설정이 적절한 SemVer 버전인지 확인한다.

정적 검사는 또한 values.yaml 파일 및 templates 디렉토리와 같은 필수 또는 권장 파일의 존재 유무를 확인한다. 또한 templates 디렉토리 아래의 파일이 .yaml, .yml, .tpl 또는 .txt 파일 확장자를 갖는지 확인한다. helm lint 명령은 차트에 적절한 내용이 포함되어 있는지 확인하는 데 유용하지만 차트의 YAML 스타일에 대한 광범위한 정적 검사를 수행하지는 않는다.

이러한 정적 검사를 수행하기 위해서는 https://github.com/adrienverge/yamllint를 통해 yamllint라는 도구를 사용할 수 있다. 이 도구는 pip 패키지 매니저를 사용해 다양한 운영체제에 설치할 수 있다. 설치 명령은 다음과 같다.

```
pip install yamllint --user
```

---

https://yamllint.readthedocs.io/en/stable/quickstart.html에 나와 있는 yamllint 시작 지침에 설명된 바와 같이, 운영체제의 패키지 관리자와 함께 설치할 수도 있다.

차트의 YAML 리소스에서 yamllint를 사용하려면, helm template 명령과 함께 사용하여 Go 템플릿을 제거하고 YAML 리소스를 생성해야 한다.

다음은 팩트 깃허브 리포지토리의 방명록 차트에 대해 이 명령을 실행하는 예제다.

```
$ helm template my-guestbook Learn-Helm/helm-charts/charts/guestbook | yamllint -
```

위 명령은 templates/ 폴더 아래에 리소스를 생성하고 출력 결과를 yamllint로 파이프^{pipe}한다.

출력 결과는 다음과 같다.

```
stdin
  59:81       error    line too long (109 > 80 characters)  (line-length)
  85:81       error    line too long (109 > 80 characters)  (line-length)
  129:3       error    wrong indentation: expected 4 but found 2  (indentation)
  149:3       error    wrong indentation: expected 4 but found 2  (indentation)
  178:3       error    wrong indentation: expected 4 but found 2  (indentation)
  272:81      error    line too long (89 > 80 characters)  (line-length)
  273:81      error    line too long (92 > 80 characters)  (line-length)
  274:81      error    line too long (89 > 80 characters)  (line-length)
  275:10      error    trailing spaces  (trailing-spaces)
```

▲ **그림 6.2** yamllint 출력 결과 예제

제공된 행 번호는 `helm template` 출력 결과 전체를 반영하기 때문에 `yamllint` 출력 결과의 어떤 행이 YAML 리소스의 행과 일치하는지 확인하기 어려울 수 있다.

방명록 차트에 대해 다음 명령을 사용해 행 번호를 결정하도록 `helm template`의 출력 결과를 리다이렉션하여 이를 단순화할 수 있다.

```
$ cat -n <(helm template my-guestbook Learn-Helm/helm-charts/charts/guestbook)
```

`yamllint`는 다음을 포함하는 다양한 규칙에 대해 정적 검사를 수행한다.

- 들여쓰기(indentation)
- 줄 길이(line length)
- 훈련 공간(training spaces)
- 빈 줄(empty lines)
- 주석 형식(comment format)

다음 파일 중 하나를 생성하고 고유한 규칙을 지정해 기본 규칙을 재정의할 수 있다.

- 현재 작업 중인 디렉토리에서 .yamllint, .yamllint.yaml, .yamllint.yml
- $XDB_CONFIG_HOME/yamllint/config
- ~/.config/yamllint/config

방명록 차트에 대해 보고된 들여쓰기 규칙을 재정의하려면 현재 작업 중인 디렉토리에서 다음과 같은 내용으로 .yamllint.yaml 파일을 생성할 수 있다.

```
rules:
  indentation:
    # Allow          myList
    #                  - item1
    #                  - item2
    # Or
    #                myList
    #                  - item1
    #                  - item2
    indent-sequences: whatever
```

이 설정은 리스트에 대한 항목을 추가할 때 하나의 특정 들여쓰기 방법을 적용하지 않도록 yamllint를 재정의한다. indent-sequences: whatever 행에 의해 설정된다. 이 파일을 생성하고 방명록 차트에 대해 정적 검사를 실행해보면, 이전에 나타났던 들여쓰기 오류가 제거된다.

```
$ helm template my-guestbook guestbook | yamllint -
```

이번 절에서는 helm template 및 helm lint 명령을 사용해 헬름 차트의 로컬 렌더링을 검증하는 방법을 설명했다. 그러나 이것은 실제 차트의 기능이나 차트가 생성한 리소스로 동작하는 애플리케이션의 기능을 테스트하지는 않는다.

다음 절에서는 헬름 차트를 테스트하기 위해 라이브 쿠버네티스 환경에서 테스트하는 방법을 살펴볼 것이다.

▌ 라이브 클러스터 환경에서 테스트

차트 테스트^{chart test}를 생성하는 것은 헬름 차트를 개발하고 유지관리하는 데 중요한 부분이다. 차트 테스트는 차트가 의도한 대로 동작하는지 확인하고 차트에 함수가 추가되고 수정사항이 발생할 때 회귀를 방지하는 데 도움이 된다.

테스트는 두 단계로 구성된다. 먼저 helm.sh/hook: test 애노테이션이 포함된 pod 템플릿을 templates/ 디렉토리 하위에 생성해야 한다. 이러한 파드는 차트 및 애플리케이션의 기능을 테스트하는 명령을 실행한다. 다음으로 테스트 훅을 시작하고 앞서 언급한 애노테이션을 사용해 리소스를 생성하는 helm test 명령을 실행해야 한다.

이번 절에서는 방명록 차트에 테스트를 추가하고, 이전 장에서 생성한 차트 개발을 계속 진행해 클러스터에서 테스트하는 방법을 학습할 것이다. 참고로 https://github.com/PacktPublishing/-Learn-Helm/tree/master/helm-charts/charts/guestbook에 위치한 방명록 차트에서 앞으로 생성하게 될 테스트를 확인할 수 있다.

방명록 차트의 templates/ 디렉토리 아래에 test/fronted-connection.yaml 및 test/redis-connection.yaml 파일을 추가해 시작한다. 차트 테스트는 test 하위 디렉토리에 위치할 필요는 없지만, 테스트를 구성하고 기본 차트 템플릿과 분리할 수 있는 좋은 방법이 될 수 있다.

```
$ mkdir $GUESTBOOK_CHART_DIR/templates/test
$ touch $GUESTBOOK_CHART_DIR/templates/test/frontend-connection.yaml
$ touch $GUESTBOOK_CHART_DIR/templates/test/backend-connection.yaml
```

이번 절에서는 애플리케이션과 연관된 컴포넌트의 유효성 검사 로직을 수행할 수 있는 파일을 작성한다.

플레이스홀더가 추가됐으므로 이제 테스트 작성을 시작해보겠다.

차트 테스트 생성

기억하겠지만, 방명록 차트는 레디스 백엔드와 PHP 프론트엔드로 구성되어 있다. 사용자는 프론트엔드의 대화상자에 메시지를 입력하고, 이 메시지는 백엔드에 유지된다. 설치 후 프론트엔드 및 백엔드 리소스를 모두 사용할 수 있는지 확인하는 몇 가지 테스트를 작성해본다. 레디스 백엔드의 가용성을 확인하는 테스트로 시작을 한다. 차트의 templates/

test/backend-connection.yaml 파일(이 파일은 https://github.com/PacktPublishing/
-Learn-Helm/blob/master/helm-charts/charts/guestbook/templates/test/backend-
connection.yaml에 위치한 팩트 리포지토리에서도 확인할 수 있다.)에 다음의 내용을 추가한다.

```
1  apiVersion: v1
2  kind: Pod
3  metadata:
4    name: {{ include "guestbook.fullname" . }}-test-backend-connection
5    labels:
6      {{- include "guestbook.labels" . | nindent 4 }}
7    annotations:
8      "helm.sh/hook": test
9      "helm.sh/hook-delete-policy": before-hook-creation
10 spec:
11   containers:
12   - name: test-backend-connection
13     image: redis:alpine3.11
14     command: ["/bin/sh", "-c"]
15     args: ["redis-cli -h {{ .Values.redis.fullnameOverride }}-master MGET messages"]
16   restartPolicy: Never
```

▲ **그림 6.3** 방명록 헬름 차트의 백엔드 연결 테스트

이 템플릿은 테스트 수명주기 훅 중에 생성될 파드를 정의한다. 또한 이 템플릿에는 이전
테스트 파드를 제거해야 하는 시기를 나타내는 훅 삭제 정책이 정의되어 있다. 생성해야
할 테스트가 임의의 순서로 실행돼야 하는 경우 훅에 대한 가중치를 추가할 수도 있다.

containers 객체 하위의 args 필드에는 테스트의 기반이 되는 명령command이 표시된다.
redis-cli 도구를 사용해 레디스 마스터에 연결하고 MGET 메시지 명령을 실행한다. 방
명록 프론트엔드는 메시지message라고 불리는 데이터베이스 키에 사용자가 입력한 메시
지를 추가하도록 설계됐다. 이 간단한 테스트는 레디스 데이터베이스에 연결할 수 있는
지 확인하도록 설계됐으며, 메시지 키를 쿼리하여 사용자가 입력한 메시지를 반환한다.

PHP 프론트엔드 또한 사용자와 인접해 있는 애플리케이션 컴포넌트이기 때문에 가용성
에 대한 테스트를 수행해야 한다. 다음의 내용을 templates/test/frontend-connection.
yaml 파일(이러한 내용은 https://github.com/PacktPublishing/-Learn-Helm/blob/master/

helm−charts/charts/guestbook/templates/test/frontend−connection.yaml에 위치한 팩트 리포지토리에서도 확인할 수 있다.)에 추가한다.

```
 1  apiVersion: v1
 2  kind: Pod
 3  metadata:
 4    name: {{ include "guestbook.fullname" . }}-test-frontend-connection
 5    labels:
 6      {{- include "guestbook.labels" . | nindent 4 }}
 7    annotations:
 8      "helm.sh/hook": test
 9      "helm.sh/hook-delete-policy": before-hook-creation
10  spec:
11    containers:
12      - name: test-frontend-connection
13        image: curlimages/curl:7.68.0
14        command: ["/bin/sh", "-c"]
15        args: ["curl {{ include "guestbook.fullname" . }}"]
16    restartPolicy: Never
```

▲ **그림 6.4** 방명록 헬름 차트의 프론트엔드 연결 테스트

위 예제는 방명록 서비스에 대해 HTTP 요청을 실행하는 매우 간단한 테스트다. 서비스로 전송된 트래픽은 방명록 프론트엔드 인스턴스 간에 부하 분산된다. 이 테스트는 부하 분산이 성공적으로 수행되며 프론트엔드를 사용할 수 있는지 확인한다.

이제, 차트 테스트에 필요한 템플릿을 완성했다. 이러한 템플릿은 helm template 명령을 통해 로컬로 렌더링할 수 있으며 6장의 이전 절에서 설명했던 바와 같이 helm lint 및 yamllint를 사용해 정적 검사를 수행할 수 있다. 이는 헬름 차트를 개발할 때 고급 테스트 케이스에 유용할 수 있다. 테스트가 작성됐으므로, 미니쿠베 환경에서 테스트를 계속 실행해보자.

차트 테스트 실행

차트의 테스트를 실행하려면, 먼저 helm install 명령을 사용해 해당 차트를 쿠버네티스 환경에 설치해야 한다. 작성된 테스트는 설치가 완료된 후 실행되도록 설계됐기 때문에,

차트를 설치할 때 --wait 플래그를 사용하면 파드가 준비^{ready} 상태가 된 시점을 좀 더 쉽게 확인할 수 있다. 다음과 같은 명령을 실행해 방명록 차트를 설치한다.

```
$ helm install my-guestbook $GUESTBOOK_CHART_DIR -n chapter6 --wait
```

차트가 설치되면 helm test 명령을 사용해 테스트 수명주기 훅을 실행하고 테스트 리소스를 생성할 수 있다. helm test 명령의 구문은 다음과 같다.

```
helm test [RELEASE] [flags]
```

my-guestbook 릴리스에 대해 helm test 명령을 실행한다.

```
$ helm test my-guestbook -n chapter6
```

테스트가 성공할 경우 출력되는 결과는 다음과 같다.

```
TEST SUITE:     my-guestbook-test-frontend-connection
Last Started:   Tue Jan 28 18:50:23 2020
Last Completed: Tue Jan 28 18:50:25 2020
Phase:          Succeeded
TEST SUITE:     my-guestbook-test-backend-connection
Last Started:   Tue Jan 28 18:50:25 2020
Last Completed: Tue Jan 28 18:50:26 2020
Phase:          Succeeded
```

테스트를 실행할 때 --logs 플래그를 사용해 테스트 실행 중에 명령행에 로그를 인쇄할 수도 있다.

이 플래그를 사용해 테스트를 재실행한다.

```
$ helm test my-guestbook -n chapter6 --logs
```

각 테스트와 관련된 컨테이너 로그 외에도 이전과 동일한 테스트에 대한 요약이 표시된다. 다음은 프론트엔드 연결 테스트 실행 결과 출력되는 로그의 첫 번째 부분이다.

```
POD LOGS: my-guestbook-test-frontend-connection
  % Total    % Received % Xferd  Average Speed   Time    Time
Time  Current
                                 Dload  Upload   Total
Spent    Left  Speed
<html ng-app='redis'>
  <head>
    <title>Guestbook</title>
```

다음은 백엔드 연결 테스트 시 출력되는 로그다.

POD LOGS: my-guestbook-test-backend-connection

방명록 프론트엔드에 아직 메시지를 입력하지 않았기 때문에 이 테스트에 대한 로그는 비어 있다. 프론트엔드에서 메시지를 추가한 후 테스트를 재실행해 메시지가 보관되어 있는지 확인할 수 있다. 방명록 프론트엔드의 URL을 확인하기 위한 지침은 설치 및 테스트를 실행할 때 모두 인쇄된다.

이 지침은 여기에 출력된다.

```
export IP=$(kubectl get nodes -o jsonpath='{.items[0].status.addresses[0].address}')
export PORT=$(kubectl get svc my-guestbook -n chapter6 -o
jsonpath='{.spec.ports[0].nodePort}')
echo http://$IP:$PORT
```

브라우저를 통해 프론트엔드에 액세스한 후 방명록 애플리케이션에서 메시지를 추가한다.

다음 스크린샷에 예제가 나와 있다.

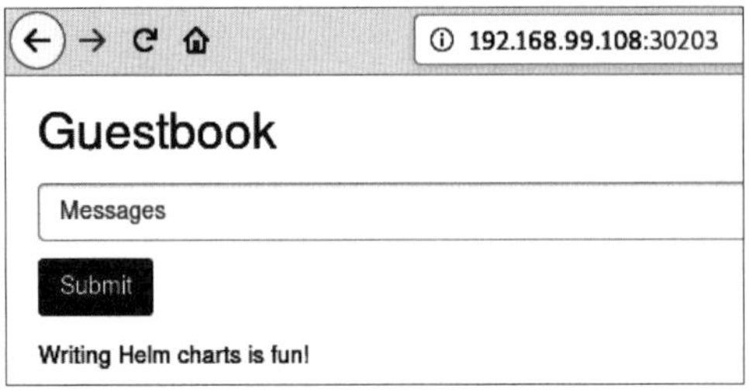

▲ **그림 6.4-1** 방명록 애플리케이션의 프론트엔드

메시지가 추가되면 테스트를 재실행하고, 이때 `--logs` 플래그를 제공해 테스트의 로그를 출력한다. 백엔드 연결 테스트의 로그 출력을 살펴보고 이 메시지가 제대로 추가됐는지 확인할 수 있어야 한다.

```
$ helm test my-guestbook -n chapter6 --logs
```

다음은 백엔드 연결 테스트의 로그 출력을 표시하는 예제다. 메시지가 레디스 데이터베이스에 보관되어 있는지 확인할 수 있다.

```
POD LOGS: my-guestbook-test-backend-connection
,Writing Helm charts is fun!
```

이번 절에서는 차트의 설치 과정에서 스모크 테스트^{smoke test}[1]를 수행하기 위한 간단한 테스트를 작성했다. 이러한 테스트를 통해 차트 변경에 대한 검증을 수행할 수 있기 때문에 차트에 기능을 추가하는 등 변경사항에 대한 자신감을 가질 수 있다.

다음 절에서는 ct라는 도구를 활용해 테스트 프로세스를 개선할 수 있는 방법을 설명할 것이다.

---

[1]   예비 테스트를 의미함 – 옮긴이

▍차트 테스팅 프로젝트를 통한 차트 테스트 개선

이전 절에서 작성한 테스트는 방명록 애플리케이션이 성공적으로 설치됐는지 테스트하기에 충분하다. 그러나 호출해야 하는 표준 헬름 테스트 프로세스에 내재된 주요 제한사항이 존재한다.

고려해야 할 첫 번째 제한사항은 차트값 내에서 발생할 수 있는 다양한 순열^{permutation}을 테스트하기가 어렵다는 것이다. `helm test` 명령은 설치 또는 업그레이드 시 설정된 값 이상으로 릴리스값을 수정할 수 있는 기능을 제공하지 않기 때문에, 다른 값 설정을 통해 `helm test`를 실행할 때 다음과 같은 워크플로우를 따라야 한다.

1. 초기의 값 집합으로 차트를 설치한다.
2. 릴리스에 대해 `helm test`를 실행한다.
3. 릴리스를 삭제한다.
4. 다른 값 집합으로 차트를 설치한다.
5. 다양한 값으로 테스트될 때까지 2~4단계를 반복한다.

다양한 값에 대한 순열을 테스트하는 것 외에도 차트를 수정할 때 회귀가 발생하지 않는지 확인해야 한다. 최신 버전의 차트를 테스트함과 동시에 회귀를 방지하는 가장 좋은 방법은 다음과 같은 워크플로우를 사용하는 것이다.

1. 이전 차트 버전을 설치한다.
2. 릴리스를 최신 차트 버전으로 업그레이드한다.
3. 릴리스를 삭제한다.
4. 최신 차트 버전을 설치한다.

회귀나 의도된 변경사항이 없도록 각 순열 집합에 대해 이와 같은 워크플로우를 반복한다. 이러한 프로세스는 지루하게 들릴 수도 있지만, 다양한 헬름 차트를 유지관리하는 개발자에게 있어서 주의 깊은 테스트는 반드시 필요하다. 다양한 헬름 차트를 유지할 때 개발자는 git 모노리포^{monorepo} 디자인을 선호하는 경향이 있다. 모노리포란 여러 가지 종류의 아티팩트 또는 모듈이 동일한 저장소에 포함된 경우 저장소는 단일 저장소로 간주되는 것을 말한다.

헬름 차트에서 모노리포는 다음과 같은 파일 구조를 가질 수 있다.

```
helm-charts/
  guestbook/
    Chart.yaml
    templates/
    README.md
    values.yaml
  redis/      # '방명록'과 동일한 파일 구조를 포함한다.
  wordpress/ # '방명록'과 동일한 파일 구조를 포함한다.
  README.md
```

잘 관리되는 모노리포의 헬름 차트는 의도한 주요 변경사항이 발생하지 않았는지 확인하기 위해 수정이 될 때마다 테스트해야 한다. 차트가 수정되는 경우 Chart.yaml 파일의 version 필드 또한 올바른 SemVer 버전 관리 체계에 따라 증가하여 변경된 유형을 표시해야 한다. SemVer 버전 관리 체계는 다음과 같다. '메이저^{MAJOR}.마이너^{MINOR}.패치^{PATCH}' 버전 번호 지정 형식

SemVer 버전 관리 체계에서 버전을 증가시키는 방법은 다음과 같은 가이드를 따른다.

- 차트에 주요 변경사항이 있는 경우 메이저 버전을 증가시킨다. 주요 변경사항이란 이전 차트 버전과 역호환되지 않는 변경사항이다.
- 기능^{feature}을 추가하지만 주요 변경사항을 적용하지 않는 경우 마이너 버전을 증가시킨다. 변경한 내용이 이전 차트 버전과 역호환되는 경우 버전을 늘린다.
- 주요 변경사항으로 이어지지 않는 버그나 보안 취약점에 대한 패치를 만드는 경우 패치 버전을 증가시킨다. 변경사항이 이전 차트 버전과 역호환되는 경우 이 버전을 늘린다.

잘 작성된 자동화가 없을 경우, 차트가 수정될 때마다 테스트되고 버전이 증가하는지 확인하기가 점점 더 어려워질 수 있다. 특히 여러 헬름 차트가 모노리포 형태를 유지하는 경우 더욱 그러하다. 이러한 문제로 인해 헬름 커뮤니티는 차트 테스트 및 유지관리에 대한 구조와 자동화를 제공하는 ct라는 도구를 개발했다. 다음으로 이 도구에 대해 설명하겠다.

차트 테스팅 프로젝트 소개

차트 테스팅 프로젝트는 https://github.com/helm/chart-testing에서 확인할 수 있으며, git 모노리포의 차트에 대해 자동화된 정적 검사, 유효성 검사 및 테스트를 수행할 수 있도록 설계됐다. 자동화된 테스트는 git을 사용해 대상 브랜치에 대해 변경된 차트를 감지함으로써 수행된다. 변경된 차트는 테스트 프로세스를 거쳐야 하며, 변경되지 않은 차트는 테스트를 수행할 필요가 없다.

ct는 다음과 같은 네 가지 기본 명령을 제공한다.

- lint: 수정된 차트에 대한 정적 검사 및 유효성 검사를 수행한다.
- install: 수정된 차트를 설치하고 테스트를 수행한다.
- lint-and-install: 수정된 차트에 대해 정적 검사, 설치 테스트를 수행한다.
- list-changed: 수정된 차트를 나열한다.

list-changed 명령은 유효성 검사나 테스트를 수행하지 않는 반면, list-and-install 명령은 lint 및 install 명령을 결합해 수정된 차트에 대한 정적 검사, 설치 및 테스트를 수행한다. 또한 각 차트의 Chart.yaml 파일에서 수정된 차트의 version 필드가 증가됐는지 확인하고 버전이 증가되지 않았지만 내용이 수정된 차트에 대해서는 테스트 실패를 발생시킨다. 이러한 유효성 검사는 유지관리자가 변경 유형에 따라 차트의 버전을 엄격하게 늘리는 데 도움이 된다.

차트의 버전을 확인하는 것 외에도, 차트 테스팅은 테스트를 목적으로 차트당 여러 값 파일을 지정하는 기능을 제공한다. `lint`, `install`, `lint-and-install` 명령을 호출하는 동안 차트 테스팅은 각 테스트 값 파일을 반복해 차트의 기본값을 재정의하고 제공된 다양한 값의 순열을 기반으로 유효성 검사 및 테스트를 수행한다. 테스트 값 파일은 테스트를 수행하기 위한 값을 유지하기 위해 다음 예제 파일 구조에서와 같이 차트의 기본 values.yaml 파일과 별도로 ci/라는 폴더 아래에 작성된다.

```
guestbook/
  Chart.yaml
  ci/
    nodeport-service-values.yaml
    ingress-values.yaml
  templates/
  values.yaml
```

차트 테스팅은 파일에 사용된 이름에 관계없이 ci/ 폴더 아래에 각 값을 적용한다. 유지 관리자와 컨트리뷰터^{contributor}가 파일 내용을 이해할 수 있도록 재정의된 값을 기반으로 각 values 파일의 이름을 지정하는 것이 도움이 될 수 있다.

가장 일반적인 ct 명령은 `lint-and-install` 명령이다. 다음은 이 명령이 git 모노리포에서 수정된 차트에 대해 정적 검사, 설치 및 테스트를 하는 데 사용하는 단계를 나열한 것이다.

1. 수정된 차트를 감지한다.
2. `helm repo update` 명령을 사용해 로컬 헬름 캐시를 업데이트한다.
3. `helm dependency build` 명령을 사용해 수정된 각 차트의 종속성을 다운로드한다.
4. 수정된 각 차트의 버전이 증가됐는지 확인한다.
5. 4단계에서 true로 평가되는 각 차트에 대해 ci/ 폴더 아래의 차트와 각 values 파일에 대한 정적 검사를 수행한다.

6. 4단계에서 true로 평가되는 각 차트에 대해 다음과 같은 추가적인 단계를 수행한다.

   ○ 자동으로 생성된 네임스페이스에 차트를 설치한다.

   ○ helm test를 실행해 테스트를 수행한다.

   ○ 네임스페이스를 삭제한다.

   ○ ci/ 폴더 아래의 각 파일에 대해 반복한다.

보는 바와 같이, 이 명령은 수정된 각 차트를 별도의 네임스페이스에 설치 및 테스트하고 ci/ 폴더에 정의된 각 값 파일에 대해 프로세스를 반복하여 차트가 적절한 정적 검사 및 테스트가 수행되도록 다양한 단계를 수행한다. 그러나 기본적으로 lint-and-install 명령은 이전 버전의 차트에서 업그레이드를 수행해 이전 버전과의 호환성을 확인하지는 않는다. 이 기능은 --upgrade 플래그를 추가해 활성화할 수 있다. 주요 변경사항이 표시되지 않은 경우 --upgrade 플래그는 다음 단계를 실행해 앞서 설명한 6단계를 수정한다.

1. 자동으로 생성된 네임스페이스에 이전 버전의 차트를 설치한다.

2. helm test를 실행해 테스트를 수행한다.

3. 릴리스를 수정된 버전의 차트로 업그레이드하고 테스트를 다시 수행한다.

4. 네임스페이스를 삭제한다.

5. 자동으로 생성된 새로운 네임스페이스에 수정된 버전의 차트를 설치한다.

6. helm test를 실행해 테스트를 수행한다.

7. 동일한 차트 버전을 사용해 릴리스를 다시 업그레이드하고 테스트를 다시 실행한다.

8. 네임스페이스를 삭제한다.

9. ci/ 폴더 아래의 각 values 파일에 대해 위 과정을 반복한다.

헬름 업그레이드에 대한 추가적인 테스트를 수행하고 가능한 회귀를 방지하려면 --upgrade 플래그를 추가하는 것을 추천한다.

헬름 차트의 메이저 버전을 증가시킨 경우에 --upgrade 플래그는 적용되지 않는다. 이는 중요 변경사항을 적용했으며 현재 버전에서 업그레이드가 성공하지 못했음을 의미한다.

나중에 이 프로세스가 동작하는 것을 볼 수 있도록 차트 테스팅 CLI 및 해당 디펜던시를 로컬에 설치해보자.

차트 테스팅 도구 설치

차트 테스팅 CLI를 사용하려면, 로컬 컴퓨터에 다음과 같은 도구가 설치되어 있어야 한다.

- helm
- git(2.17.0 버전 또는 그 이후 버전)
- yamllint

- yamale
- kubectl

차트 테스팅은 테스팅 프로세스에서 이러한 각각의 도구를 사용한다. helm 및 kubectl은 2장 '쿠버네티스 및 헬름 환경 준비'에서 설치됐으며, git은 5장 '첫 번째 헬름 차트 빌드'에서 설치됐으며 yamlint는 6장의 시작 부분에서 설치했다. 지금까지 이 책을 따라 했다면 현재 시점에서 설치해야 하는 유일한 필수 도구는 차트 테스팅에서 Chart.yaml 스키마 파일에 대해 Chart.yaml 파일을 검증하는 데 사용하는 도구인 yamale이다.

yamale은 pip 패키지 매니저를 통해 설치할 수 있으며, 설치 방법은 다음과 같다.

```
$ pip install yamale --user
```

또한 https://github.com/23andMe/Yamale/archive/master.zip에서 아카이브를 다운로드하여 Yamale을 수동으로 설치할 수도 있다. 다운로드가 완료되면 아카이브의 압축을 풀고 설정 스크립트를 실행한다.

```
$ python setup.py install
```

다운로드한 아카이브를 사용해 도구를 설치하는 경우 관리자와 같은 권한으로 setup.py 스크립트를 실행하거나 맥OS 및 리눅스에서 루트로 실행해야 할 수 있다. 필요한 도구를 설치했으면 깃허브의 릴리스 페이지 https://github.com/helm/chart-testing/releases에서 차트 테스팅 도구를 다운로드해야 한다. 각 릴리스에는 아카이브 목록을 포함하고 있는 Assets 섹션이 존재한다.

로컬 머신의 플랫폼 유형에 해당하는 아카이브 목록을 다운로드한다. 버전 v3.0.0-beta.1이 이 책에 사용된 버전이다.

▲ **그림 6.5** 깃허브에 있는 차트 테스팅 릴리스 페이지

깃허브 릴리스 페이지에서 적절한 파일을 다운로드한 후 차트 테스팅 릴리스 파일에 대한 압축을 해제한다. 압축을 해제하는 경우 다음과 같은 내용이 표시된다.

```
LICENSE
README.md
etc/chart_schema.yaml
etc/lintconf.yaml
ct
```

LICENSE 및 README.md 파일은 필요하지 않기 때문에 제거할 수 있다.

etc/chart_schema.yaml 및 etc/lintconf.yaml 파일은 로컬 머신의 $HOME/.ct/ 또는 /etc/ct/ 위치로 이동시켜야 한다. ct 파일은 시스템의 PATH 변수로 관리되는 위치로 이동시켜야 한다.

```
$ mkdir $HOME/.ct
$ mv $HOME/Downloads/etc/* $HOME/.ct/
$ mv $HOME/Downloads/ct /usr/local/bin/
```

이제 필요한 도구가 모두 설치됐다. 이번 예제에서는 팩트 리포지토리를 로컬로 변경하고 차트 테스팅을 사용해 수정된 차트에 대한 정적 검사를 수행하고 설치한다.

아직 리포지토리를 로컬 시스템에 복제하지 않은 경우 지금 바로 복제하자.

```
$ git clone https://github.com/PacktPublishing/-Learn-Helm Learn-Helm
```

복제된 경우 리포지토리에 다음과 같은 내용이 포함된 ct.yaml이라는 파일이 최상위 경로에 위치함을 알 수 있다.

```
chart-dirs:
  - helm-charts/charts
chart-repos:
  - bitnami=https://charts.bitnami.com
```

이 파일의 chart-dirs 필드는 ct.yaml 파일의 상대 경로인 helm-charts/charts 디렉토

리가 차트의 모노리포의 루트임을 ct에 표시한다. chart-repos 필드는 디펜던시를 다운로드할 수 있는지 확인하기 위해 차트 테스팅이 helm repo add 명령을 실행을 통해 제공해야 하는 리포시토리 목록을 제공한다.

이 파일에 추가할 수 있는 다양한 종류의 설정이 있으며, 지금은 설명하지 않겠지만 https://github.com/helm/chart-testing에 위치한 차트 테스팅 문서에서 확인할 수 있다. 각 ct 명령 실행 시 ct.yaml 파일을 참조한다.

이제 도구가 설치됐고 팩트 리포지토리가 복제됐으므로 lint-and-install 명령을 실행해 ct 도구를 테스트해보자.

차트 테스팅 lint-and-install 명령 실행

lint-and-install 명령은 Learn-Helm/helm-charts/charts 하위에 포함되어 있는 3개의 헬름 차트에 사용한다.

- guestbook^{방명록}: 이전 장에서 작성한 방명록 차트다.
- nginx^{엔진엑스}: 데모를 목적으로 포함된 추가 헬름 차트다. 이 차트는 helm create 명령을 실행해 생성되며, 엔진엑스 리버스 프록시를 배포하는 데 사용된다.

테스트를 실행하려면, 먼저 Learn-Helm 리포지토리의 최상위 수준으로 이동한다.

```
$ cd $LEARN_HELM_LOCATION
$ ls
ct.yaml  guestbook-operator  helm-charts
jenkins  LICENSE nginx-cd  README.md
```

ct.yaml 파일은 chart-dirs 필드를 통해 차트의 모노리포 위치를 표시하기 때문에, 최상위 수준에서 ct lint-and-install 명령을 간단히 실행할 수 있다.

```
$ ct lint-and-install
```

위 명령을 실행하면 출력 결과의 끝부분에 다음과 같은 메시지가 표시된다.

All charts linted and installed successfully
No chart changes detected.

▲ **그림 6.6** 차트가 수정되지 않은 경우 차트 테스팅 lint-and-install 명령 실행 결과

이 리포지토리의 차트가 수정되지 않았기 때문에, ct는 차트에서 어떠한 작업도 수행하지 않는다. lint-and-install 프로세스가 발생되는지 확인하려면 이 차트 중 하나 이상을 수정해야 한다. 수정사항은 마스터 이외의 브랜치에서 이뤄져야 하기 때문에, 다음과 같은 명령을 실행해 chart-testing-example이라는 새로운 브랜치를 생성해야 한다.

```
$ git checkout -b chart-testing-example
```

수정사항은 크거나 작을 수 있다. 이번 예제에서는 단순히 각 차트의 Chart.yaml 파일을 수정한다. Learn-Helm/helm-charts/charts/guestbook/Chart.yaml 파일의 description 필드를 다음과 같이 수정한다.

```
description: Used to deploy the Guestbook application
```

이전에는 이 값이 A Helm chart for Kubernetes쿠버네티스용 헬름 차트였다. Learn-Helm/helm-charts/charts/nginx/Chart.yaml 파일의 description 필드를 다음과 같이 수정한다.

```
description: Deploys an NGINX instance to Kubernetes
```

이전에는 이 값이 A Helm chart for Kubernetes였다. git status 명령을 실행해 두 차트가 마지막으로 커밋된 시점으로부터 수정된 사항이 있는지 확인한다.

▲ **그림 6.7** 두 차트가 수정된 이후 git status 명령 출력 결과

guestbook과 nginx 두 차트 모두에서 변경사항을 확인할 수 있다. 위 차트를 수정한 후 lint-and-install 명령을 다시 실행해본다.

```
$ ct lint-and-install
```

이번에는 ct가 다음 출력 결과에서와 같이 모노리포의 두 차트에서 변경사항 발생 여부를 확인한다.

▲ **그림 6.8** guestbook 및 nginx 차트가 수정됐음을 나타내는 메시지

그러나 차트 버전이 수정되지 않았기 때문에 이 프로세스는 나중에 실패하게 된다.

▲ **그림 6.9** 차트에 변경사항이 없을 경우 출력 결과

guestbook 및 nginx 차트의 버전을 증가시킬 경우 이 문제를 해결할 수 있다. 이때 변경사항은 새로운 기능을 도입하지 않았기 때문에 패치 버전을 증가시킬 것이다. 각각의 Chart.yaml 파일에서 2개의 차트 버전을 1.0.1로 수정한다.

```
version: 1.1.0
```

`git diff` 명령을 실행해 각 차트에 변경사항이 적용되어 있는지 확인한다. 출력 결과에 각 버전에 대한 수정사항이 표시되는 경우, 계속해서 `lint-and-install` 명령을 실행한다.

```
$ ct lint-and-install
```

차트의 버전이 증가했기 때문에, 이제 `lint-and-install` 명령 실행 결과 전체 차트 테스팅 워크플로우를 따를 것이다. 수정된 각 차트가 자동으로 생성된 네임스페이스에 배포되고 정적 검사가 실행되는 것을 볼 수 있을 것이다. 배포된 애플리케이션의 파드가 준비 상태가 되면, ct는 helm.sh/hook: test 애노테이션이 있는 리소스에 표시된 대로 각 차트의 테스트 케이스를 자동으로 실행한다. 차트 테스팅은 각 테스트 파드의 로그뿐만 아니라 네임스페이스 이벤트도 출력할 것이다.

`lint-and-install` 출력 결과에서 nginx 차트는 두 번 배포되고 guestbook 차트는 한 번만 배포되고 테스트됐음을 확인할 수 있다. 이는 nginx 차트의 Learn-Helm/helm-charts/charts/nginx/ci/ 위치에 2개의 다른 값 파일이 포함된 ci/ 폴더가 존재하기 때문이다. ci/ 폴더의 values 파일은 차트 테스팅에 의해 반복되며, 값 파일의 수만큼 차트를 설치해 각 값의 조합이 성공적으로 설치되게 한다. 반면에 guestbook 차트에는 ci/ 폴더가 포함되어 있지 않기 때문에 이 차트는 한 번만 설치된다.

이것은 다음 행에 보이는 `lint-and-install` 실행 결과에서 확인할 수 있다.

```
Linting chart with values file 'nginx/ci/clusterip-values.yaml'...
Linting chart with values file 'nginx/ci/nodeport-values.yaml'...
Installing chart with values file 'nginx/ci/clusterip-values.yaml'...
Installing chart with values file 'nginx/ci/nodeport-values.yaml'...
```

이 명령은 두 차트의 기능을 테스트하는 데 유용했지만, 최신 버전으로의 업그레이드가 성공할지 여부는 확인하지 않는다.

이렇게 하려면, `lint-and-install` 명령 실행 시 --upgrade 플래그를 사용해야 한다. 이번에는 --upgrade 플래그를 사용해 이 명령을 실행해본다.

```
$ ct lint-and-install --upgrade
```

이번에는 ci/ 폴더 아래의 각 values 파일에 대해 전체적인 업그레이드가 발생한다. 이는 다음과 같은 출력 결과에서 확인할 수 있다.

```
Testing upgrades of chart 'guestbook => (version: '1.0.1',
path: 'guestbook')' relative to previous revision 'guestbook
=> (version: '1.0.0', path: 'ct_previous_revision216728160/
guestbook')'...
```

현재 실행하는 업그레이드는 버전 간의 주요 버전이 동일한 경우에만 테스트된다. --upgrade 플래그를 사용했지만, 메이저 버전을 변경한 경우 다음과 같은 유사한 메시지가 출력된다.

```
Skipping upgrade test of 'guestbook => (version: '2.0.0', path:
'helm-charts/charts/guestbook')' because: 1 error occurred:
  * 2.0.0 does not have same major version as 1.0.0
```

지금까지 차트 테스팅을 통해 헬름 차트에서 강력한 테스트를 수행하는 방법을 알아봤으므로, 미니쿠베 환경을 정리하며 결론을 내리겠다.

▍ 정리

6장에서 설명한 예제를 마치고 나면, 미니쿠베 클러스터에서 chapter6 네임스페이스를 제거한다.

```
$ kubectl delete ns chapter6
```

마지막으로, minikube stop 명령을 실행해 미니쿠베 클러스트를 종료한다.

▍ 요약

6장에서는 헬름 차트를 테스트하기 위해 적용할 수 있는 다양한 방법을 학습했다. 차트를 테스트하는 가장 기본적인 방법은 로컬 차트 디렉토리에 대해 helm template 명령을 실행해 해당 리소스가 제대로 생성됐는지 확인하는 것이다. 또한 helm lint 명령을 사용해 차트가 올바른 형식을 따르고 있는지 확인할 수 있으며, yamllint 명령을 사용해 차트에 사용된 YAML 스타일에 대한 정적 검사를 수행할 수 있다.

로컬 템플릿 및 정적 검사 외에도 helm test 명령 및 ct 도구를 사용해 쿠버네티스 환경에서 라이브 테스트를 수행할 수도 있다. 차트 테스트를 수행하는 것 외에도, 차트 테스팅은 개발자가 모노리포에서 헬름 차트를 좀 더 쉽게 유지할 수 있도록 하는 기능도 제공한다.

7장에서는 헬름 차트를 빌드하고 테스트하는 차트 개발자의 관점과 헬름을 사용해 쿠버네티스에 애플리케이션을 배포하는 최종 사용자 관점에서 헬름에 대한 CI/CD^{Continuous Integration/Continuous Delivery} 및 깃옵스^{GitOps} 설정에 대해 학습할 것이다.

더 읽을거리

`helm template` 및 `helm lint` 명령에 대한 추가적인 정보는 다음을 참조한다.

- `helm template`: https://helm.sh/docs/helm/helm_template/
- `helm lint`: https://helm.sh/docs/helm/helm_lint/

헬름 문서의 다음 페이지에서는 차트 테스트 및 `helm test` 명령에 대해 설명한다.

- 차트 테스트: https://helm.sh/docs/topics/chart_tests/
- `helm test`: https://helm.sh/docs/helm/helm_test/

마지막으로, ct CLI에 대한 좀 더 자세한 내용은 차트 테스팅 깃허브 리포지토리(https://github.com/helm/chart-testing)를 참조한다.

평가 문제

1. `helm template` 명령의 목적은 무엇인가? `helm lint` 명령과는 어떻게 다른가?
2. 쿠버네티스에 차트 템플릿을 설치하기 전에, 차트 템플릿의 유효성을 검사하기 위해 무엇을 할 수 있는가?
3. YAML 리소스 스타일에 대한 정적 검사를 수행하기 위해 어떠한 도구를 활용할 수 있는가?
4. 차트 테스트는 어떻게 생성되는가? 차트 테스트는 어떻게 실행되는가?
5. ct 도구는 헬름의 내장 테스트 기능에 어떠한 추가적인 가치를 제공하는가?
6. ct 도구와 함께 사용할 때 ci/ 폴더의 용도는 무엇인가?
7. `--upgrade` 플래그는 `ct lint-and-install` 명령의 동작을 어떻게 변경하는가?

고급 배포 패턴

3부에서는 지금까지 설명한 기본 개념을 바탕으로 헬름을 통한 애플리케이션 관리와 관련된 고급 개념과 가능성에 대해 설명할 것이다.

3부의 구성은 다음과 같다.

- **7장** CI/CD 및 깃옵스를 사용한 헬름 프로세스 자동화
- **8장** 오퍼레이터 프레임워크와 함께 헬름 사용
- **9장** 헬름 보안 고려사항

07

CI/CD 및 깃옵스를 사용한 헬름 프로세스 자동화

이 책에서는 지금까지 두 가지 높은 수준의 프로세스에 대해 논의했다. 첫째, 헬름의 최종 사용자로서 패키지 매니저를 활용해 다양하고 복잡한 애플리케이션을 쿠버네티스에 배포하는 방법을 살펴봤다. 둘째, 차트 개발자로서 헬름 차트를 개발했으며 쿠버네티스의 복잡성을 헬름 차트에 캡슐화하고 필요한 기능이 최종 사용자에게 제대로 제공됐는지 테스트했다.

앞서 설명한 두 가지 프로세스 모두 다양한 헬름 CLI 명령을 호출한다. 이러한 헬름 CLI 명령은 각각의 작업을 효과적으로 수행하지만, 명령행에서 수동으로 호출해야 한다. 수동 호출은 여러 다른 차트나 애플리케이션을 관리할 때 문제가 될 수 있으며 좀 더 큰 규모의 엔터프라이즈 업무로의 확장을 어렵게 만들 수 있다. 따라서 헬름이 이미 제공하고 있는 것 외에 추가적으로 자동화를 제공할 수 있는 대체 옵션을 찾아봐야 한다. 7장에서는 깃 리포지토리의 내용에 대해 자동화된 워크플로우를 수행하기 위한 명령과 함께 헬름 CLI를 자동으로 호출할 수 있는 방법론인 **CI/CD**(지속적 통합Continuous Integration 및 지속적 배포Continuous Delivery) 및 깃옵스GitOps와 관련된 개념을 살펴볼 것이다. 이러한 워크플로우는 헬름을 사용해 애플리케이션을 자동으로 배포하고 차트를 개발하는 수명주기 동안 헬름 차트를 빌드, 테스트 및 패키징하는 데 사용할 수 있다.

7장에서 다루는 내용은 다음과 같다.

- CI/CD 및 깃옵스 이해
- 환경 설정
- 헬름 차트를 빌드하기 위한 CI 파이프라인 생성
- 헬름을 사용해 애플리케이션을 배포하기 위한 CD 파이프라인 생성
- 정리

▌ 기술 요구사항

7장에서는 로컬 머신에 다음과 같은 기술이 설치되어 있어야 한다.

- 미니쿠베
- 헬름
- kubectl
- 깃

이러한 도구 외에도, 깃허브(https://github.com/PacktPublishing/-Learn-Helm)에서 7장에서 사용된 예제와 관련된 리소스가 포함되어 있는 팩트 리포지토리를 찾아볼 수 있다.

CI/CD 및 깃옵스 이해

지금까지 헬름 개발 과정에 내재되어 있는 많은 핵심 개념(빌드, 테스트, 배포)을 다뤘다. 그러나 지금까지 살펴봤던 내용은 헬름 CLI의 수동 구성 및 호출로 제한됐다. 이는 헬름을 시작할 때는 괜찮지만, 차트를 운영 환경과 유사한 환경으로 옮기려고 하는 경우 다음과 같은 질문들을 던져봐야 한다.

- 차트 개발 및 배포를 위한 모범 사례가 적용됐는지 어떻게 확인할 수 있는가?
- 개발 및 배포 프로세스에 참여하는 콜라보레이터collaborator의 의미는 무엇인가?

이러한 포인트는 헬름 차트 개발뿐만 아니라 모든 소프트웨어 프로젝트에 적용된다. 지금까지 많은 모범 사례를 다뤘지만, 새로운 콜라보레이터를 맡을 때 이러한 주제나 중요한 단계를 수행하는 규율에 대한 이해도가 동일한 수준이 아닐 수 있다. 자동화 및 반복 가능한 프로세스의 사용을 통해, 이러한 문제 중 일부를 해결하기 위해 CI/CD와 같은 개념이 확립됐다.

CI/CD

소프트웨어에 대한 변경이 발생할 때마다 준수할 수 있는 자동화된 개발 프로세스의 필요성으로 인해 CI가 탄생하게 됐다. CI는 모범사례를 준수할 뿐만 아니라 "내 머신에서 동작합니다."라는 문구에서 보이는 바와 같이 다수의 개발자가 직면하고 있는 일반적인 문제를 제거하는 데 도움이 된다. 이전에 논의한 한 가지 요소는 소스 코드를 저장하기 위해 git과 같은 **버전 제어 시스템**version control system을 사용하는 것이다. 종종 각 사용자는 소스 코드에 대한 독립적인 사본을 갖게 되어 또 다른 컨트리뷰터contributor가 있을 경우 코드 베이스를 관리하는 데 어려움이 많았다.

CI는 소스 코드가 검색되고 변경이 발생할 때마다 사전에 정의된 일련의 단계를 거치는 자동화 도구를 사용해 적절하게 활성화된다. 적절한 자동화 도구의 필요성은 이러한 목적을 위해 특별히 설계된 소프트웨어의 등장으로 이어졌다. CI 도구의 예로는 젠킨스Jenkins,

팀시티^{TeamCity}, 뱀부^{Bamboo}와 다양한 SaaS^{Software-as-a-Service} 기반 솔루션이 존재한다. 작업에 대한 책임을 서드파티 컴포넌트로 오프로드함으로써, 개발자는 코드를 자주 커밋할 가능성이 높아지고 프로젝트 매니저는 팀의 기술과 제품의 견고성에 대한 확신을 가질 수 있다.

대부분의 이러한 도구에서 볼 수 있는 주요 기능 중 하나는 프로젝트의 현재 상태에 대해 시기적절한 알림을 제공하는 것이다. 소프트웨어 개발 주기 후반부에 중요한 변경사항을 발견하는 대신, CI 사용을 통해 변경사항이 통합되는 즉시 적절한 프로세스가 실행되고 담당자에게 알림이 전송된다. 변경사항을 유발한 사용자에게 빠른 알림을 통해 인지하게 함으로써 즉각적으로 문제를 처리할 수 있는 기회를 제공한다.

애플리케이션이 운영 환경으로 전환됨에 따라 소프트웨어 배포 수명주기 전반에 걸쳐 많은 CI 개념을 적용할 수 있는 능력은 CD를 탄생시켰다. CD는 릴리스 프로세스(일반적으로 파이프라인이라고 함)를 통해 소프트웨어를 진행하기 위해 작성된 정의된 단계의 집합이다. CI를 수행하는 동일한 엔진이 CD를 구현할 수 있기 때문에 CI와 CD는 일반적으로 함께 쌍을 이룬다. CD는 적절한 변경 제어^{change control}가 시행되고 소프트웨어 릴리스 프로세스가 다음 단계로 진행되기 위해 승인이 필요한 조직에서 수용되고 많은 인기를 얻었다. CI/CD와 관련된 많은 개념이 반복 가능한 방식으로 자동화되므로, 신뢰할 수 있는 프레임워크가 존재한다고 확신하는 경우 수동 방식의 승인 단계를 완전히 제거할 수 있다.

사람의 개입 없이 완전히 자동화된 빌드, 테스트, 배포 및 릴리스 프로세스를 구현하는 프로세스가 **지속적인 배포**^{CD, continuous deployment}라고 알려져 있다. 대다수의 소프트웨어 프로젝트가 CI/CD가 강조하는 개념만을 구현하면 지속적인 배포를 완전히 달성하지는 못하지만, 팀은 실질적인 비즈니스 가치를 좀 더 빨리 창출할 수 있다. 다음 절에서는 애플리케이션 관리 및 구성 개선을 위한 메커니즘으로 깃옵스^{GitOps}를 소개한다.

깃옵스를 사용하여 CI/CD 한 단계 업그레이드

쿠버네티스는 선언형 설정declarative configuration의 사용을 수용하는 플랫폼이다. 파이썬, 고랭Golang, 자바와 같은 프로그래밍 언어로 작성된 애플리케이션이 CI/CD 파이프라인을 타는 것과 같은 방식으로, 쿠버네티스 매니페스트는 동일한 패턴을 다양하게 구현할 수 있다. 매니페스트는 깃Git과 같은 리포지토리에도 저장돼야 하며, 동일한 유형의 빌드, 테스트 및 배포 사례를 거칠 수 있다. 깃 리포지토리를 통해 쿠버네티스 클러스터의 수명주기를 관리하고 이러한 리소스를 자동화된 방식으로 적용하는 방식이 인기가 높아지면서 깃옵스GitOps 개념이 탄생했다. 2017년 소프트웨어 회사 위브웍스WeaveWorks에 의해 처음 소개된 깃옵스는 그 쿠버네티스 설정을 관리하는 방법으로 인기가 높아졌다. 깃옵스는 쿠버네티스 분야에서 가장 잘 알려져 있지만, 그 원칙은 클라우드 네이티브 환경cloud-native environment에 적용될 수 있다.

CI/CD와 유사하게 깃옵스 프로세스를 관리하기 위한 도구가 개발됐다. 여기에는 인투이트Intuit의 **아르고CD**ArgoCD와 깃옵스라는 용어를 만든 조직인 위브웍스의 **플럭스**Flux가 포함된다. 자동화 도구, 특히 CI/CD 프로세스 관리용으로 설계된 도구를 사용할 수 있기 때문에 깃옵스용으로 특별히 설계된 도구를 사용할 필요가 없다. 기존 CI/CD 도구와 깃옵스용으로 설계된 도구의 주요 차이점은 깃옵스 도구가 쿠버네티스 클러스터의 상태를 지속적으로 관찰하여 현재 상태와 원하는 상태가 일치하지 않을 때마다 깃에 저장되어 있는 매니페스트에 정의된 원하는 설정을 적용하는 기능이다. 이러한 도구는 쿠버네티스의 기본 기능인 컨트롤러 패턴controller pattern을 사용한다.

헬름 차트는 궁극적으로 쿠버네티스 리소스로 렌더링되기 때문에, 깃옵스 프로세스를 구성하는 데 사용할 수 있으며, 앞서 언급한 많은 깃옵스 도구는 기본적으로 헬름을 지원한다. 7장의 나머지 부분에서 CI/CD와 깃옵스를 사용해 헬름 차트를 활용할 수 있는 방법을 살펴볼 것이며, 젠킨스Jenkins는 CI와 CD 모두를 위한 선택적인 도구로 활용될 것이다.

▌환경 설정

7장에서는 헬름과 관련된 각기 다른 프로세스를 자동화하는 방법을 보여주기 위해 두 종류의 파이프라인을 개발할 것이다.

다음 단계를 수행해 로컬 환경 설정을 시작한다.

1. 먼저, 7장에서 증가된 메모리 요구사항을 고려하여 2장 '쿠버네티스 및 헬름 환경 준비'에서 4G 메모리로 초기화하지 않은 경우 미니쿠베 클러스터를 삭제하고 4G 메모리로 재생성해야 한다. 이는 다음과 같은 명령에 의해 수행될 수 있다.

```
$ minikube delete
$ minikube start --memory=4g
```

2. 미니쿠베가 구동되면, chapter7이라는 새로운 네임스페이스를 생성한다.

```
$ kubectl create namespace chapter7
```

추가적으로 팩트 리포지토리를 포크fork해야 한다. 이렇게 하면 예제 진행 과정에서 설명한 단계에 따라 리포지토리를 수정할 수 있다.

1. 깃 리포지토리에서 Fork 버튼을 클릭해, 팩트 리포지토리에 대한 포크를 생성한다.

▲ **그림 7.1** 팩트 리포지토리를 포크하기 위한 Fork 버튼 선택

리포지토리를 포크하려면 깃허브 계정이 있어야 한다. 새로운 계정을 생성하는 프로세스는 5장 '첫 번째 헬름 차트 빌드'에서 설명했다.

2. 팩트 저장소의 포크를 생성한 후 다음과 같은 명령을 실행해 해당 포크를 로컬 머신에 복제한다.

```
$ git clone https://github.com/$GITHUB_USERNAME/-Learn-Helm.git Learn-Helm
```

팩트 리포지토리의 포크를 생성하는 것 외에도, 5장에서 생성한 깃허브 페이지 리포지토리에서 제공되는 헬름 리포지토리에서 guestbook 차트를 제거할 수 있다.

차트 리포지토리에서 해당 차트를 제거하기 위해서는 다음과 같은 단계를 따른다.

1. 헬름 차트 리포지토리의 로컬 복제본으로 이동한다. 기억하겠지만, 차트 리포지토리로 권장하는 이름은 Learn-Helm-Chart-Repository였으므로 7장 전반에 걸쳐 이 이름을 사용해 깃허브 페이지 기반 차트 리포지토리를 참조한다.

```
$ cd $LEARN_HELM_CHART_REPOSITORY_DIR
$ ls
guestbook-1.0.0.tgz    index.yaml    README.md
```

2. 차트 리포지토리에서 guestbook-1.0.0.tgz 및 index.yaml 파일을 제거한다.

```
$ rm guestbook-1.0.0.tgz index.yaml
$ ls
README.md
```

3. 이러한 변경사항을 원격 리포지토리에 푸시한다.

```
$ git add --all
$ git commit -m 'Preparing for chapter 7'
$ git push origin master
```

4. 깃허브에서 차트 및 인덱스 파일이 제거되고 README.md 파일만 남아 있음을 확인할 수 있다.

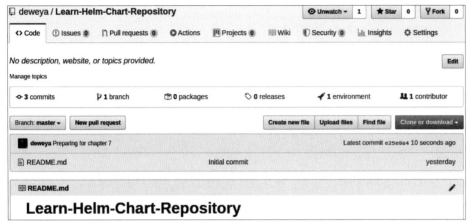

▲ 그림 7.2 차트 리포지토리에서 확인할 수 있는 유일한 README.md 파일

미니쿠베를 구동하고 팩트 리포지토리의 포크를 생성하고 Learn-Helm-Chart-Repository에서 방명록 차트를 제거했으므로, 이제 헬름 차트를 릴리스하기 위한 CI 파이프라인을 생성하는 방법을 살펴보자.

▌ 헬름 차트를 빌드하기 위한 CI 파이프라인 생성

CI 개념은 헬름 차트를 빌드, 테스트, 패키징하고 차트 리포지토리에 릴리스가 필요한 차트 개발자의 관점에 적용할 수 있다. 이번 절에서는 엔드 투 엔드^{end-to-end} CI 파이프라인을 사용해 프로세스를 간소화하는 방법을 설명하고, 예제 파이프라인을 구축하는 방법을 소개한다. 첫 번째 단계는 예제 파이프라인에 필요한 컴포넌트를 설계하는 것이다.

파이프라인 설계

이전 장에서 헬름 차트를 개발하는 과정은 대체로 수동 프로세스였다. 헬름은 쿠버네티스 클러스터에서 테스트 혹을 생성하기 위한 자동화를 제공하지만, 코드가 변경된 후 테스트가 계속 통과하도록 보장하기 위한 `helm lint`, `helm test`, `ct lint-and-install` 명령의 호출은 수동으로 실행된다. 코드 변경 후에도 정적 검사 및 테스트가 계속 진행된다면, `helm package` 명령을 실행해 차트를 패키징할 수 있다. 깃허브 페이지 리포지토리를 사용해 차트를 제공하는 경우(예: 5장 '첫 번째 헬름 차트 빌드'에서 생성된 것과 마찬가지로), `helm repo index` 명령 실행을 통해 index.yaml 파일이 생성되고, 패키징된 차트와 함께 index.yaml 파일이 깃허브 리포지토리로 푸시된다.

각 명령을 수동으로 호출하는 것은 확실히 가능하지만, 추가적인 헬름 차트를 개발하거나 컨트리뷰터를 추가하는 경우 이러한 워크플로우를 유지하는 일은 점점 더 어려워질 수 있다. 수동 워크플로우를 사용하는 경우, 차트에 테스트되지 않은 변경사항을 쉽게 적용할 수 있으며 컨트리뷰터가 테스트 및 컨트리뷰트 가이드를 준수하는지 확인하기가 어렵다. 다행스럽게도, 릴리스 프로세스를 자동화하는 CI 파이프라인을 만들어 이러한 문제를 회피할 수 있다.

다음 단계는 지금까지 이 책 전반에 걸쳐 논의한 명령 및 도구를 사용하는 CI 워크플로우의 예를 간략하게 설명할 것이다. 결과적으로 생성된 차트가 깃허브 페이지 리포지토리에 저장되어 있다고 가정할 것이다.

1. 차트 개발자는 깃 모노리포에서 차트 또는 차트 집합의 코드를 변경한다.
2. 개발자는 변경사항을 원격 리포지토리로 푸시한다.
3. 수정된 차트는 `ct lint` 및 `ct install` 명령을 실행함으로써 쿠버네티스 네임스페이스에서 자동으로 정적 검사 및 테스트가 수행된다.
4. 정적 검사 및 테스트가 성공하면, 차트는 `helm package` 명령을 통해 자동으로 패키징된다.
5. `helm repo index` 명령을 통해 index.yaml 파일이 자동으로 생성된다.
6. 패키징된 차트 및 업데이트된 index.yaml 파일이 자동으로 리포지토리에 푸시된다. 작업이 실행된 브랜치[branch]에 따라 stable이나 staging으로 푸시된다.

다음 절에서는 **젠킨스**[Jenkins]를 사용해 앞서 설명한 프로세스를 수행한다. 이에 앞서 젠킨스가 무엇이며 어떻게 동작하는지부터 이해해보자.

젠킨스 이해

젠킨스는 자동화된 작업 및 워크플로우를 수행하는 데 사용되는 오픈소스 서버다. 젠킨스는 일반적으로 젠킨스 파이프라인을 통해 CI/CD 파이프라인을 생성하는 데 사용된다. 젠킨스 파이프라인은 코드 기능으로서, 젠킨스 파이프라인을 정의하는 Jenkinsfile이라는 파일로 작성되어 있다.

젠킨스 파이프라인은 그루비^{Groovy} DSL$^{Domain\text{-}Specific\ Language}$을 사용해 작성된다. 그루비는 자바와 유사한 언어이지만, 자바와 달리 객체 지향 스크립팅 언어로 사용할 수 있으며 읽기 쉬운 자동화 코드를 작성할 수 있다. 7장에서는 이미 준비되어 있는 두 가지 종류의 Jenkinsfile 파일을 살펴본다. Jenkinsfile 파일을 처음부터 작성함에 있어서 이에 대한 사전경험은 필요하지 않으며, 젠킨스에 대한 심층적인 내용은 이 책의 범위를 벗어나므로 다루지 않는다. 따라서 7장이 끝날 때쯤에는 학습한 개념을 이해하고 이를 자동화 도구에 적용할 수 있어야 한다. 7장에서는 젠킨스만을 다루고 있지만, 이 개념은 그 밖의 자동화 도구에도 적용할 수 있다.

Jenkinsfile 파일이 생성되면, 워크플로우에서 정의된 단계의 집합이 젠킨스 서버 자체에서 실행되거나 특정 작업을 실행하도록 위임된 별도의 에이전트에서 대신 실행된다. 빌드가 시작될 때마다 젠킨스 에이전트를 별도의 파드로 자동 스케줄링하여 추가적인 기능을 쿠버네티스로 통합할 수 있다. 에이전트의 실행이 완료되면, 다음 빌드가 새롭고 깨끗한 환경의 파드에서 실행될 수 있게 에이전트를 자동으로 종료되도록 구성할 수 있다. 7장에서는 젠킨스 에이전트를 사용해 예제 파이프라인을 실행한다.

젠킨스는 또한 Jenkinsfile 파일이 존재하는지 소스 제어 리포지토리를 스캔하는 기능을 제공하여 깃옵스 개념에 적합하다. Jenkinsfile 파일을 포함하고 있는 각 브랜치에 대해, 원하는 브랜치에 대해 리포지토리를 복제해 시작할 수 있는 새로운 작업이 자동으로 설정된다. 새로운 작업이 해당 브랜치와 함께 자동으로 생성될 수 있기 때문에 새로운 기능 및 수정사항을 간단하게 테스트할 수 있다.

젠킨스에 대한 기본적인 이해를 바탕으로, 이제 미니쿠베 환경에 젠킨스를 설치해보자.

젠킨스 설치

쿠버네티스에 배포되는 많은 애플리케이션과 마찬가지로, 젠킨스는 헬름 허브의 다양한 커뮤니티 헬름 차트 중 하나를 사용해 배포할 수 있다. 7장에서는 **코드센트릭**Codecentric 소프트웨어 개발 회사에서 제공하는 젠킨스 헬름 차트를 사용한다. 코드센트릭 젠킨스 헬름 차트 설치를 시작하려면 코드센트릭 차트 리포지토리를 추가한다.

```
$ helm repo add codecentric https://codecentric.github.io/helm-charts
```

리소스 제한 및 서비스 타입과 같이 예상되는 쿠버네티스 관련 값 중에서 코드센트릭 젠킨스 헬름 차트에는 다른 젠킨스 컴포넌트를 자동으로 구성하는 데 사용되는 다양한 젠킨스 관련 값이 포함되어 있다. 이러한 값을 설정하려면 이 책의 범위를 벗어나는 젠킨스에 대한 더 깊은 이해가 필요하기 때문에, 다음과 같이 젠킨스 설정을 자동으로 준비하는 values 파일이 제공된다.

- 기본 이미지에 포함되지 않은 관련 젠킨스 플러그인을 추가한다.
- 깃허브로 인증하는 데 필요한 자격 증명을 구성한다.
- 헬름 차트를 테스트하고 설치하기 위해 특별히 설계된 젠킨스 에이전트를 구성한다.
- Jenkinsfile 파일의 존재 유무에 따라 새로운 작업을 자동으로 생성하도록 젠킨스를 구성한다.
- 새로운 설치를 시작할 때 일반적으로 발생하는 수동 프롬프트를 건너뛴다.
- 7장에서는 젠킨스에 대한 액세스를 단순화하기 위해 인증을 비활성화한다.

values 파일은 다음과 같이 쿠버네티스 관련 세부 정보도 구성한다.

- 젠킨스 서버에 대한 리소스 제한을 설정한다.
- 젠킨스의 서비스 타입을 NodePort로 설정한다.

- 젠킨스 및 젠킨스 에이전트가 쿠버네티스 환경에서 작업을 실행하고 헬름 차트를 배포하는 데 필요한 서비스 어카운트^{ServiceAccounts} 및 RBAC 규칙을 생성한다.
- 젠킨스 `PersistentVolumeClaim`의 크기를 2Gi로 설정한다.

이 values 파일은 https://github.com/PacktPublishing/-Learn-Helm/blob/master/jenkins/values.yaml에서 사용 가능하다. 이러한 values 파일의 내용을 검색해보면, `fileContent` 아래에 Go 템플릿이 포함되어 있음을 확인할 수 있다. 이 values 파일의 시작 부분은 다음과 같다.

```
fileContent: |
  credentials:
    system:
      domainCredentials:
      - credentials:
        - usernamePassword:
            scope: GLOBAL
            id: github-auth
            username: {{ required "value 'githubUsername' is required" .Values.githubUsername }}
            password: {{ required "value 'githubPassword' is required" .Values.githubPassword }}
            description: Password to authenticate with GitHub
```

▲ **그림 7.3** Go 템플릿을 포함하고 있는 젠킨스 헬름 차트의 values.yaml 파일

Go 템플릿은 values.yaml 파일에서는 일반적으로 유효하지 않지만, 코드센트릭 젠킨스 헬름 차트는 tpl이라는 템플릿 함수에 `fileContent` 설정을 제공한다.

```
{{- tpl .Values.fileContent }}
```

---

tpl 명령은 `fileContent` 값을 Go 템플릿으로 파싱해, values.yaml 파일에 정의되어 있더라도 Go 템플릿을 포함할 수 있게 한다.

7장에서는 `fileContent` 설정에 정의된 Go 템플릿을 통해 젠킨스가 7장의 요구사항에 맞는 방식으로 설치되게 한다. 즉, 템플릿은 설치 과정에서 다음과 같은 추가 값을 제공해야 한다.

- githubUsername: 깃허브 사용자 이름

- githubPassword: 깃허브 비밀번호

- githubForkUrl: 팩트 리포지토리 포크의 URL(7장의 기술 요구사항에 명시되어 있음)

- githubPagesRepoUrl: 5장 '첫 번째 헬름 차트 빌드'의 끝부분에서 생성한 깃허브 페이지 헬름 리포지토리의 URL

이것은 정적 사이트의 URL이 아니라, 깃허브 리포지토리 자체의 URL임을 주의해야 한 다(예: https://github.com/$GITHUB_USERNAME/Learn-Helm- Chart-Repository.git).

앞서 설명된 4개의 값은 --set 플래그를 사용해 제공하거나 --values 플래그를 사용하여 추가적인 values 파일을 통해 제공할 수 있다. 별도의 values 파일을 생성하기로 선택한 경우, 해당 파일에 민감한 정보가 포함되어 있기 때문에 해당 파일을 커밋하고 소스 제어 에 푸시하는 것을 자제하자. 7장의 예제에서는 앞서 설명한 네 가지 값에 대해 --set 플 래그를 사용하는 것을 선호한다. 설명된 값 외에, 팩트 리포지토리에 포함된 values. yaml 파일도 --values 플래그를 사용해 제공해야 한다.

다음 예제를 참조해 helm install 명령으로 젠킨스 인스턴스를 설치한다.

```
$ helm install jenkins codecentric/jenkins \
  -n chapter7 --version 1.5.1 \
  --values Learn-Helm/jenkins/values.yaml \
  --set githubUsername=$GITHUB_USERNAME \
  --set githubPassword=$GITHUB_PASSWORD \
  --set githubForkUrl=https://github.com/$GITHUB_USERNAME/-Learn-Helm.git \
  --set githubPagesRepoUrl=https://github.com/$GITHUB_USERNAME/
Learn-Helm-Chart-Repository.git
```

chapter7 네임스페이스에 존재하는 파드에 대해 위치watch를 실행해 설치 과정을 모니터 링할 수 있다.

```
$ kubectl get Pods -n chapter7 -w
```

매우 드문 경우이긴 하지만, 파드가 Init:0/1 단계에서 멈출 수도 있다. 젠킨스 플러그인 사이트 및 해당 미러에 다운타임이 발생하는 경우와 같이 외부 디펜던시에 대한 가용성 문제가 있을 때 이러한 문제가 발생할 수 있다. 이러한 문제가 발생하면, 릴리스를 삭제하고 몇 분 후에 다시 설치한다.

READY 열 아래에 표시된 젠킨스 파드의 상태가 1/1로 변경된 경우, 젠킨스 인스턴스에 액세스할 준비가 된 것이다. 젠킨스 설치 후 표시되는 젠킨스 URL을 복사 및 붙여넣기를 수행한다.

```
$ export NODE_PORT=$(kubectl get service --namespace chapter7
-o jsonpath='{.spec.ports[0].nodePort}' jenkins-master)

$ export NODE_IP=$(kubectl get nodes --namespace chapter7 -o
jsonpath='{.items[0].status.addresses[0].address}')

echo "http://$NODE_IP:$NODE_PORT"
```

젠킨스에 액세스할 때 첫 페이지는 다음 스크린샷과 유사해야 한다.

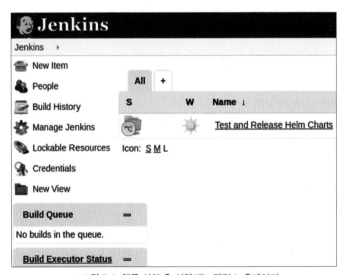

▲ **그림 7.4** 헬름 설치 후 실행되는 젠킨스 홈페이지

차트가 제대로 설치된 경우, Test and Release Helm Charts^{헬름 차트 테스트 및 릴리스}라는 새로운 작업이 생성된 것을 확인할 수 있다. 페이지 왼쪽 하단에는 Build Executor Status라고 하는 판넬이 존재하며, 이는 현재 실행 중이며 활성화되어 있는 작업의 개요를 제공한다. 작업은 처음 생성될 때 자동으로 트리거되므로, 젠킨스 인스턴스에 로그인할 때 실행 중인 것을 확인할 수 있다.

이제 젠킨스가 설치되고 프론트엔드의 유효성이 확인됐으므로, CI 파이프라인의 동작 방식을 이해하기 위해 팩트 리포지토리에서 예제 Jenkinsfile 파일을 다운로드하여 이를 살펴본다. 7장에서는 주요 관심 영역을 강조하기 위해 Jenkinsfile 파일의 전체 내용을 표시하지는 않을 것이다. 파일의 전체 내용은 https://github.com/PacktPublishing/-Learn-Helm/blob/master/helm-charts/Jenkinsfile에서 확인할 수 있다.

파이프라인 이해

헬름 차트 테스트 및 배포 작업이 트리거될 때 가장 먼저 일어나는 일은 새로운 젠킨스 에이전트가 생성되는 것이다. Learn-Helm/jenkins/values.yaml 파일을 통해 제공된 값을 활용해, 젠킨스 차트 설치 과정은 chart-testing-agent라고 하는 젠킨스 에이전트를 자동으로 구성한다. 다음 행은 에이전트를 Jenkinsfile 파일의 에이전트로 지정하는 것이다.

```
agent { label 'chart-testing-agent' }
```

이 에이전트는 젠킨스 차트값으로 구성되며, 이 젠킨스 차트값에는 헬름 커뮤니티에서 제공하는 차트 테스트 이미지를 사용해 실행되도록 정의되어 있다. quay.io/helmpack/chart-testing에 위치하고 있는 차트 테스트 이미지에는 6장 '헬름 차트 테스트'에서 논의했던 수많은 도구들이 포함되어 있다. 특히, 이 이미지에는 다음과 같은 도구들이 포함되어 있다.

- helm

- ct

- yamllint

- yamale

- git

- kubectl

이 이미지에는 헬름 차트를 테스트하는 데 필요한 모든 도구가 포함되어 있기 때문에, 헬름 차트에 대한 CI를 수행하기 위한 기본 이미지로 사용할 수 있다.

젠킨스 에이전트가 실행되면, 젠킨스 에이전트는 인증을 위해 `githubUsername` 및 `githubPassword`를 사용하고 `githubForkUrl` 값을 통해 깃허브 포크를 복제한다. 이 작업은 젠킨스에 의해 암시적으로 수행되므로 이 작업을 수행하기 위해 Jenkinsfile 파일 내에 코드를 지정할 필요가 없다.

젠킨스 에이전트가 리포지토리를 복제한 후에는 Jenkinsfile 파일 내에 정의되어 있는 단계를 실행하기 시작한다. 이 단계는 상위 수준의 단계를 시작화하는 데 도움이 될 수 있는 파이프라인 내의 논리적 그룹이다. 수행될 첫 번째 단계는 다음과 같은 명령이 포함된 정적 검사 단계^{lint stage}다.

```
sh 'ct lint'
```

위 명령에서 sh 부분은 배시 셸^{bash shell}이나 스크립트를 실행하는 데 사용되는 명령이며, ct 도구의 lint 하위 명령을 호출한다. 기억하겠지만, 이 명령은 6장에서 다뤘던 마스터 브랜치에서 수정된 모든 차트의 Chart.yaml 및 values.yaml 파일에 대한 정적 검사를 수행한다.

정적 검사가 성공하는 경우, 파이프라인이 테스트 단계로 계속 진행되고 다음과 같은 명령을 실행한다.

```
sh 'ct install --upgrade'
```

아마 위 명령 또한 익숙할 것이다. 마스터 브랜치의 버전에서 수정된 각 차트를 설치하고 정의된 테스트 스위트[test suite]를 수행한다. 또한 이전 버전의 모든 업그레이드가 성공적으로 이뤄지도록 하여 회귀를 방지하는 데 도움이 된다.

단일 `ct lint-and-install --upgrade` 명령을 실행해 이전 두 단계를 결합할 수 있다. 이와 같은 명령을 통해 여전히 유효한 파이프라인이 생성됐지만, 별도의 단계로 나눈 예를 사용하면 수행되는 작업을 좀 더 잘 시각화할 수 있다.

테스트 단계가 성공하면, 파이프라인은 다음과 같은 명령을 실행하는 패키지 차트 단계로 진행된다.

```
sh 'helm package --dependency-update helm-charts/charts/*'
```

이 단계에서의 명령은 helm-charts/charts 폴더 하위에 포함된 각 차트를 간단히 패키징한다. 또한 선언된 각 디펜던시를 업데이트하고 다운로드한다.

패키징이 성공하는 경우, 파이프라인은 레포로 차트 푸시[push charts to repo]라고 불리는 최종 단계로 진입한다. 이는 매우 복잡한 단계이므로 더 작은 단계로 세분화할 것이다. 첫 번째 단계는 여기서 확인할 수 있다.

```
// 깃허브 리포지토리를 chart-repo 폴더로 복제한다.
sh "git clone ${env.GITHUB_PAGES_REPO_URL} chart-repo"

// 차트를 브랜치를 기반으로 'stable'이나 'staging'으로 푸시해야 하는지 결정한다.
def repoType
if (env.BRANCH_NAME == 'master') {
  repoType = 'stable'
} else {
  repoType = 'staging'
}
```

```
// 존재하지 않을 경우 'stable'이나 'staging'에 대응하는 폴더를 생성한다.
def files = sh(script: 'ls chart-repo', returnStdout: true)
if (!files.contains(repoType)) {
  sh "mkdir chart-repo/${repoType}"
}
```

푸시하고자 하는 헬름 차트 리포지토리는 별도의 깃허브 페이지 리포지토리이기 때문에, 새로운 차트를 추가하고 변경사항을 푸시할 수 있도록 리포지토리를 복제해야 한다. 깃허브 페이지 리포지토리가 복제되면 CI/CD 파이프라인이 실행되는 브랜치에 따라 repoType이라고 하는 변수가 설정된다. 이 변수는 이전 단계에서 패키징된 차트를 stable이나 staging 차트 리포지토리로 푸시할지 여부를 결정하는 데 사용된다.

이 파이프라인의 경우 stable은 차트가 테스트, 유효성 검사 및 마스터 브랜치에 병합됐음을 의미한다. staging은 차트가 개발 중이며 아직 마스터 브랜치에 병합되지 않았거나 공식적으로 릴리스되지 않았음을 의미한다. 릴리스 브랜치 단위로 자를 때, stable 리포지토리 아래에 차트를 릴리스할 수 있지만, 이 예제에서는 마스터로의 모든 병합은 새로운 릴리스라고 가정하는 접근 방식을 사용한다.

stable 및 staging은 2개의 별도 차트 리포지토리로 제공된다. 이는 깃허브 페이지 리포지토리의 최상위 수준에 2개의 별도 디렉토리를 생성해 수행할 수 있다.

```
Learn-Helm-Repository/
    stable/
    staging/
```

stable 및 staging 폴더에는 별도의 차트 리포지토리를 구분하기 위해 자체 index.yaml 파일이 포함되어 있다.

편의를 위해, 이전 파이프라인에서 발췌한 마지막 스니펫은 파이프라인이 실행되는 경우 브랜치의 존재 유무에 기반하여 stable이나 staging 폴더를 자동으로 생성한다.

차트를 푸시해야 하는 리포지토리의 유형이 결정됐기 때문에, 다음과 같이 파이프라인이 다음 단계로 진행된다.

```
// 패키징된 차트 폴더에서 해당 'stable'이나 'staging' 폴더로 차트를 이동시킨다.
sh "mv packaged-charts/*.tgz chart-repo/${repoType}"

// 업데이트된 index.yaml 파일을 생성한다.
sh "helm repo index chart-repo/${repoType}"

// 깃 컨피그 세부 사항을 업데이트한다.
sh "git config --global user.email 'chartrepo-robot@example.com'"
sh "git config --global user.name 'chartrepo-robot'"
```

첫 번째 단계는 이전 단계에서 패키징된 각 차트를 stable이나 staging 폴더로 복사한다. 다음으로, 변경되거나 추가된 차트를 반영하기 위해 `helm repo index` 명령을 사용해 stable이나 staging index.yaml 파일이 업데이트된다.

한 가지 명심해야 할 점은 **차트뮤지엄**^{ChartMuseum}(헬름 커뮤니티에서 유지관리하는 차트 리포지토리 솔루션) 같은 차트 리포지토리 솔루션을 사용하는 경우 차트뮤지엄이 새롭게 패키징된 헬름 차트를 수신하면 index.yaml 파일이 자동으로 업데이트되기 때문에 `helm repo index` 명령이 필요하지 않다는 것이다. 깃허브 페이지와 같이 index.yaml 파일을 자동으로 계산하지 않는 구현의 경우, 파이프라인에서 확인할 수 있는 바와 같이 `helm repo index` 명령이 필요하다.

앞서 설명한 스니펫의 마지막 두 명령은 콘텐츠를 깃 리포지토리로 푸시하는 데 필요한 깃 사용자 이름 및 이메일을 설정한다. 위 예제에서는 CI/CD 프로세스가 깃과의 상호작용을 가능하게 했음을 가리키기 위해 예제 값으로 사용자 이름을 chartrepo-robot으로 설정하고 이메일을 chartrepo-robot@example.com으로 설정한다. 아마도 이메일이 차트 리포지토리에 대한 유지관리를 담당하는 조직을 나타내기를 원할 것이다. 마지막 단계는 변경사항을 푸시하는 것이다. 이 작업은 다음과 같은 최종 파이프라인 스니펫과 같다.

```
// 변경사항을 추가 및 커밋한다.
sh 'git add --all'
sh "git commit -m 'pushing charts from branch ${env.BRANCH_NAME}'"
withCredentials([usernameColonPassword(credentialsId: 'github-auth',
variable: 'USERPASS')]) {
  script {

    // 깃허브 인증을 주입하고 차트가 제공되는 마스터 브랜치로 푸시한다.
    def authRepo = env.GITHUB_PAGES_REPO_URL.replace('://', "://${USERPASS}@")
    sh "git push ${authRepo} master"
  }
}
```

패키징된 차트는 우선 git add 및 git commit 명령을 사용해 추가되고 커밋된다. 다음으로, github-auth라는 자격 증명을 사용하는 git push 명령을 통해 리포지토리에 대한 푸시가 수행된다. 이 자격 증명은 설치 과정에서 생성된 githubUsername 및 githubPassword에 의해 수행된다. github-auth 자격 증명을 사용하면 파이프라인 코드에서 일반 텍스트로 인쇄하지 않고도 이러한 비밀정보secret를 안전하게 참조할 수 있다.

헬름 커뮤니티는 helm repo index 명령을 통해 index.yaml 파일을 생성하고 git push 명령을 통해 깃허브에 업로드하는 대신 사용할 수 있는 차트 릴리저Chart Releaser(https://github.com/helm/chart−releaser)라는 도구를 공개했다. 차트 릴리저 도구는 깃허브 페이지에 포함된 헬름 차트를 관리하여 이러한 추가적인 복잡성 중 일부를 추상화하도록 설계됐다.

그러나 7장에서는 이 도구를 사용해 파이프라인을 구성하지 않을 것이다. 이는 차트 릴리저가 (이 책의 집필 당시) 헬름 3를 지원하지 않기 때문이다.

지금까지 CI 파이프라인에 대한 개요를 설명했으므로, 예제 실행을 살펴보자.

파이프라인 실행

앞서 논의했던 바와 같이, 파이프라인의 첫 번째 실행은 실제로 젠킨스를 설치할 때 자동으로 트리거됐다. 마스터 브랜치에 대한 작업은 실행됐으며, 젠킨스 랜딩 페이지^{landing} ^{page}에서 Test and Release Helm Charts 링크를 클릭해 확인할 수 있다. 해당 링크를 통해 마스터 브랜치에 대해서 하나의 작업이 성공적으로 실행됨을 확인할 수 있다.

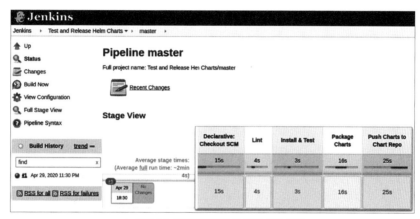

▲ **그림 7.5** 파이프라인의 첫 번째 실행 과정

젠킨스에서 모든 파이프라인 빌드 시 실행 결과가 포함된 관련 로그가 존재한다. 왼편의 원 옆에 있는 #1 링크를 선택한 후 다음 화면에서 Console Output^{콘솔 출력 결과}을 선택하면 해당 빌드에 대한 로그에 접근할 수 있다. 이 빌드에 대한 로그는 다음과 같은 메시지를 표시하며, 첫 번째 단계인 정적 검사^{Lint}가 성공적으로 수행됐음을 보여준다.

```
All charts linted successfully
----------------------------------
No chart changes detected.
```

이것은 마스터 브랜치 관점에서 차트가 변경되지 않았기 때문에 기대하는 결과다. 설치 단계에서도 유사한 출력 결과를 확인할 수 있다.

```
All charts installed successfully
-----------------------------------
No chart changes detected.
```

정적 검사^{Lint} 및 설치^{Install} 단계가 모두 오류 없이 완료됐으므로, 파이프라인은 패키지 차
트^{Package Charts} 단계로 진입하게 된다. 여기서 다음과 같은 출력 결과를 확인할 수 있다.

```
+ helm package --dependency-update helm-charts/charts/guestbook
helm-charts/charts/nginx
Successfully packaged chart and saved it to: /home/jenkins/
agent/workspace/t_and_Release_Helm_Charts_master/guestbook-1.0.0.tgz
Successfully packaged chart and saved it to: /home/jenkins/
agent/workspace/t_and_Release_Helm_Charts_master/nginx-1.0.0.tgz
```

마지막으로 파이프라인은 깃허브 페이지 리포지토리를 복제하고, 그 안에 stable 폴더를
생성하고, 패키징된 차트를 stable 폴더에 복사하고, 변경사항을 깃허브 페이지 리포지
토리에 로컬로 커밋하고, 변경사항을 깃허브에 푸시하는 것으로 마무리한다. 리포지토리
에 추가된 각 파일이 다음 행에 출력되는 것을 확인할 수 있다.

```
+ git commit -m 'pushing charts from branch master'
[master 9769f5a] pushing charts from branch master
 3 files changed, 32 insertions(+)
 create mode 100644 stable/guestbook-1.0.0.tgz
 create mode 100644 stable/index.yaml
 create mode 100644 stable/nginx-1.0.0.tgz
```

자동 푸시 후 깃허브 페이지 리포지토리가 어떻게 보이는지 궁금할 것이다. 리포지토리
는 헬름 차트가 포함된 새로운 stable 폴더와 함께 다음과 같아야 한다.

▲ **그림 7.6** CI 파이프라인이 완료된 후의 리포지토리 상태

stable 폴더에서 3개의 다른 파일, 2개의 별도 차트, 1개의 index.yaml 파일을 볼 수 있다.

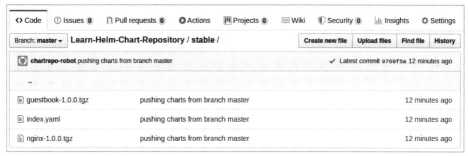

▲ **그림 7.7** stable 폴더의 내용

위에서 설명한 첫 번째 파이프라인 빌드는 stable 차트의 초기 집합을 성공적으로 생성했지만, 최종 사용자가 안정적이고 사용할 준비가 됐다고 판단할 수 있도록 새로운 차트에 대한 정적 검사 및 테스트를 수행할 수 있는 방법을 설명하지 않았다. 이를 설명하기 위해서는 마스터 브랜치에서 피처 브랜치feature branch를 분기하여 차트를 수정하고 변경사항을 피처 브랜치에 푸시한 다음 젠킨스에서 새로운 빌드를 시작해야 한다.

시작하기 위해, 마스터 브랜치에서 chapter7이라고 하는 새로운 브랜치를 생성한다.

```
$ cd $PACKT_FORK_DIR
$ git checkout master
$ git checkout -b chapter7
```

이 브랜치에서는 단순히 nginx 차트의 버전을 수정하여 정적 검사 및 테스트를 트리거한다. 엔진엑스는 웹 서버이며 리버스 프록시^{reverse proxy} 역할을 하는 오픈소스다. 이 책에서 작업해온 방명록 애플리케이션보다 훨씬 가볍다. 따라서 이 예제에서는 미니쿠베 환경에서 실행되는 젠킨스에서 발생하는 리소스의 제약 조건 문제를 회피하기 위해 팩트 리포지토리의 nginx 차트를 사용한다.

helm-charts/charts/nginx/Chart.yaml 파일에서, 1.0.0으로 설정되어 있는 차트 버전을 1.0.1로 변경한다.

```
version: 1.0.1
```

git status 명령을 실행하여 변경사항이 감지됐는지 확인한다.

```
$ git status
On branch chapter7
Changes not staged for commit:
  (use 'git add <file>...' to update what will be committed)
  (use 'git checkout -- <file>...' to discard changes in working directory)

        modified:   helm-charts/charts/nginx/Chart.yaml

no changes added to commit (use 'git add' and/or 'git commit -a')
```

nginx의 Chart.yaml 파일이 수정됐음을 확인할 수 있다. 파일을 추가한 다음 변경사항을 커밋한다. 마지막으로, 변경사항을 포크로 푸시할 수 있다.

```
$ git add helm-charts
$ git commit -m 'bumping NGINX chart version to demonstrate chart testing pipeline'
$ git push origin chapter7
```

젠킨스 내에서 젠킨스가 해당 브랜치에 대해 새로운 빌드를 감지하고 시작할 수 있도록 리포지토리 스캔^{repository scan}을 트리거할 필요성이 있다. 헬름 차트 테스트 및 릴리스 페이지로 이동한다. 이는 상단의 Test and Release Helm Charts 탭을 클릭하여 쉽게 수행할 수 있다.

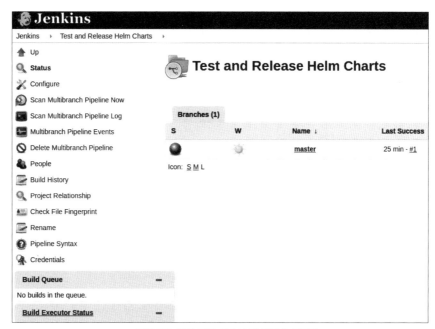

▲ **그림 7.8** 헬름 차트 테스트 및 릴리스 페이지

이를 선택한 후에는 좌측 메뉴에서 Scan Multibranch Pipeline Now 버튼을 클릭한다. 이를 통해 젠킨스는 새로운 브랜치를 감지하고 새로운 빌드를 자동으로 시작할 수 있다. 스캔은 약 10초 이내에 완료된다. 페이지를 새로고침하면 다음과 같이 새로운 chapter7 브랜치가 페이지에 나타나게 된다.

▲ **그림 7.9** 새로운 chapter7 브랜치를 스캔한 후 헬름 차트 테스트 및 배포 페이지

chapter7 작업에는 차트 테스트 도구를 통해 테스트돼야 하는 수정된 헬름 차트가 포함되어 있기 때문에 chapter7 작업은 마스터 작업보다 더 오랜 시간 동안 실행된다. 콘솔 출력 결과 메뉴로 이동해 파이프라인의 동작을 확인할 수 있다. 헬름 차트 테스트 및 릴리스 개요 페이지에서 chapter7 브랜치를 선택한 다음 좌측 하단에 있는 #1 링크를 선택한다. 마지막으로 Console Output 링크를 선택한다. 파이프라인이 계속 실행되는 동안 해당 페이지로 이동해보면 실시간으로 발생하는 로그에 대한 정보를 업데이트받을 수 있다. 파이프라인이 끝날 때까지 기다리면 다음과 같은 메시지가 출력된다.

Finished: SUCCESS

콘솔의 출력 결과 로그의 시작 부분에서, 변경사항이 발생한 유일한 차트인 nginx 차트에 대해 ct lint 및 ct install 명령이 어떻게 실행됐는지 확인할 수 있다.

```
Charts to be processed:
----------------------------------------------------------------
nginx => (version: '1.0.1', path: 'helm-charts/charts/nginx')
```

각 명령에 대해 추가적으로 출력되는 정보는 6장 '헬름 차트 테스트'에서 설명된 출력 결과와 동일하므로 이미 익숙해져 있을 것이다.

깃허브 페이지 리포지토리에서 마스터 브랜치가 빌드되지 않았기 때문에 staging 폴더에서 nginx 차트의 새로운 버전을 확인할 수 있어야 한다.

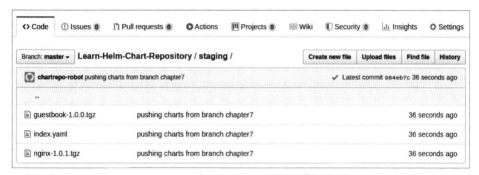

▲ 그림 7.10 staging 폴더의 내용

nginx−1.0.1.tgz 차트를 릴리스하려면 chapter7 브랜치를 마스터 브랜치로 병합[merge]해야 한다. 이렇게 할 경우 차트가 stable 리포지토리로 푸시된다. 명령행을 통해, chapter7 브랜치를 마스터 브랜치로 병합하고 원격 리포지토리로 푸시한다.

```
$ git checkout master
$ git merge chapter7
$ git push origin master
```

젠킨스에서 헬름 차트 테스트 및 릴리스 페이지로 돌아가서 master 작업을 클릭하여 마스터 파이프라인 작업으로 이동한다. 화면에 다음과 같은 결과가 출력될 것이다.

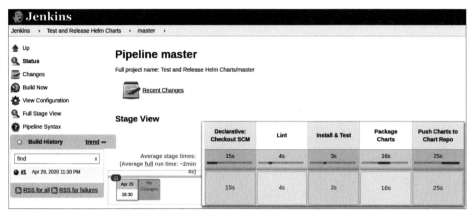

▲ 그림 7.11 헬름 차트 프로젝트 테스트 및 릴리스의 마스터 작업

위 페이지에서 좌측에 있는 Build Now 링크를 클릭한다. 차트 테스트 도구가 이 복제본을 마스터 브랜치와 비교했기 때문에 차트에 대한 테스트를 건너뛰었다는 로그를 다시 한번 확인할 수 있다. 내용이 동일하기 때문에 테스트 도구는 수행할 테스트가 없다고 판단한다. 빌드가 완료되면 깃허브 페이지 리포지토리로 이동해 새로운 nginx-1.0.1.tgz 차트가 stable 리포지토리 하위에 위치하고 있는지 확인한다.

<> Code	① Issues 0	ʔ Pull requests 0	◎ Actions	▦ Projects 0	▦ Wiki	① Security 0	⠿ Insights	⚙ Settings

Branch: master ▾	**Learn-Helm-Chart-Repository / stable /**		Create new file	Upload files	Find file	History

⬡ **chartrepo-robot** pushing charts from branch master	✓ Latest commit 3dbb072 30 seconds ago

..

⬡ guestbook-1.0.0.tgz	pushing charts from branch master	1 hour ago
⬡ index.yaml	pushing charts from branch master	30 seconds ago
⬡ nginx-1.0.0.tgz	pushing charts from branch master	1 hour ago
⬡ nginx-1.0.1.tgz	pushing charts from branch master	30 seconds ago

▲ 그림 7.12 새로운 nginx 차트가 추가된 후의 리포지토리 상태

`helm repo add` 명령을 사용해 리포지토리를 로컬에 추가하여 새로운 차트가 깃허브 페이지 stable 리포지토리에 제대로 배포됐는지 확인할 수 있다. 5장 '첫 번째 헬름 차트 빌드'에서 깃허브 페이지 리포지토리의 루트root 위치를 추가했다. 그러나 stable 및 staging 폴더를 포함할 수 있도록 파일 구조를 변경했다. 앞서 설정한 구성이 여전히 존재하는 경우, 다음과 같은 명령을 실행해 해당 리포지토리를 제거할 수 있다.

```
$ helm repo remove learnhelm
```

그런 다음, stable 리포지토리의 업데이트된 위치로 리포지토리를 다시 추가할 수 있다.

```
$ helm repo add learnhelm $GITHUB_PAGES_SITE_URL/stable
```

$ GITHUB_PAGES_SITE_URL의 값은 실제 깃 리포지토리가 아니라 깃허브에서 제공하는 정적 사이트를 참조한다. 깃허브 페이지의 사이트 URL은 https://$GITHUB_USERNAME. github.io/Learn-Helm-Repository/stable과 유사한 형식이어야 한다. 정확한 링크는 깃허브 페이지 리포지토리의 **Settings** 탭에서 찾을 수 있다.

stable 리포지토리를 추가한 후 다음과 같은 명령을 실행해, 2개의 마스터 빌드 과정에서 빌드되고 푸시된 각 차트를 확인할 수 있다.

```
$ helm search repo learnhelm --versions
```

위 명령의 실행 시 3개의 결과가 출력돼야 하며, 그중 2개에는 빌드 및 푸시된 nginx 차트의 두 버전이 모두 포함되어 있다.

```
NAME                  CHART VERSION   APP VERSION   DESCRIPTION
learnhelm/guestbook   1.0.0           v4            A Helm chart for Kubernetes
learnhelm/nginx       1.0.1           1.16.0        A Helm chart for Kubernetes
learnhelm/nginx       1.0.0           1.16.0        A Helm chart for Kubernetes
```

▲ **그림 7.13** helm search repo 명령 실행 결과

이 절에서는 CI 파이프라인을 통해 헬름 차트의 수명주기를 관리하는 방법을 설명했다. 제공된 예제를 사용해, 자동화된 워크플로우를 따를 경우 최종 사용자에게 차트를 릴리스하기 전에 정적 검사 및 테스트를 쉽게 수행할 수 있다.

헬름 차트의 CI에 중점을 두었지만, CD 및 깃옵스를 구현해 헬름 차트를 다른 환경에 배포할 수도 있다. 다음 절에서는 CD 파이프라인을 구축하는 방법을 살펴볼 것이다.

▌ 헬름을 사용해 애플리케이션을 배포하기 위한 CD 파이프라인 생성

CD 파이프라인은 자동화된 방식으로 하나 이상의 각기 다른 환경에 배포할 수 있는 반복 가능한 단계의 집합이다. 이번 절에서는 이전 절에서 테스트하고 깃허브 페이지 리포지토리에 푸시한 nginx 차트를 배포하기 위한 CD 파이프라인을 생성한다. 깃옵스는 git 리포지토리에 저장되어 있는 values 파일을 참조해 활용된다.

해당 파이프라인에 포함돼야 할 필요성이 있는 상위 레벨의 단계를 설계해보자.

파이프라인 설계

6장에서 헬름을 사용해 쿠버네티스 환경에 배포하는 것은 수동 프로세스였다. 그러나 이 CD 파이프라인의 경우, 헬름의 사용을 추상화하여 여러 다른 환경에 배포하도록 설계됐다.

다음 단계는 이번 절에서 다룰 CD 워크플로우에 대해 설명한다.

1. nginx 차트 릴리스가 포함된 스테이블 깃허브 리포지토리를 추가한다.
2. nginx 차트를 개발 환경에 배포한다.
3. nginx 차트를 QA^{Quality Assurance} 환경에 배포한다.
4. 사용자가 운영 환경에 대한 배포를 진행하는 파이프라인을 승인할 때까지 대기한다.

5. 운영 환경에 nginx 차트를 배포한다.

CD 워크플로우는 CI 파이프라인을 위해 이전에 만든 파일에 대한 별도의 Jenkinsfile 파일에 포함되어 있다. Jenkinsfile 파일을 생성하기 전에, CD 프로세스를 수행할 수 있도록 미니쿠베 및 젠킨스 환경을 업데이트한다.

환경 업데이트

개발, QA 및 운영 환경은 로컬 미니쿠베 클러스터 내의 여러 네임스페이스로 모델링된다. 일반적으로 비운영 환경(개발 및 QA)과 운영 환경이 동일한 클러스터 내에서 공존하지 않도록 설계하는 것이 좋지만, CD 프로세스의 예제를 보여주기 위해 이 세 가지 환경을 함께 배치한다.

각 환경을 의미하는 dev, qa, prod 네임스페이스를 생성한다.

```
$ kubectl create ns dev
$ kubectl create ns qa
$ kubectl create ns prod
```

또한 이전 절에서 생성한 chapter7 브랜치를 삭제해야 한다. 새로운 CD 파이프라인이 생성되면, 젠킨스가 리포지토리의 각 브랜치에 대해 실행을 시도하기 때문에 해당 브랜치를 삭제해야 한다. 리소스 제약사항을 피하고 단순하게 진행하기 위해, 마스터 브랜치에서만 진행하는 것을 추천한다.

다음과 같은 명령을 사용해 리포지토리에서 chapter7 브랜치를 제거한다.

```
$ git push -d origin chapter7
$ git branch -D chapter7
```

마지막으로, 젠킨스 인스턴스를 업그레이드하여 GITHUB_PAGES_SITE_URL이라는 환경 변수를 설정해야 한다. 이는 https://$GITHUB_USERNAME.github.io/Learn-Helm-Chart-Repository/stable 형식을 갖는 깃허브 페이지의 차트 리포지토리의 위치다. 환경 변수는 CD 파이프라인에서 helm repo add 명령을 통해 stable 깃허브 페이지 차트 리포지토리를 추가하기 위해 참조된다. 이 변수를 추가하려면 --reuse-values 플래그를 사용해 이전에 적용된 값을 재사용할 수 있으며, --set 플래그를 사용해 githubPagesSiteUrl이라는 추가적인 값을 지정할 수도 있다.

다음과 같은 명령을 통해 젠킨스 인스턴스를 업그레이드할 수 있다.

```
$ helm upgrade jenkins codecentric/jenkins \
  -n chapter7 --version 1.5.1 \
  --reuse-values --set githubPagesSiteUrl=$GITHUB_PAGES_SITE_URL
```

이 업그레이드로 인해 젠킨스 인스턴스가 재시작될 것이다. chapter7 네임스페이스의 파드에 대해 워치watch를 실행해 젠킨스 파드가 준비 상태가 될 때까지 기다릴 수 있다.

```
$ kubectl get Pods -n chapter7 -w
```

젠킨스 파드는 1/1 컨테이너가 준비 상태가 되었을 때 사용할 수 있다.

젠킨스가 준비되면 이전 절과 동일한 URL을 사용해 젠킨스 인스턴스에 액세스한다. CD 파이프라인을 의미하는 'Deploy NGINX Chart엔진엑스 차트 배포'라고 하는 또 다른 작업을 찾아야 한다.

▲ **그림 7.14** 젠킨스 릴리스 업그레이드 후 젠킨스 프론트 페이지

이 작업은 `GITHUB_PAGES_SITE_URL`이 설정될 때 생성되는 values.yaml 파일에 구성된다 (7장의 흐름을 개선하는 데 도움이 된다).

CI 파이프라인과 마찬가지로, CD 파이프라인도 처음으로 감지되므로 자동으로 시작된다. 이 파이프라인의 로그를 검토하기 전에, CD 파이프라인을 구성하는 프로세스를 살펴보겠다.

파이프라인 이해

이번 절에서는 파이프라인의 주요 영역만을 살펴보겠지만, https://github.com/PacktPublishing/-Learn-Helm/blob/master/nginx-cd/Jenkinsfile에서 CD 파이프라인의 전체 내용을 확인할 수 있다.

이전에 살펴봤던 CI 파이프라인과 마찬가지로, 헬름 차트를 테스트하고 릴리스하기 위한 CD 파이프라인은 차트 테스트 이미지를 실행하는 쿠버네티스 파드로 새로운 젠킨스 에이전트를 동적으로 생성해 시작한다.

```
agent { label 'chart-testing-agent' }
```

이 파이프라인에서는 ct 도구를 사용하지 않지만, 차트 테스트 이미지에는 엔진엑스 배포를 수행하는 데 필요한 헬름 CLI가 포함되어 있으므로 CD 파이프라인 예제를 수행하는 데 있어서 해당 이미지면 충분하다. 그러나 사용되지 않는 도구를 제거해 좀 더 경량화된 이미지를 만들 수도 있다.

에이전트가 생성되면, 젠킨스는 이전 CI 파이프라인에서 수행했던 것과 마찬가지로 포크를 암시적으로 복제한다.

파이프라인의 첫 번째 단계에 명시적으로 정의된 단계는 깃허브 페이지에서 호스팅되는 stable 차트 리포지토리를 젠킨스 에이전트가 실행되고 있는 로컬 헬름 클라이언트에 추가하는 설정이다.

```
sh "helm repo add learnhelm ${env.GITHUB_PAGES_SITE_URL}"
```

리포지토리가 추가되면, 파이프라인을 이용해 다른 환경에 엔진엑스 배포를 시작할 수 있다. 다음 단계인 개발 환경에 배포^{Deploy to Dev}는 엔진엑스 차트를 dev 네임스페이스에 배포한다.

```
dir('nginx-cd') {
  sh "helm upgrade --install nginx-${env.BRANCH_NAME}
learnhelm/nginx --values common-values.yaml --values dev/values.yaml -n dev --wait"
}
```

이 단계에서 주목해야 할 첫 번째 세부 사항은 dir('nginx-cd') 클로저closure다. 이것은 그 안에 포함된 명령의 작업 디렉토리를 설정하는 Jenkinsfile 구문이다. 곧 nginx-cd 폴더에 대해 자세히 설명하겠다.

이 단계에서는 제공된 --install 플래그를 사용해 helm upgrade 명령을 실행하는 것도 확인할 수 있다. helm upgrade 명령은 일반적으로 기존에 존재하는 릴리스에 대해 수행되며, 존재하지 않는 릴리스에 대해 시도할 경우 실패하게 된다. 그러나 --install 플래그를 사용할 경우 기존에 릴리스가 존재하지 않더라도 차트를 설치하게 된다. 릴리스가 존재하는 경우, helm upgrade 명령은 릴리스를 업그레이드한다. --install 플래그를 사용하면 릴리스의 존재 유무를 확인하기 위한 검사를 수행할 필요가 없기 때문에, 이번 절에서 설명하는 CD 파이프라인 같은 자동화된 프로세스에 사용하기 편리하다.

앞서 설명한 helm upgrade 명령에 대한 또 다른 흥미로운 사실은 --values 플래그를 두 번 사용한다는 것이다. 한 번은 common-values.yaml이라는 파일에 대해, 또 다른 한 번은 dev/values.yaml 파일에 대해서다. 이 두 파일 모두 nginx-cd 폴더에 위치하고 있다. 다음은 nginx-cd 폴더에 담겨 있는 내용이다.

```
nginx-cd/
  dev/
    values.yaml
  qa/
    values.yaml
  prod/
    values.yaml
  common-values.yaml
  Jenkinsfile
```

애플리케이션을 다른 환경에 배포할 때, 환경의 다른 서비스와 통합할 수 있도록 애플리케이션의 설정을 약간 수정해야 할 수 있다. dev, qa, prod 폴더 아래의 values 파일에는 엔진엑스가 배포되는 환경에 따라 설정할 수 있는 환경 변수들이 포함되어 있다. 예를 들어, dev/values.yaml 파일의 내용은 다음과 같다.

```
env:
  - name: ENVIRONMENT
    value: dev
```

이와 유사하게, qa/values.yaml 파일의 내용은 다음과 같다.

```
env:
  - name: ENVIRONMENT
    value: qa
```

prod/values.yaml 파일의 내용은 다음과 같다.

```
env:
  - name: ENVIRONMENT
    value: prod
```

이번 예제를 통해 배포된 엔진엑스 차트는 단순하기 때문에 이러한 값에 대한 설정을 엄격하게 따를 필요가 없지만, 앞서 설명한 바와 같이 별도의 values 파일에서 환경별 설정을 분리하는 것은 복잡한 실제 환경의 사용 사례에 도움이 된다. 그런 다음, 해당 values 파일을 --values $ {env} /values.yaml 플래그와 함께 helm upgrade --install 명령에 전달해 설치에 적용할 수 있다. 여기서 ${env}는 dev, qa 또는 prod를 의미한다.

파일의 이름에서 확인할 수 있듯이 common-values.yaml 파일은 모든 환경에서 공통적으로 사용되는 값에 사용된다. 이를 위한 common-values.yaml 파일의 예제는 다음과 같다.

```
service:
  type: NodePort
```

이 파일은 차트 설치 과정에서 생성된 각 엔진엑스 서비스에 NodePort 타입이 설정돼야 함을 의미한다. 엔진엑스 차트의 values.yaml 파일에 설정된 다른 모든 기본값은

common-values.yaml 파일이나 개별 values.yaml 환경 파일에서 재정의되지 않으므로 각 환경에도 적용된다.

한 가지 중요한 점은 애플리케이션이 각 배포 환경에서 가능한 동일하게 배포돼야 한다는 사실이다. 실행 중인 파드나 컨테이너의 물리적인 속성을 변경하는 모든 값은 common-values.yaml 파일에 명시돼야 한다. 이러한 설정에는 다음과 같은 내용이 포함되지만, 이에 국한되지는 않는다.

- 복제본의 수
- 리소스 요청 및 제한
- 서비스 타입
- 이미지 이름
- 이미지 태그
- ImagePullPolicy이미지 풀 정책
- 볼륨 마운트

각 환경에 특화된 서비스와 통합하기 위해 설정을 변경하는 값은 개별 환경의 values 파일에서 수정할 수 있다. 이러한 설정에는 다음과 같은 내용이 포함될 수 있다.

- 메트릭 또는 모니터링 서비스의 위치
- 데이터베이스 또는 백엔드 서비스의 위치
- 애플리케이션/인그레스ingress URL
- 알림 서비스

CD 파이프라인의 '개발 환경에 배포' 단계에서 사용된 헬름 명령으로 돌아가서 살펴보면 `--values common-values.yaml` 및 `--values dev/values.yaml` 플래그의 조합은 두 values 파일을 병합해 개발 환경에 nginx 차트를 설치한다. 또한 이 명령은 `-n dev` 플래그를 사용하여 배포가 `dev` 네임스페이스에서 수행돼야 함을 나타낸다. 추가적으로, `--wait` 플래그의 경우 준비 상태로 보고될 때까지 `nginx` 파드를 일시 중지하는 데 사용한다.

파이프라인을 계속 진행하다 보면, dev에 배포를 진행한 다음 단계는 스모크 테스트[smoke test]다.

```sh
sh 'helm test nginx -n dev'
```

엔진엑스 차트에는 엔진엑스 파드에 대한 커넥션[connection]을 확인하는 데 사용하는 테스트 훅이 포함되어 있다. 이 테스트 훅이 파드에 대한 커넥션을 생성할 수 있으면 테스트 결과는 성공으로 간주된다. `helm test` 명령은 주로 차트의 테스트용으로 사용되지만, CD 프로세스에서 기본적인 스모크 테스트를 수행하기 위한 좋은 방법으로도 사용할 수 있다. 스모크 테스트는 애플리케이션의 중요한 기능이 배포 후에 설계된 대로 동작하는지 확인하기 위해 수행되는 테스트다. 엔진엑스 차트 테스트는 실행 중인 애플리케이션이나 기타 배포 환경을 어떤 식으로든 방해하지 않기 때문에 `helm test` 명령은 엔진엑스 차트가 성공적으로 배포됐는지 확인할 수 있는 적절한 방법이다.

스모크 테스트 후에, 예제 CD 파이프라인은 QA 환경에 배포[Deploy to QA] 단계를 실행한다. 이 단계에서는 다음과 같이 파이프라인이 실행 중인 현재 브랜치가 마스터 브랜치인지 여부를 확인하는 조건이 포함되어 있다.

```
when {
  expression {
    return env.BRANCH_NAME == 'master'
  }
}
```

이 조건을 사용하면 피처 브랜치[feature branch]를 사용해 상위 환경으로 승격시키지 않고도 values.yaml 파일에 포함된 배포 코드를 테스트할 수 있다. CD 파이프라인에서 애플리케이션을 릴리스할 때 취할 수 있는 유일한 전략은 아니지만, 이는 마스터 브랜치에 포함된 헬름값만이 운영 준비 상태[production-ready]가 되어 있어야 함을 의미한다. 또 다른 일반적인 전략은 release/ 접두사로 시작하는 릴리스 브랜치에서 상위 단계의 환경으로 승격을 허용하는 것이다.

'QA 환경에 배포' 단계에서 사용되는 헬름 명령은 다음과 같다.

```
dir('nginx-cd') {
  sh "helm upgrade --install nginx-${env.BRANCH_NAME}
learnhelm/nginx --values common-values.yaml --values qa/values.yaml -n qa --wait"
}
```

'개발 환경에 배포' 단계에서 학습했던 지식 및 공통 값과 환경별 값의 분리를 고려해볼 때, 'QA 환경에 배포' 단계를 위한 코드를 예측할 수 있다. QA 환경에 특화된 값에 대해 qa/values.yaml 파일을 참조하고 -n qa 플래그를 전달해 qa 네임스페이스에 배포한다.

QA 환경이나 유사한 테스트 환경에 배포한 후, 앞서 설명한 스모크 테스트를 다시 실행하여 QA 환경에 배포된 작업의 기본 기능이 정상적으로 동작하는지 확인할 수 있다. 이 단계에서는 운영 환경에 배포^{Deploy to Prod} 단계 이전에 애플리케이션의 기능을 확인하는 데 필요한 다른 자동화된 테스트를 포함할 수 있다. 이러한 세부 내용은 이 예제 파이프라인에서 생략됐다.

파이프라인의 다음 단계는 입력에 대한 대기^{Wait for Input} 단계다.

```
stage('Wait for Input') {
  when {
    expression {
      return env.BRANCH_NAME == 'master'
    }
  }
  steps {
    container('chart-testing') {
      input 'Deploy to Prod?'
    }
  }
}
```

이 입력 단계는 젠킨스 파이프라인을 일시 중지하고 프롬프트를 통해 사용자에게 운영 환경에 배포를 할 것인지에 대한 질의를 한다. 실행 중인 작업의 콘솔 로그를 확인해보면 사용자에게는 Proceed^{진행} 및 Abort^{중단}라는 두 가지 선택사항이 제공된다. 운영 환경에 배포는 수동 단계 없이 자동으로 실행될 수 있지만, 많은 개발자 및 회사는 비운영 환경 배포와 운영 환경 배포 사이에 사람에 의한 작업을 선호한다. 이 입력 명령은 사용자가 배포를 계속할지 또는 QA 단계 후 파이프라인을 중단할지 여부를 결정할 수 있는 기회를 제공한다.

사용자가 계속 진행하기로 결정한다면, '운영 환경에 배포'라는 최종 단계가 실행된다.

```
dir('nginx-cd') {
  sh "helm upgrade --install nginx-${env.BRANCH_NAME}
learnhelm/nginx --values common-values.yaml --values prod/values.yaml -n prod --wait"
}
```

이 단계는 운영 환경에 특화된 파일 및 `helm upgrade --install` 명령의 일부로 정의된 prod 네임스페이스를 제외하고 '개발 환경에 배포' 및 'QA 환경에 배포' 단계와 거의 동일하다.

지금까지 예제 CD 파이프라인을 설명했으므로, 이제 젠킨스 인스턴스를 업그레이드할 때 시작되는 파이프라인의 실행을 살펴보겠다.

파이프라인 실행

CD 파이프라인이 작동하는지 보려면, Deploy NGINX Chart 작업의 마스터 브랜치로 이동한다. 젠킨스 프론트 페이지에서, **Deploy NGINX Chart ➤ master**를 클릭한다. 이때 나오는 화면은 다음과 같다.

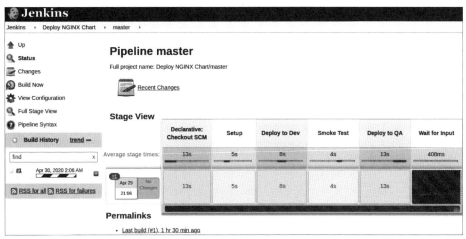

▲ **그림 7.15** 엔진엑스 차트 CD 파이프라인의 마스터 브랜치

이 페이지로 이동한 후 #1 링크를 클릭하고 콘솔 로그를 확인한다.

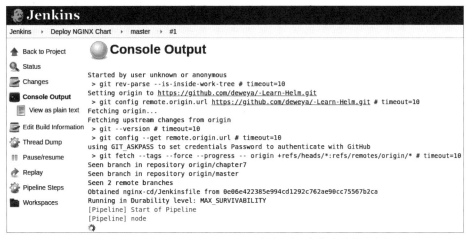

▲ **그림 7.16** 엔진엑스 차트 CD 파이프라인 배포의 콘솔 출력 결과 페이지

로그로 이동해보면, `Deploy to Prod?`운영계에 배포할 것인가?라는 프롬프트가 표시돼야 한다. 곧 이 문제를 해결할 것이다. 지금까지 파이프라인 실행을 검토해보기 위해, 먼저 로그의 시작 부분을 다시 한번 살펴보자.

확인할 수 있는 첫 번째 배포는 dev 배포다.

```
+ helm upgrade --install nginx-master learnhelm/nginx --values
common-values.yaml --values dev/values.yaml -n dev --wait
Release 'nginx-master' does not exist. Installing it now.
NAME: nginx-master
LAST DEPLOYED: Thu Apr 30 02:07:55 2020
NAMESPACE: dev
STATUS: deployed
REVISION: 1
NOTES:
1. Get the application URL by running these commands:
  export NODE_PORT=$(kubectl get --namespace dev -o
jsonpath='{.spec.ports[0].nodePort}' services nginx-master)
  export NODE_IP=$(kubectl get nodes --namespace dev -o
jsonpath='{.items[0].status.addresses[0].address}')
  echo http://$NODE_IP:$NODE_PORT
```

그런 다음, helm test 명령에 의해 실행된 스모크 테스트가 표시돼야 한다.

```
+ helm test nginx-master -n dev
Pod nginx-master-test-connection pending
Pod nginx-master-test-connection pending
Pod nginx-master-test-connection succeeded
NAME: nginx-master
LAST DEPLOYED: Thu Apr 30 02:07:55 2020
NAMESPACE: dev
STATUS: deployed
REVISION: 1
TEST SUITE: nginx-master-test-connection
Last Started: Thu Apr 30 02:08:03 2020
Last Completed: Thu Apr 30 02:08:05 2020
Phase: Succeeded
```

스모크 테스트 후에는 qa 배포가 시작된다.

```
+ helm upgrade --install nginx-master learnhelm/nginx --values
common-values.yaml --values qa/values.yaml -n qa --wait
Release 'nginx-master' does not exist. Installing it now.
NAME: nginx-master
LAST DEPLOYED: Thu Apr 30 02:08:09 2020
NAMESPACE: qa
STATUS: deployed
REVISION: 1
```

이렇게 하면, 처음 로그를 열었을 때 봤던 입력 단계로 이동한다.

```
[Pipeline] { (Wait for Input)
[Pipeline] container
[Pipeline] {
[Pipeline] input
Deploy to Prod?
Proceed or Abort
☀
```

▲ 그림 7.17 운영 환경에 배포 전의 입력 단계

Abort를 클릭하면 파이프라인이 실패하고 운영 환경에 배포가 진행되지 않기 때문에, Proceed 링크를 클릭해 파이프라인에 대한 실행을 계속 진행한다. 그러면 운영 환경에 배포가 진행되는 것을 확인할 수 있을 것이다.

```
+ helm upgrade --install nginx-master learnhelm/nginx --values
common-values.yaml --values prod/values.yaml -n prod -wait

Release 'nginx-master' does not exist. Installing it now.

NAME: nginx-master
LAST DEPLOYED: Thu Apr 30 03:46:22 2020
NAMESPACE: prod
STATUS: deployed
REVISION: 1
```

마지막으로, 운영 환경에 배포가 성공하면 파이프라인의 끝부분에 다음과 같은 메시지가
표시된다.

```
[Pipeline] End of Pipeline
Finished: SUCCESS
```

명령행을 통해 배포가 성공했는지를 수동으로 확인할 수 있다. 이는 `helm list` 명령을 실
행해 nginx-master 릴리스를 찾아서 확인할 수 있다.

```
$ helm list -n dev
$ helm list -n qa
$ helm list -n prod
```

위에서 설명한 각 명령은 각 네임스페이스에 nginx 릴리스를 나열해야 한다.

```
NAME                NAMESPACE       REVISION
nginx-master        dev             1
```

또한 kubectl을 사용해 각 네임스페이스의 파드를 나열해보고 엔진엑스가 배포됐는지 확
인할 수 있다.

```
$ kubectl get Pods -n dev
$ kubectl get Pods -n qa
$ kubectl get Pods -n prod
```

각 네임스페이스에서 출력된 결과는 다음과 유사할 것이다(dev 네임스페이스에는 스모크 테
스트 단계에서 수행 및 완료된 테스트 파드도 존재한다).

```
NAME                        READY       STATUS      RESTARTS    AGE
nginx-fcb5d6b64-rmc2j       1/1         Running     0           46m
```

이번 절에서는 CD 파이프라인에서 헬름을 사용해 쿠버네티스의 여러 환경에 애플리케이션을 배포하는 방법을 설명했다. 파이프라인은 소스 제어 시스템에 설정(values.yaml 파일)을 저장하는 깃옵스 관행에 의존하고 있으며, 이러한 파일을 참조해 엔진엑스를 올바르게 구성했다. 헬름을 CD 환경에서 사용하는 방법을 이해했으므로, 이제 미니쿠베 클러스터를 정리한다.

▌ 정리

7장에서 실습했던 미니쿠베 클러스터를 정리하려면 chapter7, dev, qa, prod 네임스페이스를 삭제한다.

```
$ kubectl delete ns chapter7
$ kubectl delete ns dev
$ kubectl delete ns qa
$ kubectl delete ns prod
```

또한 미니쿠베 VM을 종료할 수도 있다.

```
$ minikube stop
```

▌ 요약

CI 및 CD 파이프라인에서 헬름 CLI를 호출하는 것은 헬름이 제공하는 기능을 추가로 추상화하는 효율적인 방법이다. 차트 개발자는 차트에 대한 정적 검사, 테스트, 패키징 및 차트 리포지토리에 차트 릴리스를 수행하는 CI 파이프라인을 작성해 엔드 투 엔드 차트 개발 프로세스를 자동화할 수 있다. 최종 사용자는 헬름을 사용해 여러 환경에 차트를 배포하는 CD 파이프라인을 작성하고 깃옵스를 활용해 애플리케이션을 코드로 배포하고 구성할 수 있다. 파이프라인 작성을 통해 개발자와 회사는 지루하고 인적 오류를 유발할 수 있는 프로세스를 추상화하고 자동화하여 애플리케이션을 좀 더 쉽고 빠르게 확장할 수 있다.

8장에서는 헬름 CLI를 추상화하는 또 다른 옵션인 헬름 오퍼레이터를 소개한다.

▌ 더 읽을거리

차트 테스트 컨테이너 이미지에 관해 좀 더 자세히 알아보려면 https://helm.sh/blog/chart-testing-intro/에서 확인할 수 있다.

젠킨스 및 젠킨스 파이프라인에 관해 자세히 알아보려면 젠킨스 프로젝트 문서(https://jenkins.io/doc/), 젠킨스 파이프라인 문서(https://jenkins.io/doc/book/pipeline/), 멀티브랜치 파이프라인 플러그인 문서(https://plugins.jenkins.io/workflow-multibranch/)를 확인한다.

▌ 평가 문제

1. CI와 CD의 차이점은 무엇인가?

2. CI/CD와 깃옵스의 차이점은 무엇인가?

3. 헬름 차트를 생성하고 릴리스하기 위해 CI/CD 파이프라인에 포함된 상위 수준 단계는 무엇인가?

4. CI는 차트 개발자에게 어떠한 이점을 제공하는가?

5. 헬름 차트 배포를 위해 CD 파이프라인에 포함된 상위 수준 단계는 무엇인가?

6. CD 파이프라인은 최종 사용자에게 어떠한 이점을 제공하는가?

7. 다양한 환경에서 애플리케이션의 구성을 코드로서 유지하려면 어떻게 해야 하는가? values 파일에서 보일러플레이트를 줄이기 위해 무엇을 할 수 있는가?

08

오퍼레이터 프레임워크와 함께 헬름 사용

헬름 사용의 장점 중 하나는 로컬 및 라이브 상태를 동기화하는 기능이다. 헬름을 사용할 때 로컬 상태는 설치나 업그레이드 명령 사용 시 제공되는 values 파일을 통해 관리되며, 값을 적용해 쿠버네티스 클러스터에서 라이브 상태를 동기화한다. 7장에서는 애플리케이션에 대한 변경이 필요할 때 이러한 명령을 호출해 수행했다.

이러한 변경사항을 동기화할 수 있는 또 다른 방법은 원하는 상태가 환경 내의 현재 구성과 일치하는지 주기적으로 확인하는 애플리케이션을 클러스터 내에 만드는 것이다. 상태가 일치하지 않을 경우, 애플리케이션은 원하는 상태와 일치하도록 환경을 자동으로 수정할 수 있다. 이 애플리케이션을 쿠버네티스 오퍼레이터^{Kubernetes operator}라고 한다. 8장에서는 로컬에 정의된 상태가 항상 클러스터의 라이브 상태와 일치하는지 확인하는 데 도움이 되는 헬름 기반 오퍼레이터를 생성할 것이다. 그렇지 않은 경우, 운영자는 적절한 헬름 명령 실행을 통해 환경을 업데이트해야 한다.

8장에서 다루는 내용은 다음과 같다.

- 쿠버네티스 오퍼레이터 이해
- 헬름 오퍼레이터 생성
- 헬름을 사용하여 오퍼레이터 및 **커스텀 리소스**^{CR, Custom Resource} 관리
- 쿠버네티스 환경 정리

▌ 기술 요구사항

8장에서는 로컬 머신에 다음과 같은 기술이 설치되어 있어야 한다.

- minikube
- helm
- kubectl

이러한 도구 외에도 https://github.com/PacktPublishing/—Learn—Helm에서 깃허브의 예제와 관련된 리소스가 포함된 팩트 리포지토리를 확인할 수 있다. 이 리포지토리는 8장 전체에서 참조된다.

▌ 쿠버네티스 오퍼레이터 이해

자동화는 쿠버네티스 플랫폼의 핵심이다. 1장 '쿠버네티스와 헬름 이해'에서 설명했던 바와 같이 쿠버네티스 리소스는 kubectl 명령을 실행해 암시적으로 관리하거나 YAML 형식의 파일을 적용해 선언적으로 관리할 수 있다. 쿠버네티스 **명령행 인터페이스**^{CLI, Command-Line Interface}를 통해 리소스가 적용될 경우 쿠버네티스 기본 원칙 중 하나는 클러스터 내 리소스의 현재 상태를 **제어 루프**^{control loop}라고 알려진 프로세스인 원하는 상태에 일치시키는 것이다. 클러스터의 상태를 지속적이고 비종료적^{non-terminating}으로 모니터링하는 이 패턴

은 컨트롤러를 사용해 구현된다. 쿠버네티스에는 쿠버네티스 API^{Application Programming} ^{Interface}에 대한 요청을 가로채는 승인 컨트롤러^{admission controller}부터 실행 중인 파드에 대한 복제본의 수를 관리하는 복제 컨트롤러^{replication controller}에 이르기까지 다양한 예제와 함께 플랫폼 고유의 수많은 컨트롤러가 존재한다.

쿠버네티스에 대한 관심이 커지면서, 사용자에게 기본 플랫폼의 기능을 확장할 수 있는 기능을 제공하거나 애플리케이션의 수명주기를 관리하는 데 더 많은 인텔리전스를 제공하는 방법을 결합하여 다음과 같은 중요한 개념들을 탄생시켰다. 첫째, **커스텀 리소스 정의** CRD, Custom Resource Definition의 도입을 통해 사용자는 새로운 유형의 리소스를 생성하고 등록하기 위해 쿠버네티스 플랫폼과 상호작용하는 메커니즘인 기본 쿠버네티스 API를 확장할 수 있었다. 새로운 CRD를 등록하면 쿠버네티스 API 서버에 새로운 **레스트풀**^{RESTful,} Representational State Transfer 리소스 경로가 생성된다. 예를 들면 **방명록**^{Guestbook}이라고 불리는 새로운 객체를 등록한 뒤, 쿠버네티스 CLI를 통해 `kubectl get pods` 명령을 실행하여 모든 파드 객체를 검색하는 방법과 유사하게 `kubectl get guestbook` 명령을 호출하여 이전에 생성된 모든 방명록 객체를 확인할 수 있다. 이 새로운 기능이 실현됨에 따라, 개발자는 이러한 유형의 CR을 모니터링하는 자체 컨트롤러를 만들어 CRD 사용을 통해 설명할 수 있는 애플리케이션의 수명주기를 관리할 수 있다.

두 번째 주요 트렌드는 쿠버네티스상에 배포되는 애플리케이션 유형의 발전이다. 작고 단순한 애플리케이션 대신, 좀 더 복잡한 스테이트풀^{stateful} 유형의 애플리케이션이 더 자주 배포됐다. 이러한 진보된 유형의 애플리케이션의 경우 일반적으로 다양한 컴포넌트의 배포와 같은 높은 수준의 관리 및 유지보수뿐만 아니라 백업 및 복구와 같은 Day 2 액티비티를 필요로 한다. 이러한 작업은 관리하는 애플리케이션과 관련해 좀 더 심층적인 지식을 필요로 하기 때문에 쿠버네티스에서 제공하는 일반적인 유형의 컨트롤러에서 확장돼야 한다. CR을 사용해 애플리케이션 및 해당 컴포넌트를 관리하는 패턴이 **오퍼레이터** Operator 패턴이라고 알려져 있다. 2016년에 소프트웨어 회사 코어OS^{CoreOS}가 처음 개발한 오퍼레이터는 운영을 담당하는 사람이 애플리케이션의 수명주기를 관리하는 데 필요한 지식을 갖도록 하는 것을 목표로 한다. 오퍼레이터는 CR에 대해 API 변경사항에 반응하는 일반적으로 컨테이너화된 애플리케이션(파드 내에 배포됨)으로 패키징된다.

오퍼레이터는 일반적으로 오퍼레이터 프레임워크라는 툴킷을 사용해 작성되며, 다음 세 가지 기술 중 하나를 기반으로 한다.

- Go
- 앤서블^{Ansible}
- 헬름

Go 기반 오퍼레이터는 Go 프로그래밍 언어를 활용해 제어 루프 로직을 구현한다. 앤서블 기반 오퍼레이터는 앤서블 CLI 및 앤서블 플레이북을 활용한다. 앤서블은 로직이 플레이북이라는 YAML 파일로 작성된 자동화된 도구다.

8장에서는 헬름 기반 오퍼레이터에 중점을 두고 진행한다. 헬름 오퍼레이터는 헬름 차트 및 헬름 CLI에서 제공하는 기능의 하위 집합으로 구현된 제어 루프 로직을 기반으로 한다.

오퍼레이터에 대한 이해를 바탕으로, 헬름을 사용해 자체 오퍼레이터를 생성해보자.

▌ 헬름 오퍼레이터 생성

이번 절에서는 5장 '첫 번째 헬름 차트 빌드'에서 만들었던 방명록 헬름 차트를 설치하는 데 사용할 헬름 기반 오퍼레이터를 작성한다. 이 차트는 팩트 리포지토리(https://github.com/PacktPublishing/-Learn-Helm/tree/master/helm-charts/charts/guestbook)의 guestbook/ 폴더에서 확인할 수 있다.

오퍼레이터는 애플리케이션을 유지 및 관리하기 위한 제어 루프 로직을 포함하는 컨테이너 이미지 형태로 빌드된다. 다음 다이어그램은 방명록 오퍼레이터가 배포된 후 동작하는 방식을 보여준다.

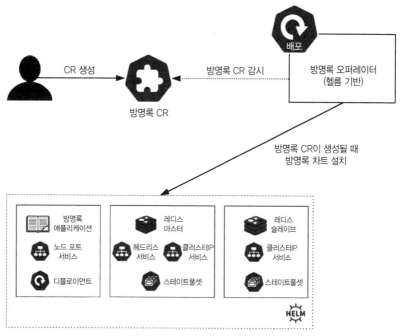

▲ **그림 8.1** 방명록 오퍼레이터 워크플로우

방명록 오퍼레이터는 방명록 CR의 변경사항을 지속적으로 감시한다. 방명록 CR이 생성되면, 오퍼레이터는 5장에서 생성한 방명록 차트를 설치한다. 반대로, 방명록 CR이 삭제되는 경우 오퍼레이터는 방명록 헬름 차트를 제거한다.

방명록 오퍼레이터의 동작 방식에 대한 이해를 기반으로, 오퍼레이터를 빌드하고 배포할수 있는 환경을 설정해보자.

환경 설정

우선, 오퍼레이터가 쿠버네티스에 배포되어 있어야 하므로 다음과 같은 명령을 실행해미니쿠베 환경을 구동한다.

```
$ minikube start
```

미니쿠베가 구동된 후에, 다음과 같이 chapter8이라는 네임스페이스를 생성한다.

```
$ kubectl create ns chapter8
```

방명록 오퍼레이터는 컨테이너 이미지로 빌드됐기 때문에, 나중에 참조할 수 있도록 해당 이미지를 저장할 수 있는 저장소를 만들어야 한다. 해당 이미지를 저장하기 위해, 퍼블릭 컨테이너 레지스트리^{public container registry}인 퀘이^{Quay}(quay.io)에 새로운 리포지토리를 생성한다(다른 곳에 계정이 있는 경우에도 충분하다). 또한 오퍼레이터 이미지를 빌드하는 데 필요한 도구를 사용해 로컬 개발 환경을 준비한다.

퀘이에 새로운 이미지 리포지토리를 생성하는 것부터 시작한다.

퀘이 리포지토리 생성

퀘이에 새로운 리포지토리를 생성하려면 퀘이 계정이 있어야 한다. 퀘이 계정을 생성하려면 다음과 같은 단계를 따른다.

1. 브라우저에서 https://quay.io/signin/으로 이동한다. 다음 스크린샷과 같이 퀘이의 자격 증명을 입력하는 화면이 표시될 것이다.

▲ **그림 8.2** 레드햇 퀘이 로그인 페이지

2. 페이지 하단에서 Create Account^{계정 생성} 링크를 클릭한다. 다음 스크린샷과 같이 새로운 퀘이 계정을 생성하라는 일련의 대화상자가 표시될 것이다.

▲ **그림 8.3** 레드햇 퀘이의 새로운 계정 생성 페이지

3. 사용자가 원하는 자격 증명을 입력한 다음 Create Free Account^{무료 계정 생성}를 선택한다.

4. 곧 확인 이메일이 발송될 것이다. 확인 이메일의 링크를 클릭해 계정을 확인하고 새로운 계정으로 퀘이에 대한 사용을 계속 진행한다.

새로운 퀘이 계정을 생성한 후에는 오퍼레이터 이미지에 대한 새로운 이미지 리포지토리에 대한 생성을 계속 진행할 수 있다.

새로운 이미지 리포지토리를 생성하려면 퀘이 페이지의 오른쪽 상단 모서리에 있는 + 아이콘을 선택하고, 다음 스크린샷에 표시된 바와 같이 New Repository^{새로운 리포지토리}를 선택한다.

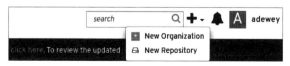

▲ **그림 8.4** 새로운 이미지 리포지토리 생성을 위한 New Repository 선택

5. 새로운 리포지토리를 선택하면, 세부 정보를 입력해야 하는 새로운 리포지토리 생성 페이지로 이동한다.

    Repository name^{리포지토리 이름}으로 'guestbook-operator'를 입력한다.

    리포지토리에 대해 인증되지 않은 액세스를 의미하는 **Public** 라디오 버튼을 선택한다. 이 변경사항은 쿠버네티스가 이미지를 액세스할 수 있는 방법을 단순화한다.

    나머지 옵션은 기본값을 유지하도록 그대로 남겨둔다. 완료되면 다음 스크린샷과 같이 새로운 리포지토리 생성 페이지가 나타난다.

▲ **그림 8.5** 퀘이의 '새로운 리포지토리 생성' 페이지

6. Create Public Repository^{퍼블릭 리포지토리 생성} 버튼을 선택해 퀘이 리포지토리를 생성한다.

이제 방명록 오퍼레이터를 저장하기 위한 리포지토리가 생성됐으므로, 헬름 오퍼레이터를 빌드하는 데 필요한 도구를 사용해 환경을 준비해보자.

로컬 개발 환경 준비

헬름 오퍼레이터를 생성하려면 최소한 다음과 같은 CLI 도구가 필요하다.

- operator-sdk
- docker, podman, 또는 buildah

operator-sdk CLI는 쿠버네티스 오퍼레이터를 개발하는 데 사용되는 툴킷이다. 여기에는 오퍼레이터 개발 프로세스를 단순화하고자 하는 고유한 로직이 포함되어 있다. operator-sdk는 내부적으로 오퍼레이터 이미지를 빌드하는 데 사용할 수 있는 컨테이너 관리 도구를 필요로 한다. operator-sdk CLI는 기본 컨테이너 관리 도구로 docker, podman, buildah를 지원한다.

operator-sdk CLI를 설치하려면 https://github.com/operator-framework/operator-sdk/releases의 깃허브 리포지토리에서 릴리스를 다운로드하기만 하면 된다. 그러나 docker, podman 또는 buildah를 설치하는 데 사용되는 프로세스는 운영체제에 따라 크게 다를 수 있다. 윈도우 사용자는 기본적으로 operator-sdk 툴킷을 사용할 수 없음에 유의해야 한다.

다행스럽게도 미니쿠베 VM^{Virtual Machine}은 리눅스 VM이고 도커 CLI 또한 포함하고 있기 때문에, 다양한 운영체제 환경의 개발자를 위한 작업 환경으로 활용할 수 있다. 이번 절에서는 미니쿠베 VM에 operator-sdk를 설치하고, 이 환경을 사용해 오퍼레이터를 생성한다. 제공된 단계는 VM에서 실행되도록 설계됐지만, 이러한 단계의 대부분은 모든 리눅스 및 맥 환경의 컴퓨터에서도 실행 가능하다.

미니쿠베 VM에 operator-sdk를 설치하고자 할 경우 다음과 같은 단계를 따른다.

1. 다음과 같이 minikube ssh 명령을 실행해 VM에 액세스한다.

```
$ minikube ssh
```

2. VM 내부에서 operator-sdk CLI를 다운로드해야 한다. 이는 curl 명령을 사용해 수행할 수 있다. 이 책의 집필 당시 사용된 operator-sdk 버전은 0.15.2 버전임에 유의한다.

   해당 버전에 속하는 operator-sdk CLI를 다운로드하려면 다음과 같은 명령을 실행한다.

   ```
   $ curl -o operator-sdk -L https://github.com/operator-framework/
   operator-sdk/releases/download/v0.15.2/
   operator-sdk-v0.15.2-x86_64-linux-gnu
   ```

3. 다운로드가 완료되면, operator-sdk 바이너리 권한을 사용자가 실행할 수 있도록 변경해야 한다. 이는 chmod 명령을 실행해 다음과 같이 수정한다.

   ```
   $ chmod u+x operator-sdk
   ```

4. 다음으로, operator-sdk 바이너리를 VM의 PATH 변수를 통해 관리되는 위치(예: /usr/bin)로 이동시킨다. 해당 작업에는 루트 권한이 필요하기 때문에, 다음과 같이 sudo를 사용해 mv 명령을 실행한다.

   ```
   $ sudo mv operator-sdk /usr/bin
   ```

5. 마지막으로, 다음과 같이 operator-sdk version 명령을 실행해 operator-sdk가 제대로 설치됐음을 확인한다.

   ```
   $ operator-sdk version
   operator-sdk version: 'v0.15.2', commit:
   'ffaf278993c8fcb00c6f527c9f20091eb8dd3352', go version:'go1.13.3 linux/amd64'
   ```

   위 명령이 오류 없이 실행되는 경우, operator-sdk CLI를 성공적으로 설치한 것이다.

6. 추가적인 단계로, 미니쿠베 VM에서 팩트 리포지토리도 복제해야 한다. 나중에 방명록 헬름 차트를 활용해 헬름 오퍼레이터를 빌드할 것이다. VM에서 다음과 같은 명령을 실행해 리포지토리를 복제한다.

```
$ git clone https://github.com/PacktPublishing/-Learn-Helm.git Learn-Helm
```

이제 미니쿠베 VM에 퀘이 이미지 리포지토리와 로컬 개발 환경을 갖게 됐으므로, 방명록 오퍼레이터 작성을 시작하겠다. 오퍼레이터 코드의 예제는 https://github.com/PacktPublishing/-Learn-Helm/tree/master/guestbook-operator에서 찾을 수 있다.

오퍼레이터 파일 구조 스캐폴딩

헬름 차트와 유사하게 operator-sdk CLI에 의해 빌드된 헬름 오퍼레이터는 준수해야 하는 특정 파일 구조가 있다. 이 파일 구조는 다음 표에 설명되어 있다.

파일 또는 폴더	정의
build/	해당 폴더는 오퍼레이터 이미지를 빌드하기 위한 Dockerfile을 포함하고 있다.
deploy/	해당 폴더는 쿠버네티스에 오퍼레이터를 배포하기 위한 파일들을 포함하고 있다.
helm-charts/	해당 폴더는 설치를 담당하는 헬름 차트 오퍼레이터를 포함하고 있다.
watches.yaml	해당 파일은 모니터링(watching)을 담당하는 커스텀 리소스 형태의 오퍼레이터를 포함하고 있다.

▲ 그림 8.6 설명된 파일 구조

operator-sdk new 명령을 사용해 오퍼레이터 파일 구조를 쉽게 생성할 수 있다. 미니쿠베 VM에서 다음과 같은 명령을 실행해 방명록 오퍼레이터를 스캐폴딩한다.

```
$ operator-sdk new guestbook-operator --type helm --kind
Guestbook --helm-chart Learn-Helm/helm-charts/charts/guestbook
INFO[0000] Creating new Helm operator 'guestbook-operator'.
INFO[0003] Created helm-charts/guestbook
WARN[0003] Using default RBAC rules: failed to get Kubernetes
config: could not locate a kubeconfig
INFO[0003] Created build/Dockerfile
INFO[0003] Created watches.yaml
INFO[0003] Created deploy/service_account.yaml
INFO[0003] Created deploy/role.yaml
INFO[0003] Created deploy/role_binding.yaml
INFO[0003] Created deploy/operator.yaml
INFO[0003] Created deploy/crds/charts.helm.k8s.io_v1alpha1_guestbook_cr.yaml
INFO[0003] Generated CustomResourceDefinition manifests.
INFO[0003] Project creation complete.
```

operator-sdk new 명령은 오퍼레이터 콘텐츠가 포함된 guestbook-operator라는 로컬 디렉토리를 생성했다. --type 플래그를 사용해 헬름 오퍼레이터를 생성하도록 지정했으며, 이때 CR의 이름을 Guestbook으로 지정한다.

마지막으로, --helm-chart 플래그는 operator-sdk CLI에 소스 방명록 차트를 오퍼레이터 디렉토리에 복사하도록 지시한다.

방명록 오퍼레이터가 성공적으로 스캐폴딩됐으므로, 오퍼레이터를 빌드하고 퀘이 레지스트리로 푸시한다.

오퍼레이터 빌드 및 퀘이로 푸시

operator-sdk CLI는 오퍼레이터 이미지를 쉽게 빌드할 수 있는 operator-sdk build 명령을 제공한다. 이 명령은 오퍼레이터의 최상위 디렉토리에 대해 실행되도록 설계됐으며, 오퍼레이터의 build/ 폴더 아래에 있는 Dockerfile을 참조해 이미지를 빌드한다.

미니쿠베 VM에서 operator-sdk build 명령을 실행하고, 다음에서 설명하는 바와 같이 퀘이의 사용자 이름을 대체한다.

```
$ cd guestbook-operator
$ operator-sdk build quay.io/$QUAY_USERNAME/guestbook-operator
```

빌드가 성공하는 경우 다음과 같은 메시지가 표시된다.

```
INFO[0092] Operator build complete.
```

미니쿠베 VM에 도커가 설치되어 있으므로, operator-sdk CLI는 백그라운드에서 도커를 사용해 이미지를 빌드했다. 다음과 같이 docker images 명령을 실행해 이미지가 빌드됐는지 확인할 수 있다.

```
$ docker images
```

로컬에서 빌드된 오퍼레이터 이미지를 쿠버네티스에서 가져올 수 있도록 이미지 레지스트리로 푸시해야 한다. 도커를 통해 이미지를 레지스트리로 푸시하려면, 우선 대상 레지스트리에 대한 인증을 수행해야 한다. 다음과 같은 코드 스니펫에 표시된 바와 같이 docker login 명령을 사용해 퀘이에 로그인한다.

```
$ docker login quay.io --username $QUAY_USERNAME --password $QUAY_PASSWORD
```

퀘이에 로그인한 후 docker push 명령을 사용해 오퍼레이터 이미지를 퀘이 레지스트리에 푸시한다.

```
$ docker push quay.io/$QUAY_USERNAME/guestbook-operator
```

푸시가 완료되면, '퀘이 리포지토리 생성' 절에서 생성한 방명록 오퍼레이터 리포지토리로 돌아간다. 다음 스크린샷에서 설명된 바와 같이 Repository Tags 섹션 아래에 새롭게 게시된 태그를 확인할 수 있어야 한다.

▲ 그림 8.7 퀘이 레지스트리로 푸시돼야 하는 새로운 태그

이제 오퍼레이터가 컨테이너 레지스트리로 푸시됐으므로, 쿠버네티스 환경에 오퍼레이터 배포를 계속해서 진행해본다.

방명록 오퍼레이터 배포

방명록 오퍼레이터를 스캐폴딩할 때 operator-sdk CLI는 deploy라고 하는 폴더를 생성하고 해당 폴더 내부에 오퍼레이터를 배포하는 데 필요한 파일을 생성한다.

다음 파일 구조는 deploy 폴더의 내용을 보여준다.

```
deploy/
  crds/
    charts.helm.k8s.io_guestbooks_crd.yaml
    charts.helm.k8s.io_v1alpha1_guestbook_cr.yaml
  operator.yaml
  role_binding.yaml
  role.yaml
  service_account.yaml
```

crds/ 폴더에는 방명록 CRD(charts.helm.k8s.io_guestbooks_crd.yaml)를 생성하는 데 필요한 YAML 리소스가 포함되어 있다. 이 파일은 쿠버네티스에 새로운 방명록 API 엔드포인트를 등록하는 데 필요하다. 또한 crds/ 폴더에는 예제 방명록 CR 애플리케이션이 포함되어 있다(charts.helm.k8s.io_v1alpha1_guestbook_cr.yaml). 이 파일을 생성하면 오퍼레이터가 방명록 헬름 차트를 설치하도록 트리거한다.

정의된 속성 타입에 익숙해지려면, 다음과 같이 CR의 내용을 검토해봐야 한다.

```
$ cat guestbook-operator/deploy/crds/charts.helm.k8s.io_v1alpha1_guestbook_cr.yaml
```

위 명령의 실행 결과 출력되는 스니펫은 다음과 같다.

```
apiVersion: charts.helm.k8s.io/v1alpha1
kind: Guestbook
metadata:
  name: example-guestbook
spec:
  # Default values copied from <project_dir>/helm-charts/guestbook/values.yaml

  affinity: {}
  fullnameOverride: ""
  image:
    pullPolicy: IfNotPresent
    repository: gcr.io/google-samples/gb-frontend
  imagePullSecrets: []
  ingress:
    annotations: {}
    enabled: false
```

▲ 그림 8.8 방명록 CR의 스니펫

spec 구문 아래의 각 항목은 방명록 차트의 values.yaml 파일을 참조한다. operator-sdk 도구는 이 파일에서 포함된 각 기본값을 사용해 이 예제 CR을 자동으로 생성한다. 이 CR을 적용하기 전에, 추가 항목을 더하거나 수정해 방명록 차트의 다른 값을 재정의할 수 있다. 이러한 값은 런타임 시 오퍼레이터가 사용하며, 값에 따라 방명록 애플리케이션을 배포한다.

deploy/operator.yaml 파일은 실제 오퍼레이터 자체를 정의하고, 간단한 배포 리소스를 포함하고 있다. 곧 이 파일로 돌아가 내용을 살펴볼 것이다.

role_binding.yaml, role.yaml 및 service_account.yaml 파일은 오퍼레이터가 방명록 CR을 감시하고, 쿠버네티스에 방명록 헬름 차트를 설치하는 데 필요한 권한을 제공하기 위해 생성됐다. service_account.yaml 파일에 정의된 서비스 계정을 사용하여 쿠버네티스 API를 통해 인증하여 이러한 작업을 수행한다. 인증되는 경우, 오퍼레이터에게 role.yaml 및 role_binding.yaml 리소스를 기반으로 권한이 제공된다. role.yaml 파일은 오퍼레이터가 수행할 수 있는 정확한 리소스 및 작업을 설명하는 세분화된 권한을 나열한다. role_binding.yaml 파일은 역할을 오퍼레이터의 서비스 계정에 바인딩한다.

오퍼레이터의 deploy/ 폴더 아래에 생성된 각 리소스를 이해하고 다음 단계에 따라 방명록 오퍼레이터를 배포한다.

1. 안타깝게도, 미니쿠베 VM에는 kubectl이 포함되어 있지 않기 때문에, 명령행 도구를 통해 VM에 연결되어 있는 경우 먼저 다음과 같은 명령을 통해 로컬 시스템으로 빠져나와야 한다.

```
$ exit
```

2. 이전에 operator-sdk를 통해 생성한 리소스는 guestbook-operator/ 폴더 아래의 팩트 리포지토리에도 존재한다. 7장에서 이 리포지토리를 복제하지 않았다면, 다음과 같은 명령을 사용해 지금 바로 복제한다.

```
$ git clone https://github.com/PacktPublishing/-Learn-Helm.git Learn-Helm
```

참고로, 미니쿠베 VM에서 생성한 리소스에서 수정된 팩트 리포지토리의 유일한 리소스는 role.yaml 파일이다. operator-sdk CLI는 방명록 헬름 차트에 포함된 템플릿 파일을 기반으로 간단한 role.yaml 파일을 생성했다. 그러나 이전에 학습한 내용을 살펴보면, 방명록 차트에는 조건부 값$^{conditional\ value}$을 기준으로만 포함되는 몇 가지 리소스가 포함되어 있다. 이러한 리소스는 영구 저장소가 활성화된 경우에만 포함된 작업 및 PersistentVolumeClaim 혹 리소스다. 이에 대한 한 가지 예가 다음 코드 스니펫의 PersistentVolumeClaim 템플릿에 나와 있다.

```
{{- if .Values.redis.master.persistence.enabled }}
apiVersion: v1
kind: PersistentVolumeClaim
```

operator-sdk CLI는 이 템플릿이 포함될지 여부를 알지 못하기 때문에 작업 및 영구 볼륨 요청에 대한 **역할 기반 액세스 제어**^{RBAC, Role-Based Access Control} 규칙을 자동으로 생성하지 않는다.

결과적으로 https://github.com/PacktPublishing/-Learn-Helm/blob/master/guestbook-operator/deploy/role.yaml#L81-L104에 있는 role.yaml 파일에 이러한 규칙을 추가했다.

3. 방명록 오퍼레이터는 새로운 API 엔드포인트에 종속된다. 다음과 같이 guestbook-operator/deploy/crds 폴더 아래에 CRD를 적용해 해당 엔드포인트를 생성한다.

```
$ kubectl apply -f guestbook-operator/deploy/crds/charts.helm.k8s.io_
guestbooks_crd.yaml
```

나중에 해당 폴더 아래의 두 번째 파일(CR)을 사용해 방명록 애플리케이션을 배포한다.

4. 다음으로, guestbook-operator/deploy/operator.yaml 파일을 수정하여 이전에 빌드한 오퍼레이터 이미지를 명시해야 한다. 이 파일에서 다음과 같은 코드 내용을 확인할 수 있다.

```
# 다음을 빌드된 이미지 이름으로 대체한다.
image: REPLACE_IMAGE
```

REPLACE_IMAGE를 오퍼레이터 이미지의 위치로 변경한다. 이 값은 quay.io/$QUAY_USERNAME/guestbook-operator와 유사해야 한다.

5. CRD를 적용하고 operator.yaml 파일을 업데이트한 후에는 다음과 같은 명령을 실행해 guestbook-operator/deploy/ 폴더 아래의 각 리소스를 계속해서 적용할 수 있다.

```
$ kubectl apply -f guestbook-operator/deploy -n chapter8
```

6. chapter8 네임스페이스에 대해 워치를 실행해, 오퍼레이터가 1/1 준비 상태를 보고할 때까지 대기한다.

```
$ kubectl get pods -n chapter8 -w
```

이제 방명록 오퍼레이터가 배포됐으므로, 이를 사용해 방명록 헬름 차트를 설치하겠다.

방명록 애플리케이션 배포

헬름을 일반적으로 스탠드얼론standalone CLI 도구로 사용하는 경우, helm install 명령을 실행해 헬름 차트를 설치한다. 헬름 오퍼레이터를 통해 CR을 생성하고 헬름 차트를 설치한다. 다음 코드 스니펫에 표시된 바와 같이 guestbook-operator/deploy/crds/ 폴더 아래에 제공된 CR을 생성해 방명록 헬름 차트를 설치한다.

```
$ kubectl apply -f guestbook-operator/deploy/crds/charts.helm.k8s.io_v1alpha1_
guestbook_cr.yaml -n chapter8
```

다음 코드 스니펫에 표시된 바와 같이 chapter8 네임스페이스의 파드에 대해 또 다른 watch 명령을 실행해보면 헬름 차트 설치의 결과로 방명록 및 레디스 파드가 구동되는 것을 확인할 수 있다.

```
$ kubectl get pods -n chapter8 -w
```

다음 코드 블록은 READY 상태에 있는 각 파드를 보여준다.

```
NAME                                     READY   STATUS    RESTARTS
example-guestbook-65bc5fdc55-jvkdz       1/1     Running   0
guestbook-operator-6fddc8d7cb-94mzp      1/1     Running   0
redis-master-0                           1/1     Running   0
redis-slave-0                            1/1     Running   0
redis-slave-1                            1/1     Running   0
```

방명록 CR을 생성할 때, 방명록 차트를 설치하기 위한 helm install 명령이 오퍼레이터에 의해 실행된다. 다음과 같이 helm list 명령을 실행해 생성된 릴리스를 확인할 수 있다.

```
$ helm list -n chapter8
NAME                       NAMESPACE   REVISION   UPDATED
example-guestbook          chapter8    1          2020-02-24
```

example-guestbook CR을 수정해 릴리스의 업그레이드를 수행할 수 있다. guestbook-operator/deploy/crds/charts.helm.k8s.io_v1alpha1_guestbook_cr.yaml 파일을 수정해 다음과 같이 복제본의 수를 1에서 2로 변경한다.

```
replicaCount: 2
```

다음과 같이 replicaCount 값을 업데이트한 후 변경사항을 적용한다.

```
$ kubectl apply -f guestbook-operator/deploy/crds/charts.helm.k8s.io_v1alpha1_
guestbook_cr.yaml -n chapter8
```

방명록 CR을 수정하면 example-guestbook 릴리스에 대해 helm upgrade 명령이 트리거된다. 5장 '첫 번째 헬름 차트 빌드'에서 학습했던 내용을 떠올려보면, 방명록 헬름 차트의 업그레이드 혹은 레디스 데이터베이스의 백업을 시작한다. CR을 수정한 후 chapter8 네임스페이스의 파드에 대한 워치를 실행하면 백업이 시작되고 백업이 완료되면 2개의 방명록 파드 중 하나가 종료되는 것을 확인할 수 있다. `helm list` 명령을 통해 example-guestbook 릴리스의 리비전 번호가 2로 증가됐음을 확인할 수 있다.

```
$ helm list -n chapter8
NAME                     NAMESPACE    REVISION    UPDATED
example-guestbook        chapter8     2           2020-02-24
```

리비전 넘버가 2로 증가했지만, 집필 당시의 헬름 기반 오퍼레이터의 한 가지 제한사항은 CLI를 사용해 이전 리비전 번호로 롤백을 할 수 없다는 점이다. example-guestbook 릴리스에 대해 `helm history` 명령을 실행해보면, 다음 코드 스니펫에 설명된 바와 같이 두 번째 리비전만이 릴리스 히스토리에 포함되어 있음을 확인할 수 있다.

```
$ helm history example-guestbook -n chapter8
REVISION   UPDATED                    STATUS
2          Tue Feb 25 04:36:10 2020   deployed
```

이는 CLI를 통해 헬름을 일반적으로 사용하는 것과 헬름 기반 오퍼레이터를 통해 헬름을 사용하는 것의 중요한 차이점이다. 릴리스 히스토리가 유지되지 않기 때문에, 헬름 기반 오퍼레이터는 명시적으로 롤백을 수행할 수 없다. 그러나 `helm rollback` 명령은 업그레이드가 실패하는 경우 실행된다. 이 경우에도 롤백 혹은 시도된 업그레이드로 롤백하려는 과정에서 실행될 것이다.

헬름 기반 오퍼레이터는 릴리스 히스토리를 유지하지는 않지만, 헬름 기반 오퍼레이터가 뛰어난 한 가지 영역은 애플리케이션의 원하는 상태와 라이브 상태를 동기화하는 것이다. 이는 오퍼레이터가 쿠버네티스 환경의 상태를 지속적으로 감시하고 애플리케이션이 항상 CR에 지정된 설정과 일치하도록 구성됐는지 확인하기 때문이다. 즉, 애플리케이션 리소스 중 하나가 수정되면 오퍼레이터는 변경사항을 즉시 되돌려 CR에 정의된 사양과 일치하게 한다. 방명록 리소스 중 하나에서 필드를 수정해 이 작업을 확인할 수 있다.

예를 들어, 방명록 디플로이먼트에 대한 복제본의 수를 2에서 3으로 직접 변경하고서 오퍼레이터가 이를 자동으로 2개의 복제본으로 되돌려 CR에 정의된 원하는 상태로 다시 동기화하는 것을 확인한다.

다음과 같이 kubectl patch 명령을 실행해 방명록 디플로이먼트에 대한 복제본의 수를 2에서 3으로 변경한다.

```
$ kubectl patch deployment example-guestbook -p
'{'spec':{'replicas':3}}' -n chapter8
```

일반적으로 위 명령은 단순히 방명록 애플리케이션의 복제본을 추가한다. 그러나 방명록 CR은 현재 2개의 본제본만을 유지하도록 정의되어 있기 때문에 오퍼레이터는 복제본의 수를 2로 빠르게 다시 변경하고 새롭게 생성된 추가 파드를 종료한다. 실제로, 복제본의 수를 3으로 늘리려면 방명록 CR에서 replicaCount 값을 업데이트해야 한다. 이 프로세스는 원하는 상태가 클러스터의 라이브 상태와 일치하는지 확인하는 이점을 제공한다. 헬름 기반 오퍼레이터를 통해 방명록 애플리케이션을 제거하는 것은 CR을 제거하는 것만큼 간단하다. 다음과 같이 example-guestbook CR을 삭제해 릴리스를 제거한다.

```
$ kubectl delete -f guestbook-operator/deploy/crds/charts.helm.k8s.io_v1alpha1_
guestbook_cr.yaml -n chapter8
```

위 명령의 실행 결과, 예제 방명록 릴리스와 종속된 모든 리소스가 제거된다.

다음 절에서부터 필요하지 않으므로 방명록 오퍼레이터 및 해당 리소스도 제거할 수 있다. 다음과 같은 명령을 실행해 이를 수행할 수 있다.

```
$ kubectl delete -f guestbook-operator/deploy/ -n chapter8
```

일반적으로 오퍼레이터를 삭제하기 전에는 항상 CR을 먼저 삭제해야 한다. 오퍼레이터는 CR을 삭제할 때 릴리스에서 `helm uninstall` 명령을 수행하도록 프로그래밍되어 있다. 실수로 오퍼레이터를 먼저 삭제한 경우, 명령행을 통해 `helm uninstall` 명령을 수동으로 실행해야 한다.

이번 절에서는 헬름 오퍼레이터를 생성하고 오퍼레이터 기반 접근 방식을 사용해 애플리케이션을 배포하는 방법을 학습했다. 다음 절에서는 헬름을 사용해 오퍼레이터를 관리하는 방법을 조사해보고 오퍼레이터에 대한 논의를 계속 진행할 것이다.

▌헬름을 사용하여 오퍼레이터 및 CR 관리

이전 절에서는 guestbook-operator/deploy/crds/ 폴더 아래에 CRD를 생성해 방명록 오퍼레이터를 설치했다. 다음으로 guestbook-operator/deploy/ 폴더 아래에 오퍼레이터 리소스를 생성했다. 마지막으로, 방명록 애플리케이션을 배포하기 위한 CR을 생성했다. 이러한 각 작업은 kubectl CLI를 사용해 수행됐지만, CLI 대신 헬름 차트를 사용해 오퍼레이터 설치 및 관리에 대해 좀 더 유연하고 반복 가능한 솔루션을 제공할 수도 있다.

헬름을 사용하면 헬름 차트 내에 crds/라는 특수 디렉토리를 제공할 수 있다. 이 디렉토리는 차트가 설치될 때마다 CRD를 생성하는 데 사용된다. 헬름은 templates/ 폴더 아래에 정의된 다른 리소스보다 먼저 CRD를 생성하므로 CRD의 존재 여부에 의존하는 오퍼레이터와 같은 애플리케이션을 좀 더 간단하게 설치할 수 있다.

다음 파일 구조는 방명록 오퍼레이터를 설치하는 데 사용할 수 있는 헬름 차트를 보여준다.

```
guestbook-operator/
  Chart.yaml
  crds/
    charts.helm.k8s.io_guestbooks_crd.yaml
  templates/
    operator.yaml
```

```
    role_binding.yaml
    role.yaml
    Service_account.yaml
  values.yaml
```

이 헬름 차트 설치 시 우선 방명록 CRD를 설치해야 한다. CRD가 이미 클러스터에 존재하는 경우, CRD에 대한 생성을 건너뛰고 대신 템플릿 리소스를 생성한다. CRD는 헬름차트에 포함하는 것이 편리할 수 있지만, 몇 가지 제한사항이 존재한다. 첫째, 헬름 차트의 CRD는 Go 템플릿을 포함할 수 없기 때문에 CRD는 일반적인 리소스에서와 같이 매개변수화의 이점을 누릴 수 없다. CRD는 업그레이드, 롤백 또는 삭제가 불가능하다. 결과적으로, 사용자는 이러한 작업이 필요한 경우 CRD를 수동으로 수정하거나 제거해야 한다. 마지막으로, 이전에 설명했던 바와 같이 이러한 차트를 설치하려면 차트에 CRD 리소스가 하나 이상 포함되어 있어야 하기 때문에 쿠버네티스에서 허용되는 가장 높은 권한인 클러스터 관리자의 권한을 필요로 한다.

앞서 설명한 헬름 차트는 클러스터 관리자가 방명록 오퍼레이터를 쉽게 설치하는 데 사용할 수 있다. 그러나 최종 사용자는 방명록 애플리케이션을 배포하기 위해 여전히 CR을 생성해야 하는 번거로움이 존재한다. 다행히 오퍼레이터의 최종 사용자는 방명록 CR을 래핑하는 헬름 차트를 만들어 활용할 수도 있다.

이러한 헬름 차트의 예제 레이아웃은 다음의 파일 구조에서 확인할 수 있다.

```
guestbook-cr
  Chart.yaml
  templates/
    guestbook.yaml
  values.yaml
```

앞의 예제에는 guestbook.yaml이라는 템플릿이 포함되어 있다. 이 템플릿은 원래 operator-sdk CLI를 통해 생성된 방명록 CR을 포함할 수 있으며, 이름은 charts.helm.

k8s.io_v1alpha1_guestbook_cr.yaml이다. CRD와는 다르게, templates/ 폴더 아래의 CR은 다른 모든 리소스와 마찬가지로 Go 템플릿 및 수명주기 관리의 이점을 얻게 된다. 이 방법론은 CR에 사용자가 제공한 값을 기반으로 조건부로 포함될 수 있는 복잡한 필드가 포함되어 있거나 동일한 릴리스에 여러 개의 서로 다른 CR이 포함돼야 할 때 가장 큰 가치를 제공한다. 이 방법을 사용하면 CR의 수명주기를 관리하고 수정 내역을 유지관리할 수도 있다.

지금까지 헬름 오퍼레이터를 생성하는 방법과 헬름을 사용해 오퍼레이터를 관리하는 방법을 학습했다. 따라서 다음 절에서는 쿠버네티스 환경을 자유롭게 정리할 수 있다.

▌ 쿠버네티스 환경 정리

먼저, 다음과 같은 명령을 실행해 방명록 CRD를 제거한다.

```
$ kubectl delete crd guestbooks.charts.helm.k8s.io
```

다음 정리 단계를 진행하기에 앞서, '평가 문제' 절의 후반부에 제시되는 문제 중 하나가 "헬름을 사용하여 오퍼레이터 및 CR 관리' 절에서 논의했던 차트 설계 구현을 위한 헬름 차트 작성이 가능한가?"임에 유의해야 한다. 구현된 결과물을 테스트하기 위해 이러한 단계를 연기할 수도 있다.

정리를 계속 진행하려면, 다음과 같은 명령을 실행해 chapter8 네임스페이스를 삭제한다.

```
$ kubectl delete ns chapter8
```

마지막으로, minikube stop 명령을 실행해 미니쿠베 VM을 중지한다.

▌ 요약

오퍼레이터는 원하는 상태가 항상 라이브 상태와 일치하는지 확인하는 데 도움을 주기 때문에 중요하다. 이러한 기능을 통해 사용자는 리소스 설정에 대한 원천을 좀 더 쉽게 유지할 수 있다. 사용자는 헬름 기반 오퍼레이터를 활용해 이러한 유형의 리소스 조정을 제공할 수 있으며, 헬름 차트를 배포 메커니즘으로 사용함으로써 처음 시작하기가 쉽다. CR이 생성되면, 헬름 오퍼레이터는 관련 헬름 차트를 설치해 새로운 릴리스를 생성한다. CR이 수정되면 후속 업그레이드가 수행되고, CR이 삭제되면 릴리스가 제거된다.

오퍼레이터를 관리하기 위해 클러스터 관리자는 오퍼레이터의 리소스 및 CRD를 생성하는 데 사용되는 별도의 헬름 차트를 만들 수 있다. 최종 사용자는 오퍼레이터의 CR을 생성하는 데 사용할 수 있는 별도의 헬름 차트 및 관련이 있는 리소스를 만들 수 있다.

9장에서는 헬름 생태계 내의 보안에 대한 모범 사례 및 관련 주제를 설명할 것이다.

▌ 더 읽을거리

쿠버네티스 리소스에 관한 자세한 정보는 다음 링크를 통해 확인할 수 있다.

- 커뮤니티에 의해 개발된 좀 더 많은 오퍼레이터에 대한 정보를 찾기 위해서는 다음 리포지토리를 참조한다. https://github.com/operator-framework/awesome-Operators
- 쿠버네티스 문서 https://kubernetes.io/docs/concepts/extend-kubernetes/operator/를 통해 오퍼레이터와 그 기원을 자세히 알아볼 수 있다.

▌ 평가 문제

1. 쿠버네티스 오퍼레이터는 어떻게 동작하는가?

2. 헬름 CLI를 사용하는 것과 헬름 기반 오퍼레이터를 사용하는 것의 차이점은 무엇인가?

3. 기존 헬름 차트에서 헬름 오퍼레이터를 작성해야 한다고 가정해보자. 이 작업을 완료하려면 어떤 단계를 수행해야 하는가?

4. 헬름 오퍼레이터에서 수명주기 훅을 설치, 업그레이드, 롤백 및 제거하는 기능은 무엇인가?

5. 헬름 차트에서 crds/ 폴더의 용도는 무엇인가?

6. '헬름을 사용하여 오퍼레이터 및 CR 관리' 절에서는 오퍼레이터와 CR을 관리하는 데 사용할 수 있는 두 가지 서로 다른 헬름 차트를 도입했다. 해당 절에 제공된 차트 레이아웃을 사용해 헬름 차트를 구현해보자. 차트는 방명록 오퍼레이터를 설치하고 방명록 CR을 설치하는 데 사용돼야 한다. 헬름 차트 생성 방법에 대한 가이드는 5장 '첫 번째 헬름 차트 빌드'를 참조한다.

헬름 보안 고려사항

이 책 전반에 걸쳐 알게 되었겠지만, 헬름은 사용자에게 다양한 배포 가능성을 제공하는 강력한 도구다. 그러나 확실한 보안 패러다임을 인식하지 않고 따르지 않을 경우 권한을 빼앗길 수도 있다. 다행히 헬름은 헬름 CLI가 다운로드되는 시점부터 쿠버네티스 클러스터에 헬름 차트가 설치되는 시점까지 달성하기 쉬운 방식으로 일상적인 사용에 보안을 적용할 수 있는 다양한 방법을 제공한다.

9장에서 다루는 주제는 다음과 같다.

- 데이터 출처 및 무결성
- 헬름 차트 보안
- RBAC, 값 및 차트 리포지토리에 대한 추가적인 고려사항

기술 요구사항

9장에서는 다음과 같은 기술을 사용한다.

- 미니쿠베
- kubectl
- 헬름
- **GNU 프라이버시 가드** GPC, GNU Privacy Guard

미니쿠베, kubectl, 헬름의 설치 및 구성은 2장 '쿠버네티스 및 헬름 환경 준비'에서 다뤘다. 또한 9장에서 이후에 살펴볼 예제를 위해 https://github.com/PacktPublishing/ -Learn-Helm에 위치한 방명록 차트를 활용할 것이다. 해당 리포지토리를 아직 복제하지 않았다면, 다음과 같은 명령을 사용해 복제한다.

```
$ git clone https://github.com/PacktPublishing/-Learn-Helm.git Learn-Helm
```

데이터 출처 및 무결성

어떤 종류의 데이터를 갖고 작업을 하든 간에, 자주 간과되지만 반드시 고려해야 하는 두 가지 질문사항이 존재한다.

- 데이터가 신뢰할 수 있는 출처나 기대했던 출처에서 제공되는가?
- 데이터에 기대했던 모든 내용이 포함되어 있는가?

첫 번째 질문은 **데이터 출처**data provenance에 관한 주제다. 데이터 출처란 데이터의 근원 정보를 의미한다.

두 번째 질문은 **데이터 무결성**data integrity에 관한 주제다. 데이터 무결성은 원격지에서 수신한 내용이 수신할 것으로 기대되는 내용과 일치하는지 여부를 확인하는 것이며, 데이터가 유선을 통해 전송될 때 변조됐는지 여부를 확인하는 데 도움이 될 수 있다. 데이터 출처와 데이터 무결성은 모두 **디지털 서명**digital signature이라는 방법을 활용해 확인할 수 있다. 데이터의 작성자author는 암호화를 기반으로 유니크한 시그니처를 생성해 데이터에 서명할 수 있으며, 해당 데이터의 소비자consumer는 암호화 도구를 사용해 해당 서명에 대한 신뢰성을 확인할 수 있다.

출처가 확인되는 경우, 소비자는 데이터가 기대했던 소스source에서 비롯됐으며 전송될 때 변조되지 않았음을 확실시할 수 있다.

작성자는 먼저 **PGP**Pretty Good Privacy 키 쌍을 생성해 디지털 서명을 만들 수 있다. 여기서 PGP는 암호화를 기반으로 하는 일련의 표준인 OpenPGP를 의미한다. PGP는 비대칭 암호화를 설정하는 데 초점을 맞추고 있으며, 이는 개인키와 공개키라는 두 가지 키 사용을 기반으로 한다.

개인키는 비밀로 유지되는 반면에, 공개키는 공유하도록 설계되어 있다. 디지털 서명의 경우, 개인키는 데이터를 암호화하는 데 사용되며 공개키는 소비자가 해당 데이터를 해독하는 데 사용된다. PGP 키 쌍은 주로 OpenPGP 표준을 구현하는 오픈소스 도구인 GPG라는 도구를 사용해 생성된다.

PGP 키 쌍이 생성되면, 작상자는 GPG를 사용해 데이터에 서명할 수 있다. 데이터에 서명이 되면 GPG는 백그라운드로 다음의 단계를 수행한다.

1. 데이터의 내용을 기반으로 해시hash가 계산된다. 출력 결과는 **메시지 다이제스트**message digest라고 하는 고정 길이 문자열이다.

2. 메시지 다이제스트는 작성자의 개인키를 사용하여 암호화된다. 출력 결과는 디지털 서명이다.

서명을 확인하려면, 소비자는 작성자의 공개키를 사용해 암호를 복호화해야 한다. 이에 대한 확인은 GPG를 사용해 수행할 수도 있다. 헬름에서 디지털 서명은 두 가지 방식으로 역할을 한다.

- 첫째, 각 헬름 다운로드에는 바이너리의 진위 여부를 확인하는 데 사용할 수 있는 유지관리자 중 한 사람의 디지털 서명이 수반된다. 이 서명은 다운로드의 출처뿐만 아니라 무결성을 확인하는 데 사용될 수 있다.
- 둘째, 헬름 차트는 동일한 확인의 혜택을 받기 위해 디지털 서명을 할 수도 있다. 차트 작성자는 패키징 과정에서 서명을 하고 차트의 사용자는 차트의 공개 키를 사용해 차트의 유효성을 확인한다.

디지털 서명과 관련하여 데이터 출처 및 무결성이 어떻게 동작하는지 이해를 돕기 위해, 로컬 워크스테이션에 GPG 키 쌍을 생성해보자. 이 키 쌍은 앞서 설명했던 수많은 개념을 자세히 설명하는 데 사용된다.

GPG 키 쌍 생성

키 쌍을 생성하려면, 우선 로컬 컴퓨터에 GPG가 설치되어 있어야 한다. 다음의 지침 내용을 가이드로 활용해 로컬 머신에 GPG를 설치한다. 리눅스 시스템의 경우 이미 GPG가 설치되어 있을 수 있다.

- 윈도우의 경우, 다음과 같이 초콜레티^{Chocolatey} 패키지 매니저를 사용할 수 있다.

```
> choco install gnupg
```

https://gpg4win.org/download.html에서 윈도우용 설치 프로그램을 다운로드할 수도 있다.

- 맥OS의 경우, 다음 명령을 사용해 홈브루^{Homebrew} 패키지 매니저를 사용할 수 있다.

```
$ brew install gpg
```

https://sourceforge.net/p/gpgosx/docu/Download/에서 맥OS용 설치 프로그램을 다운로드할 수도 있다.

- 데비안 기반 리눅스 배포판의 경우, 다음과 같이 apt 패키지 매니저를 사용할 수 있다.

```
$ sudo apt install gnupg
```

- RPM 기반 리눅스 배포판의 경우, 다음과 같이 dnf 패키지 매니저를 사용할 수 있다.

```
$ sudo dnf install gnupg
```

GPG를 설치한 후에는 고유한 GPG 키 쌍을 생성할 수 있으며, 이는 데이터 출처 및 무결성을 논의하는 과정 전반에 걸쳐 사용할 것이다.

이 키 쌍을 구성하는 단계는 다음과 같다.

1. 다음 명령을 실행해 새로운 키 쌍을 생성한다. 이 명령은 모든 디렉토리에서 실행할 수 있다.

```
$ gpg --generate-key
```

2. 프롬프트에 따라 이름과 이메일 주소를 입력한다. 이는 여러분을 키 쌍에 대한 소유자로서 식별하는 데 사용되며, 여러분의 공개키를 수신하는 사람들이 확인할 수 있는 이름과 이메일 주소가 된다.

3. 계속해서 진행하기 위해 O 키를 누른다.

4. 그러면 개인키에 대한 암호를 입력하라는 메시지가 표시된다. 암호화 및 복화 작업에 사용하기를 원하는 암호를 입력하고 확인한다.

GPG 키 쌍이 생성되면, 다음과 유사한 출력 결과가 표시된다.

```
pub   rsa2048 2020-03-11 [SC] [expires: 2022-03-11]
      0486878E76CB5C3D8A915A25B92073C70B46DDF6
uid                  John Doe <jdoe@example.com>
sub   rsa2048 2020-03-11 [E] [expires: 2022-03-11]
```

▲ **그림 9.1** GPG 키 쌍을 성공적으로 생성한 후의 출력 결과

출력 결과에는 공개(pub) 및 비공개(sub) 키에 대한 정보와 공개키의 지문fingerprint(출력 결과의 두 번째 줄)이 표시된다. 지문은 해당 키의 소유자임을 식별하는 데 사용되는 고유한 식별자다. `uid`로 시작하는 세 번째 줄에는 GPG 키 쌍을 생성할 때 입력한 이름과 이메일 주소가 표시된다.

이제 GPG 키 쌍이 생성됐으므로, 다음 절의 내용을 계속 진행하여 헬름 다운로드를 확인하는 방법을 살펴보자.

헬름 다운로드 확인

2장 '쿠버네티스 및 헬름 환경 준비'에서 설명했던 바와 같이 헬름을 설치할 수 있는 방법 중 하나는 깃허브에서 아카이브를 다운로드하는 것이다. 이러한 아카이브는 다음 스크린샷에 표시된 링크 중 하나를 선택해 헬름의 깃허브 페이지(https://github.com/helm/helm/releases)에서 설치할 수 있다.

Installation

Download Helm 3.0.0. The common platform binaries are here:

- MacOS amd64 (checksum)
- Linux amd64 (checksum)
- Linux arm (checksum)
- Linux arm64 (checksum)
- Linux i386 (checksum)
- Linux ppc64le (checksum)
- Windows amd64 (checksum)

The Quickstart Guide will get you going from there.

This release was signed with `92AA 783C BAAE 8E3B` and can be found at **@bacongobbler**'s keybase account. Please use the attached signatures for verifying this release using `gpg`.

▲ **그림 9.2** 헬름의 깃허브 릴리스 페이지의 Installation 섹션

Installation 섹션의 맨 아랫부분에 릴리스가 서명됐음을 설명하는 구문이 있다. 각 헬름 릴리스는 각 헬름 유지관리자가 서명하며, 다운로드한 헬름 릴리스에 해당하는 디지털 서명에 대해 확인할 수 있다. 디지털 서명의 각각은 Assets 섹션 아래에 있다.

다음 스크린샷은 이러한 항목이 어떻게 표시되는지 보여준다.

▼ Assets 18	
🗇 **helm-v3.0.0-darwin-amd64.tar.gz.asc**	833 Bytes
🗇 **helm-v3.0.0-darwin-amd64.tar.gz.sha256.asc**	833 Bytes
🗇 **helm-v3.0.0-linux-386.tar.gz.asc**	833 Bytes
🗇 **helm-v3.0.0-linux-386.tar.gz.sha256.asc**	833 Bytes
🗇 **helm-v3.0.0-linux-amd64.tar.gz.asc**	833 Bytes
🗇 **helm-v3.0.0-linux-amd64.tar.gz.sha256.asc**	833 Bytes

▲ **그림 9.3** 헬름의 깃허브 릴리스 페이지의 Assets 섹션

헬름 다운로드의 출처와 무결성을 확인하려면 헬름 다운로드에 해당하는 .asc 파일도 다운로드해야 한다. .sha256.asc 파일은 무결성을 확인하는 데만 사용된다. 이번 예제에서는 출처와 무결성을 모두 확인하는 데 사용되는 .asc 파일을 다운로드한다.

다음 단계에 따라 헬름 릴리스에 대한 확인을 시작한다.

1. 운영체제에 해당하는 Installation 섹션에서 헬름 아카이브를 다운로드한다. 헬름 바이너리가 이미 설치되어 있을 수도 있지만, 아카이브를 다운로드하여 예제를 따라갈 수 있다. 예제에 대한 실습을 마치면 워크스테이션에서 아카이브를 제거할 수 있다.

2. 운영체제에 해당하는 .asc 파일을 다운로드한다. 예를 들어 AMD64 기반 리눅스 시스템을 실행하는 경우 helm-v3.0.0-linux-amd64.tar.gz.asc 파일을 다운로드한다.

 파일 이름에 포함된 버전은 다운로드 중인 실제 헬름 파일의 버전과 일치해야 한다.

2개의 파일이 모두 다운로드되면, 명령행의 동일한 디렉토리에 유사한 이름의 파일 2개가 표시된다.

```
helm-v3.0.0-linux-amd64.tar.gz
helm-v3.0.0-linux-amd64.tar.gz.asc
```

다음 단계는 헬름 유지관리자의 공개키를 로컬 gpg 키링으로 가져오는 것이다. 이렇게 하면 .asc 파일에 포함되어 있는 디지털 서명을 복호화하여 다운로드의 출처와 무결성을 확인할 수 있다. 유지관리자의 공개키는 키베이스 계정$^{keybase\ account}$에 대한 링크를 따라가면 찾을 수 있다. 링크는 키베이스 계정 위로 마우스 커서를 가져가면 확인할 수 있다. 그림 9.2의 예제에서 이 링크의 위치는 https://keybase.io/bacongobbler로 확인된다. 그런 다음, 끝부분에 /pgp_key.asc를 추가하여 링크를 https://keybase.io/bacongobbler/pgp_keys.asc로 만들어서 공개키를 다운로드할 수 있다.

여러 명의 헬름 유지관리자가 있으므로 다른 릴리스에서 확인을 수행하는 경우 링크가 다를 수 있음에 유의한다. 릴리스에 서명한 키에 해당하는 올바른 공개키를 다운로드하고 있는지 확인한다.

확인 프로세스를 계속 진행해보겠다.

1. 명령행 도구를 사용해, 헬름 릴리스 서명에 해당하는 공개키를 다운로드한다.

   ```
   $ curl -o release_key.asc https://keybase.io/bacongobbler/pgp_keys.asc
   ```

2. 다운로드가 완료되면 공개키를 gpg 키링으로 가져와야 한다. 이는 다음과 같은 명령을 실행하면 된다.

   ```
   $ gpg --import release_key.asc
   ```

가져오기^{import}에 성공하면, 다음과 같은 메시지가 표시된다.

```
gpg: key 92AA783CBAAE8E3B: public key 'Matthew Fisher
<matt.fisher@microsoft.com>' imported
gpg: Total number processed: 1
gpg:               imported: 1
```

3. 디지털 서명의 공개키를 가져왔으므로 GPG의 --verify 하위 명령을 활용해 헬름 설치의 릴리스를 확인할 수 있다. helm*.asc 파일에 대해 실행해야 한다.

```
$ gpg --verify helm-v3.0.0-linux-amd64.tar.gz.asc
```

이 명령은 .asc 파일에 포함된 디지털 서명에 대한 암호 해독을 시도한다. 성공하면 헬름 다운로드(.tar.gz로 끝나는 파일)가 기대하는 사람(이 릴리스의 경우 Matthew Fisher)이 서명했으며 해당 다운로드가 어떤 식으로든 수정되거나 변경되지 않았음을 의미한다. 성공 시 출력되는 결과는 다음과 같다.

```
gpg: assuming signed data in 'helm-v3.0.0-linux-amd64.tar.gz'
gpg: Signature made Wed 13 Nov 2019 08:05:01 AM CST
gpg:                using RSA key
967F8AC5E2216F9F4FD270AD92AA783CBAAE8E3B
gpg: Good signature from 'Matthew Fisher <matt.fisher@
microsoft.com>' [unknown]
gpg: WARNING: This key is not certified with a trusted signature!
gpg:          There is no indication that the signature belongs to the owner.
Primary key fingerprint: 967F 8AC5 E221 6F9F 4FD2 70AD 92AA 783C BAAE 8E3B
```

이 출력 결과에 대해 추가로 검사를 해보면, 키가 인증되지 않았음을 나타내는 WARNING 메시지가 표시되어 실제로 성공했는지 여부에 대해 질문할 수 있다. 확인은 성공했지만 유지관리자의 공개키가 자신이 속한 사람에게 속한 것으로 인증됐음을 gpg에 지시하지 않았다.

다음 단계에 따라 이러한 인증 과정을 수행할 수 있다.

1. 출력의 끝부분에 표시된 프라이머리 키 지문^{primary key fingerprint}의 마지막 64비트 (8자)가 헬름 릴리스 페이지에 표시된 64비트 지문과 일치하는지 확인한다. 그림 9.2에서 확인할 수 있듯이 다음과 같은 지문이 표시된다.

```
This release was signed with 92AA 783C BAAE 8E3B and can be found at
@bacongobbler's keybase account.
```

---

2. 앞선 예제의 코드에서 볼 수 있듯이 프라이머리 키 지문의 마지막 64비트가 헬름 릴리스 페이지에 표시되므로 이 공개키가 기대했던 사람에게 속한다는 것을 알고 있다. 결과적으로, 관라자의 공개키를 안전하게 인증할 수 있다. 이것은 자신의 gpg 키 쌍을 사용해 공개키에 서명하여 수행할 수 있다. 다음과 같은 명령을 사용해 이 단계를 수행한다.

```
$ gpg --sign-key 92AA783CBAAE8E3B # 핑거프린트의 마지막 64비트
```

---

3. Really sign?^{정말 서명하시겠습니까?} 프롬프트에서 y를 입력한다.

   유지관리자의 공개키에 서명했으므로 이제 키가 인증됐다. 이제 출력에 경고 메시지를 표시되지 않고 확인 과정을 수행할 수 있다.

```
$ gpg --verify helm-v3.0.0-linux-amd64.tar.gz.asc
gpg: assuming signed data in 'helm-v3.0.0-linux-amd64.tar.gz'
gpg: Signature made Wed 13 Nov 2019 08:05:01 AM CST
gpg:                     using RSA key
967F8AC5E2216F9F4FD270AD92AA783CBAAE8E3B
gpg: checking the trustdb
gpg: marginals needed: 3  completes needed: 1  trust model: pgp
gpg: depth: 0  valid:   2  signed:   1  trust: 0-, 0q, 0n, 0m, 0f, 2u
gpg: depth: 1  valid:   1  signed:   0  trust: 1-, 0q, 0n, 0m, 0f, 0u
gpg: next trustdb check due at 2022-03-11
gpg: Good signature from 'Matthew Fisher <matt.fisher@microsoft.com>' [full]
```

디지털 서명은 헬름 차트의 출처 및 무결성을 확인하는 역할도 수행한다. 다음 절에서 이에 대한 논의를 계속 진행할 것이다.

▌ 헬름 차트 서명 및 확인

헬름 유지관리자가 릴리스에 서명하는 방법과 유사하게, 사용자가 자신이 설치한 차트가 실제로 여러분으로부터 왔으며 기대했던 콘텐츠가 포함되어 있는지 확인할 수 있도록 고유한 헬름 차트에 서명할 수 있다. 차트에 서명하려면 먼저 로컬 워크스테이션에 gpg 키 쌍이 있어야 한다.

다음으로, helm package 명령의 특정 플래그를 활용해 지정된 키로 차트에 서명할 수 있다.

팩트 리포지토리의 guestbook 차트를 활용해 이를 수행하는 방법을 보여주겠다. 이 차트는 Learn-Helm/helm-charts/charts/guestbook 폴더에 위치한다. 로컬 워크스테이션에 이미 gpg 키 쌍이 있다고 가정하지만, 그렇지 않은 경우 9장의 '데이터 출처 및 무결성' 절에 있는 GPG 키페어 생성 섹션의 지침에 따라 키 쌍을 구성할 수 있다.

guestbook 차트에 서명하기 전에 주의해야 할 한 가지 중요한 점은 GPG 버전 2 이상을 사용하는 경우 공개 및 비밀 키링을 레거시 형식으로 내보내야 한다는 것이다. 이전 버전의 GPG는 키링을 .gpg 파일 형식으로 저장했으며, 이 형식은 (이 책의 집필 당시) 헬름에서 키링이 있을 것으로 예상하는 형식이다. 최신 버전의 GPG는 현재 지원되지 않는 .kbx 파일 형식의 키링을 저장한다.

GPG 공개 및 비밀 키링을 .gpg 파일 형식으로 변환하여 서명 프로세스를 시작한다.

1. 다음과 같은 명령을 실행해 gpg 버전을 확인한다.

```
$ gpg --version
gpg (GnuPG) 2.2.9
libgcrypt 1.8.3
Copyright (C) 2018 Free Software Foundation, Inc.
```

2. gpg 버전이 2 이상인 경우, 다음과 같은 명령을 사용해 공개 및 비밀 키링 내보내기^{export}를 시도한다.

```
$ gpg --export > ~/.gnupg/pubring.gpg
$ gpg --export-secret-keys > ~/.gnupg/secring.gpg
```

키링을 내보내면, 헬름 차트에 서명하고 패키징할 수 있다. helm package 명령은 차트에 서명하고 패키징할 수 있는 세 가지 플래그를 제공한다.

○ --sign: PGP 개인키를 사용해 차트에 서명할 수 있다.

○ --key: 서명할 때 사용할 키 이름

○ --keyring: PGP 개인키를 포함하는 키링의 위치

다음 단계에서 이러한 플래그는 helm package 명령과 함께 사용되어 방명록 헬름 차트에 서명하고 패키징한다.

3. 다음과 같은 helm package 명령을 실행한다.

```
$ helm package --sign --key '$KEY_NAME' --keyring
~/.gnupg/secring.gpg guestbook
```

$KEY_NAME 변수는 원하는 키와 관련된 이메일, 이름 또는 지문을 참조할 수 있다. 이러한 세부 정보는 gpg --list-keys 명령을 사용해 확인할 수 있다.

서명 없이 helm package 명령을 사용하는 경우, 출력 결과로 생성된 하나의 파일, 즉 헬름 차트를 포함하는 tgz 아카이브를 확인할 수 있다. 이 경우 방명록 헬름 차트에 서명하고 패키징할 때 다음과 같은 2개의 파일이 생성되는 것을 확인할 수 있다.

```
guestbook-1.0.0.tgz
guestbook-1.0.0.tgz.prov
```

guestbook-1.0.0.tgz.prov 파일을 **출처 파일**provenance file이라고 부른다. 출처 파일에는 다음과 같은 내용을 표시하는 출처 기록이 포함되어 있다.

- Chart.yaml 파일의 차트 메타데이터
- 헬름 guestbook-1.0.0.tgz 파일의 sha256 해시
- guestbook-1.0.0.tgz 파일의 PGP 디지털 서명

헬름 차트의 사용자는 출처 파일을 활용해 차트의 데이터 출처 및 무결성을 확인한다. 차트를 차트 리포지토리로 푸시할 때 개발자는 헬름 차트의 .tgz 아카이브와 .tgz.prov 출처 파일을 모두 업로드해야 한다.

헬름 차트를 패키징하고 서명한 후에는, 디지털 서명을 암호화하는 데 사용된 개인키에 해당하는 공개키를 내보내야 한다. 이렇게 하면 사용자가 공개키를 다운로드하고 이를 확인verification 프로세스 과정에서 확인할 수 있다.

4. 다음과 같은 명령을 사용해 공개키를 ascii-armor 형식으로 내보낸다.

```
$ gpg --armor --export $KEY_NAME > pubkey.asc
```

guestbook 차트를 공개적으로 릴리스하는 경우, 키는 키베이스와 같은 차트 사용자가 다운로드 가능한 위치에 저장할 수 있다. 그런 다음, 사용자는 9장의 '헬름 다운로드 확인' 절에서 설명된 gpg --import 명령을 사용해 공개키를 가져올 수 있다.

차트 사용자는 helm verify 명령을 활용하여 설치 전에 차트의 데이터 출처 및 무결성을 확인할 수 있다. 이 명령은 로컬로 다운로드된 .tgz 차트 아카이브 및 .tgz.prov 출처 파일에 대해 실행되도록 설계됐다.

5. 다음 명령은 방명록 헬름 차트에 대해 이 프로세스를 실행하는 예를 제공하며 공개키를 ~/.gnupg/pubring.gpg라는 키링으로 가져왔다고 가정한다.

```
$ helm verify --keyring ~/.gnupg/pubring.gpg guestbook-1.0.0.tgz
```

확인에 성공하면 출력이 표시되지 않는다. 그 밖의 경우에는 오류 메시지가 반환된다. 다음과 같이 다양한 이유로 인해 확인이 실패할 수 있다.

- .tgz와 .tgz.prov 파일이 동일한 디렉토리에 존재하지 않는 경우
- .tgz.prov 파일이 손상되어 있는 경우
- 파일의 해시가 일치하지 않아 무결성이 손실되어 있는 경우
- 서명을 해독하는 데 사용된 공개키와 개인키가 일치하지 않는 경우

helm verify 명령은 로컬로 다운로드된 차트에서 실행되도록 설계됐다. 따라서 사용자는 이를 대신하여 .tgz 및 .tgz.prov 파일이 모두 차트 리포지토리에서 다운로드 가능하다고 가정하고 helm install --verify 명령을 활용하는 것이 좋다고 생각할 수 있다.

다음은 helm install --verify 명령을 사용하는 방법을 보여준다.

```
$ helm install my-guestbook $CHART_REPO/guestbook --verify --keyring ~/.gnupg/pubring.
gpg
```

헬름 차트에 서명을 하고 이를 확인하기 위해 이번 절에서 설명한 방법을 사용하면 여러분과 여러분 사용자 모두는 여러분의 소유이며 변경되지 않은 차트를 설치할 수 있다.

헬름에서 데이터 출처 및 무결성이 어떠한 역할을 하는지 이해했으므로, 헬름 차트 및 헬름 차트 개발과 관련된 보안이라는 다음 주제로 이동해 헬름의 보안 고려사항에 대해 계속 논의를 진행해보겠다.

▎안전한 헬름 차트 개발

출처와 무결성이 헬름 보안에서 중요한 역할을 하지만, 고려해야 할 유일한 사항은 아니다. 차트 개발자는 개발 프로세스를 수행하는 과정에서 사용자가 쿠버네티스 클러스터에 차트를 설치할 때 취약성이 주입되는 것을 방지하기 위해 보안과 관련된 모범 사례를 준

수하고 있는지 확인해야 한다. 이번 절에서는 헬름 차트 개발과 관련하여 보안과 연관성이 많은 주요 관심사 및 개발자로서 보안을 우선으로 하는 헬름을 작성하기 위해 수행할 수 있는 작업에 대해 설명한다.

먼저 차트에서 사용할 수 있는 모든 컨테이너 이미지의 보안에 대해 논의한다.

안전한 이미지 사용

헬름(및 쿠버네티스)의 목표는 컨테이너 이미지를 배포하는 것이므로, 이미지 자체가 주요 보안 문제를 내포하고 있다. 이미지 자체의 보안 문제를 검토하려면, 차트 개발자는 이미지 태그와 이미지 다이제스트의 차이점을 알고 있어야 한다.

태그는 주어진 이미지에 대해 사람이 읽을 수 있는 참조이며 개발자와 소비자 모두에게 이미지의 내용을 쉽게 판단할 수 있는 방법을 제공한다. 그러나 태그는 주어진 태그의 내용이 항상 동일하게 유지된다는 보장을 못 하기 때문에 보안 문제가 발생할 수 있다. 예를 들어, 이미지 소유자는 보안 취약점을 해결하기 위해 동일한 태그를 사용하여 업데이트된 이미지를 제공하도록 선택할 수 있다. 이로 인해 태그가 동일하더라도 런타임 시 다른 기본 이미지가 실행될 수 있다. 동일한 태그에 대해 이러한 수정을 진행하는 경우, 회귀^{regression}가 발생할 가능성이 있어 사용자에게 예기치 않은 악영향을 미칠 수 있다. 태그로 이미지를 참조하는 대신에, 다이제스트^{digest}로 이미지를 참조할 수 있다. 이미지 다이제스트는 정확한 이미지에 변경 불가능한 식별자를 제공할 뿐만 아니라 컨테이너 런타임에 원격 이미지 레지스트리에서 검색된 이미지의 예상되는 콘텐츠가 포함되어 있는지 확인할 수 있게 하는 이미지의 SHA-256 값이다. 이렇게 하면 지정된 태그에 대한 우발적 회귀가 포함된 이미지를 배포할 위험이 제거되고 태그의 내용이 악의적인 의도로 수정되는 중간자 공격^{man-in-the-middle attack}의 위험도 제거할 수 있다.

예를 들어, 차트 템플릿에서 이미지를 quay.io/bitnami/redis:5.0.9로 참조하는 대신 다이제스트인 quay.io/bitnami/redissha256:70b816f2127afb5d4af7ec9d6e8636b2f0f973a3cd8dda7032f9dcffa38ba11f로 참조할 수 있다. 이미지 이름 뒤에 태그가 있는

대신 SHA-256 다이제스트가 명시적으로 지정된다. 이렇게 하면 태그가 변경되더라도 시간이 지나도 이미지 콘텐츠가 변경되지 않으므로 보안이 강화된다.

시간이 지남에 따라 이미지에 포함된 패키지나 OS 버전에 대한 취약점이 공개될 가능성이 있기 때문에 이미지와 연결된 태그나 다이제스트가 배포하기 전에 안전하지 않을 것으로 예상할 수 있다. 주어진 이미지와 관련된 취약점을 확인하는 방법에는 여러 가지가 있다. 한 가지 방법은 이미지가 속해 있는 레지스트리의 기본 기능을 활용하는 것이다. 다양한 이미지 레지스트리에는 이미지가 취약한 시기에 대한 통찰력을 제공하는 데 도움이 되는 이미지 취약성 스캔 관련 기능이 포함되어 있다.

예를 들어, 퀘이 컨테이너 이미지 레지스트리는 이미지에 포함된 취약점의 수를 확인하기 위해 지정된 간격으로 이미지를 자동으로 스캔할 수 있다. 넥서스^{Nexus} 및 아티팩토리^{Artifactory} 컨테이너 레지스트리도 이러한 기능을 갖고 있는 컨테이너 레지스트리의 한 예다. 컨테이너 레지스트리에서 제공하는 기본 스캔 기능 외에 Clair(퀘이의 백업 스캔 기술이기도 함), Anchore, Vuls, OpenSCAP 같은 도구도 활용할 수 있다. 이미지 레지스트리나 스탠드얼론 도구에서 이미지가 취약하다고 보고되면, 사용자의 쿠버네티스에 취약성이 주입되는 것을 방지하기 위해 가능한 경우 차트의 이미지를 최신 버전으로 즉시 업데이트해야 한다.

컨테이너 이미지 업데이트 프로세스를 단순화하기 위해, 이미지 업데이트를 확인하는 정기적인 케이던스^{cadence}를 개발할 수 있다. 이렇게 하면 대상 이미지가 배포에 부적합한 취약점을 포함하는 지점에 도달하는 것을 방지할 수 있다. 또한 많은 팀과 조직에서는 취약점이 포함되어 있는 이미지가 실행될 가능성을 줄이기 위해 신뢰할 수 있는 레지스트리에서만 이미지를 가져올 수 있도록 지정한다. 이 설정은 컨테이너 런타임 수준에서 구성되며 위치 및 특정 구성은 각 런타임에 따라 다르다.

이미지 스캔 및 콘텐츠 소싱^{content sourcing} 외에도, 높은 권한이나 자격^{capability}을 필요로 하는 이미지 배포를 피해야 한다. 자격은 프로세스에 루트 권한의 하위 집합을 제공하는 데 사용된다. 기능의 몇 가지 예로는 프로세스가 네트워크 관련 작업을 수행할 수 있게 하는

NET_ADMIN과 프로세스가 시스템의 시간을 수정할 수 있도록 하는 SYS_TIME이 존재한다. 컨테이너를 루트로 실행하면 컨테이너가 모든 자격에 액세스할 수 있으니 가능한 한 제한해야 한다. 이 자격에 대한 목록은 리눅스 매뉴얼 페이지의 CAPABILITIES(7) 페이지 (http://man7.org/linux/man-pages/man7/capabilities.7.html)에서 확인할 수 있다.

컨테이너 자격을 부여하거나 루트로 실행하도록 허용하면 악성 프로세스가 기반이 되는 호스트를 손상시키는 데 큰 도움을 줄 수 있다. 이는 취약성을 주입한 컨테이너뿐만 아니라 해당 호스트 및 잠재적으로 전체 쿠버네티스 클러스터에서 실행 중인 다른 컨테이너에도 영향을 미친다. 컨테이너에 취약성이 존재하지만 권한이 부여되지 않은 경우 공격 범위는 훨씬 더 작아지고 완전히 방지할 수 있다. 헬름 차트를 개발할 때 쿠버네티스 클러스터의 다른 테넌트뿐만 아니라 사용자를 안전하게 유지하려면 이미지의 취약성과 권한 요구사항을 모두 고려해야 한다.

배포된 컨테이너 이미지 외에도, 차트 개발자는 애플리케이션에 부여된 리소스에도 초점을 맞춰야 한다. 다음 절에서는 이 주제를 자세히 살펴보겠다.

리소스 제한 설정

파드는 기반이 되는 노드에 속한 리소스를 사용한다. 적절한 기본값이 설정되어 있지 않으면, 파드는 노드의 리소스를 모두 소모하여 CPU 스로틀링^{throttling} 및 파드 퇴거$^{pod\ eviction}$ 같은 문제를 일으킬 수 있다. 기반이 되는 노드의 리소스를 모두 소진하면 다른 워크로드가 해당 노드에 스케줄링되지 못한다. 리소스 제한이 점검되지 않을 경우 발생할 수 있는 문제로 인해, 차트 개발자는 헬름 차트나 쿠버네티스 클러스터에서 합리적인 기본값을 설정하는 데 관심을 기울여야 한다.

대다수의 차트에서 디플로이먼트 resources 필드를 헬름값으로 선언할 수 있다. 차트 개발자는 values.yaml 파일의 resources 필드를 기본값으로 설정하여 개발자가 생각하는 것을 애플리케이션이 필요로 하는 리소스 양으로 설정할 수 있다. 다음 코드는 이에 대한 예를 보여준다.

```
resources:
  limits:
    cpu: 500m
    memory: 2Gi
```

위 예제에서와 같이 기본값으로 설정하면, 파드의 CPU 제한을 500m로 설정하고 메모리 제한을 2Gi로 설정한다. values.yaml 파일에서 이 기본값을 설정하면 파드가 노드의 리소스를 고갈시키는 것을 방지함과 동시에 애플리케이션이 필요로 하는 리소스 양에 대해 제안된 값을 제공한다. 그런 다음, 사용자는 필요한 경우 리소스 제한을 재정의하도록 선택할 수 있다. 차트 개발자는 리소스 요청에 대한 기본값을 설정할 수도 있지만, 파드가 노드의 리소스를 고갈시키는 것을 방지할 수는 없다.

values.yaml 파일에서 기본 리소스 제한 설정을 고려해야 하지만, 차트가 설치될 쿠버네티스 네임스페이스에서 제한 범위와 리소스 할당량을 설정할 수도 있다. 이들은 일반적으로 헬름 차트에 포함되지는 않지만 대신 애플리케이션 배포 전에 클러스터 관리자가 작성하는 리소스다. 제한 범위는 컨테이너가 네임스페이스 내에서 사용할 수 있는 리소스의 수를 결정하는 데 사용된다. 제한 범위는 이미 정의된 리소스 제한이 없는 네임스페이스에 배포된 각 컨테이너의 기본 리소스 제한을 설정하는 데도 사용된다. 다음은 LimitRange 객체로 정의된 제한 범위의 예다.

```
apiVersion: v1
kind: LimitRange
metadata:
  name: limits-per-container
spec:
  limits:
    - max:
        cpu: 1
        memory: 4Gi
      default:
        cpu: 500m
        memory: 2Gi
      type: Container
```

LimitRange는 LimitRange 객체가 생성된 네임스페이스에 지정된 제한을 적용한다. 허용되는 컨테이너 리소스의 최대량을 CPU 1 코어 및 메모리 4Gi로 설정한다. 리소스 제한이 정의되어 있지 않으면, 리소스 제한을 CPU 500m, 메모리 2Gi로 자동 설정한다. LimitRange는 type 필드를 Pod로 설정해 파드 수준에서도 적용할 수 있다. 이렇게 하면 파드에 존재하는 모든 컨테이너의 리소스의 사용률 합계가 지정된 제한 미만이 된다. CPU 및 메모리 사용률에 대한 제한을 설정하는 것 외에도 type 필드를 PersistentVolumeClaim 으로 설정해 PersistentVolumeClaim 객체가 요청한 저장소를 기본값으로 설정하도록 LimitRange 객체를 설정할 수도 있다.

이렇게 하면 다음과 같은 리소스 생성 시 단일 PVC에 대한 저장소 제한을 설정할 수 있다.

```
apiVersion: v1
kind: LimitRange
metadata: null
  name: limits-per-pvc
spec:
  - max: null
      storage: 4Gi
    type: PersistentVolumeClaim
```

물론, 헬름 차트의 values.yaml 파일에서 기본 저장소 양을 설정할 수 있다. values. yaml 파일의 기본 설정은 기본 설치 과정에서 필요한 저장소 양을 반영하며, LimitRange 객체는 사용자가 재정의할 수 있으며 절대적인 최댓값을 정의한다.

제한 범위 외에도, 리소스 할당량을 설정해 네임스페이스의 리소스 사용량에 대한 추가적인 제한을 추가할 수도 있다. 제한 범위는 컨테이너별, 파드, 또는 PVC 수준에서 리소스를 적용하지만 리소스 할당량은 네임스페이스별 수준에서 리소스 사용량을 적용한다. 리소스 할당량은 네임스페이스가 사용할 수 있는 최대 리소스의 수를 정의하는 데 사용된다. 다음은 리소스 할당량의 예다.

```
apiVersion: v1
kind: ResourceQuota
metadata:
  name: pod-and-pvc-quota
spec:
  hard:
    limits.cpu: '4'
    limits.memory: 8Gi
    requests.storage: 20Gi
```

위의 ResourceQuota 객체는 쿠버네티스 네임스페이스에 적용될 때, 워크로드에 존재하는 모든 워크로드 리소스의 총합을 최대 CPU 사용률: 4 코어, 최대 메모리 사용률: 8Gi, 최대 저장소 요청: 20Gi로 설정한다. 리소스 할당량을 사용해 네임스페이스당 시크릿, 컨피그맵 및 기타 쿠버네티스 리소스의 최대량을 설정할 수도 있다. 리소스 할당량을 사용해 단일 네임스페이스가 클러스터의 리소스를 과도하게 사용하는 것을 방지할 수 있다.

LimitRange 및 ResourceQuota의 존재와 함께, 헬름 차트에서 적절한 기본 리소스 제한을 설정하려면 헬름 차트의 사용자가 클러스터의 리소스를 모두 소모하지 않고 중단이나 부족을 야기하지 않도록 설정할 수 있다. 리소스 제한을 적용하는 방법을 이해했으므로, 헬름 차트 보안의 다음 주제인 헬름 차트에서의 시크릿 처리로 넘어가겠다.

헬름 차트에서의 시크릿 처리

헬름 차트를 통해 작업할 때, 시크릿에 대한 처리는 일반적인 문제다. 관리자를 구성하기 위해 비밀번호를 제공해야 했던 3장 '첫 번째 헬름 차트 빌드'의 워드프레스 애플리케이션을 고려해보자. 비밀번호를 재정의하는 것을 잊을 경우 애플리케이션이 취약해질 수 있기 때문에, 이 비밀번호는 기본적으로 values.yaml 파일에 제공되지 않는다. 차트 개발자는 비밀번호 같은 시크릿값에 대한 기본값을 제공하지 않는 습관을 가져야 하며, 대신 사용자에게 명시적인 값을 제공하도록 요구해야 한다. 이는 required 함수를 활용해 쉽게 구현할 수 있다. 헬름에는 randAlphaNum 함수를 사용해 임의의 문자열을 생성하는 기능도 존재한다.

그러나 이 함수는 차트가 업그레이드될 때마다 새로운 임의의 문자열을 생성한다. 따라서 개발자는 자신의 비밀번호나 기타 비밀키를 제공할 것이라는 기대를 갖고 차트를 설계해야 하며, required 함수는 값이 제공되도록 하는 게이트 역할을 담당한다.

사용자가 차트 설치 과정에서 시크릿 정보를 제공하면, 해당 값은 컨피그맵이 아닌 시크릿에 저장돼야 한다. 컨피그맵은 값을 일반적인 텍스트 정보로 표현하여 자격 증명이나 기타 시크릿값을 포함하도록 설계되어 있지는 않다. 반면에, 시크릿은 내용을 Base64로 인코딩하여 난독화를 제공한다. 시크릿은 또한 tmpfs 마운트를 통해 해당 내용을 파드에 마운트할 수 있다. 즉, 시크릿 정보가 디스크가 아닌 휘발성 메모리의 파드에 마운트된다. 차트 개발자는 헬름 차트에서 관리하는 모든 자격 증명 및 보안 구성이 쿠버네티스 보안 시크릿을 사용해 생성됐는지 확인해야 한다.

차트 개발자는 쿠버네티스 시크릿과 required 함수를 사용해 시크릿이 적절하게 처리되도록 해야 하지만, 차트 사용자는 자격 증명 같은 시크릿 정보가 헬름 차트에 안전하게 제공되는지 확인해야 한다. 값은 --values 플래그를 사용해 헬름 차트에 가장 일반적으로 제공되며, 추가 또는 재정의된 값은 별도의 파일에 선언되고 설치 과정에서 헬름 CLI에 전달된다. 이 방법은 일반적인 값으로 작업할 때는 적절한 방법이지만, 시크릿값과 함께 사용할 때는 주의해야 한다. 사용자는 시크릿이 포함된 values 파일이 깃 리포지토리나 다른 공용 위치에 체크인되지 않았는지 확인해야 한다. 사용자가 이러한 노출을 회피할 수 있는 한 가지 방법은 --set 플래그를 활용해 로컬 명령행에서 시크릿을 인라인으로 전달하는 것이다. 이렇게 하면 자격 증명이 노출될 위험이 줄어들지만, 사용자는 자격 증명이 배시[bash] 기록에 드러날 수 있다는 것을 주의해야 한다.

사용자가 시크릿 노출을 피할 수 있는 또 다른 방법은 암호화 도구를 활용하여 시크릿이 포함된 values 파일을 암호화하는 것이다. 이렇게 하면 계속해서 사용자가 --values 플래그를 적용하고 values 파일을 깃 리포지토리 같은 원격 위치로 푸시할 수 있다. 그런

다음, values 파일은 적절한 키를 가진 사용자만이 이를 복호화할 수 있으며 다른 모든
사용자에 대해 암호화된 상태로 유지되고 신뢰할 수 있는 구성원만이 데이터에 액세스할
수 있다. 사용자는 GPG를 활용해 values 파일을 암호화하거나 Sops 같은 특수 도구를
활용할 수 있다. Sops(https://github.com/mozilla/sops)는 YAML이나 JSON 파일의 값을
암호화하지만, 키는 암호화되지 않은 상태로 두도록 설계된 도구다. 다음 코드는 Sops로
암호화된 파일의 시크릿 키/값 쌍을 보여준다.

```
password:ENC[AES256GCM,data:xhdUx7DVUG8bitGnqjGvPMygpw==,
iv:3LR9KcttchCvZNpRKqE5LcXRyWD1I00v2kEAIl1ttco=,
tag:9HEwxhT9s1pxo9lg19wyNg==,type:str]
```

암호키는 암호화되지 않았지만 값은 암호화되어 있다. 이를 통해 시크릿을 노출하지 않
고도 파일에 포함된 값의 종류를 쉽게 확인할 수 있다.

시크릿을 포함하는 values 파일을 암호화할 수 있는 다른 도구가 존재한다. 몇 가지 예로
는 깃크립트git-crypt(https://github.com/AGWA/git-crypt)와 블랙박스blackbox(https://github.
com/StackExchange/blackbox)가 있다. 또한 해시코프HashCorp의 볼트Vault나 사이버아크 컨
저CyberArk Conjur 같은 도구를 사용해 키/값 저장소 형태로 시크릿을 암호화할 수 있다. 그
런 다음 시크릿 매니지먼트 시스템을 통해 인증한 다음 헬름 내에서 --set으로 전달해 시
크릿을 검색할 수 있다.

헬름 차트 개발 과정에서 보안이 어떠한 역할을 하는지 이해했으므로, 이제 쿠버네티스
에서 **역할 기반 접근 제어**RBAC, Role-Based Access Control를 적용해 사용자에게 더 강력한 보안을
제공한다.

▎ RBAC 규칙 구성

쿠버네티스에서 인증된 사용자가 작업을 수행하는 기능은 일련의 RBAC 정책을 통해 관
리된다. 2장 '쿠버네티스 및 헬름 환경 준비'에서 소개했던 바와 같이, 역할role이라고 하

는 정책[policy]은 사용자 또는 서비스 계정과 연관될 수 있으며 쿠버네티스에는 연관성이 있는 여러 기본 역할이 포함되어 있다. RBAC는 쿠버네티스 1.6 버전부터 기본적으로 활성화되어 있다. 헬름 사용의 맥락에서 쿠버네티스 RBAC는 고려할 때 다음 두 가지 요소를 고려해야 한다.

- 헬름 차트를 설치하는 사용자
- 워크로드를 실행하는 파드와 연결된 서비스 계정

대부분의 경우 헬름 차트 설치를 담당하는 개인은 쿠버네티스 사용자와 관련되어 있다. 그러나 헬름 차트는 서비스 계정과 관련이 있는 쿠버네티스 오퍼레이터 같은 도구를 통해 설치될 수 있다.

기본적으로 사용자 및 서비스 계정은 쿠버네티스 클러스터에서 최소 권한을 갖는다. 추가 권한은 개별 네임스페이스로 범위가 지정된 역할이나 클러스터 수준에서 접근 권한을 부여하는 클러스터 역할을 사용해 부여된다. 그런 다음 대상이 되는 정책 유형에 따라 역할 바인딩 또는 클러스터 역할 바인딩을 사용해 사용자 또는 서비스 계정과 연결된다. 쿠버네티스에 적용할 수 있는 여러 역할이 포함되어 있지만, 가능하다면 **최소 권한의 접근**[least-privileged access] 개념을 사용해야 한다. 최소 권한 접근은 제대로 동작하는 데 필요한 최소 권한의 집합만 부여된 사용자나 애플리케이션을 의미한다. 예를 들어, 이전에 개발한 guestbook 차트를 살펴보자. 방명록 애플리케이션의 네임스페이스에 위치한 파드의 메타데이터에 쿼리할 수 있는 새로운 기능을 추가하고 싶다고 가정해보자.

쿠버네티스에는 지정된 네임스페이스에서 파드 매니페스트를 읽는 데 필요한 권한을 제공하는 **뷰**[view]라는 빌트인 역할이 포함되어 있지만, 컨피그맵 및 디플로이먼트 같은 리소스에 대한 액세스도 제공한다. 애플리케이션에 부여되는 액세스 수준을 최소화하기 위해 역할이나 클러스터 역할 형식의 커스텀 정책[custom policy]을 만들 수 있다. 대부분의 쿠버네티스 클러스터 사용자는 클러스터 수준에서 리소스를 생성할 수 있는 액세스 권한이 없으므로, 헬름 차트가 배포된 네임스페이스에 적용되는 역할을 생성해보자.

새로운 역할을 생성하기 위해서는 kubectl create role 명령을 사용할 수 있다. 기본 역할에는 두 가지 핵심 요소가 존재한다.

- 쿠버네티스 API에 대해 수행된 액션의 타입(동사)
- 타깃팅할 쿠버네티스 리소스 목록

예를 들어, 쿠버네티스에서 RBAC를 구성하는 방법을 보여주기 위해 인증된 사용자가 네임스페이스 내에서 파드를 볼 수 있도록 하는 RBAC 규칙 집합을 구성해보겠다.

 로컬 워크스테이션에서 이 예제를 실행하려면, minikube start 명령을 실행해 미니쿠베가 구동되어 있는지 확인한다.

그런 다음 kubectl create ns chapter9 명령을 실행해 chapter9라는 새로운 네임스페이스를 생성할 수 있다.

1. kubectl CLI를 사용해 guestbook-pod-viewer라는 새로운 역할을 생성한다.

```
$ kubectl create role guestbook-pod-viewer --resource=pods --verb=get,list -n
chapter9
```

이 새로운 역할이 생성되면, 사용자나 서비스 계정과 연결돼야 한다. 쿠버네티스에서 실행되는 애플리케이션과 연결해야 하기 때문에 역할을 서비스 계정에 적용한다. 파드가 생성되면 default라는 서비스 계정을 사용한다. 최소 권한 액세스 원칙을 준수하려는 경우 별도의 서비스 계정을 사용하는 것을 추천한다. 이는 동일한 권한을 상속하는 다른 워크로드가 방명록 애플리케이션과 동일한 네임스페이스에 배포되지 않도록 하기 위해서다.

2. 다음과 같은 명령을 사용해 guestbook이라는 새로운 서비스 계정을 생성한다.

```
$ kubectl create sa guestbook -n chapter9
```

3. 다음으로, guestbook-pod-viewers라는 역할 바인딩^{role binding}을 생성해 guestbook-pod-viewer를 guestbook 서비스 계정과 연결한다.

```
$ kubectl create rolebinding guestbook-pod-viewers --role=guestbook-pod-viewer
--serviceaccount=chapter9:guestbook -n chapter9
```

마지막으로, 새로 생성된 방명록 애플리케이션 자체를 실행하려면, 서비스 계정의 이름을 디플로이먼트에 적용해야 한다.

다음은 서비스 계정 구성이 디플로이먼트 YAML에 표시되는 방식을 보여준다.

```
serviceAccountName: guestbook
```

5장 '첫 번째 헬름 차트 빌드'에서 생성한 차트를 사용하거나 https://github.com/PacktPublishing/-Learn-Helm/tree/master/helm-charts/charts/guestbook에 있는 차트를 사용해 guestbook 차트를 쉽게 설치할 수 있다. 이 차트는 디플로이먼트의 서비스 계정을 구성하기 위한 값의 집합을 보여준다.

4. 다음과 같은 명령을 실행해 guestbook 헬름 차트를 설치한다.

```
$ helm install my-guestbook Learn-Helm/helm-charts/charts/guestbook \
--set serviceAccount.name=guestbook \
--set serviceAccount.create=false \
-n chapter9
```

4단계에서 serviceAccount.create 값이 false로 설정되어 있다. 5장에서 helm create 명령을 사용해 헬름 차트를 스캐폴딩할 때 차트 설치 시 서비스 계정을 생성하는 기능이 제공됐다. 하지만 이전에 kubectl 명령을 사용해 이미 서비스 계정을 생성했으므로 필요하지는 않았다. 그러나 차트 설치 과정에서 RBAC와 관련된 추가 리소스를 생성하는 기능은 서비스 계정 생성 시점에 종료할 필요가 없다. 실제로 헬름 차트에 역할 및 역할 바인딩을 생성하는 데 필요한 YAML 리소스가 포함된 경우, 단일 설치 과정에서 1, 2, 3단계를 수행할 수 있다.

5. 5단계 시점에서, 방명록 애플리케이션은 파드를 나열하고 가져오는 데 필요한 권한을 갖고 있다. 이 가정을 확인하기 위해, kubectl에는 사용자나 서비스 계정에서 해당 작업을 수행할 권한이 있는지 쿼리하는 명령이 존재한다. 다음과 같은 명령을 실행하여 guestbook 서비스 계정에 guestbook 네임스페이스에 존재하는 모든 파드에 쿼리할 수 있는 액세스 권한이 있는지 확인한다.

```
$ kubectl auth can-i list pods
--as=system:serviceaccount:chapter9:guestbook -n chapter9
```

--as 플래그는 쿠버네티스의 사용자 흉내내기[user impersonation] 기능을 사용해 권한 부여 정책의 디버깅을 허용한다.

6. 위 명령의 실행 결과로 yes가 출력돼야 한다. 특정 서비스 계정이 디플로이먼트를 나열하는 것과 같이 리소스에 액세스 가능 여부를 확인하려면 다음과 같은 명령을 실행한다.

```
$ kubectl can-i list deployments
--as=system:serviceaccount:guestbook:guestbook -n chapter9
```

7. helm uninstall 명령을 사용해 릴리스를 자유롭게 삭제한다.

```
$ helm uninstall my-guestbook -n chapter9
```

9장의 나머지 부분에서는 더 이상 필요로 하지 않은 미니쿠베 인스턴스를 중지할 수도 있다.

```
$ minikube stop
```

no의 출력 결과에서도 알 수 있듯이, 예상되는 정책이 제대로 설정되어 있음을 알 수 있다.

쿠버네티스 RBAC가 효과적으로 사용되는 경우, 헬름 차트 개발자에게 최소 권한 액세스를 적용하는 데 필요한 도구를 제공해 잠재적인 오류나 악의적인 작업으로부터 사용자와 애플리케이션을 보호한다.

다음에는 헬름의 전체 보안을 강화하는 방안으로 차트 리포지토리를 보호하고 액세스하는 방법을 설명한다.

▍안전한 차트 리포지토리 접근

차트 리포지토리는 헬름 차트를 검색하고 쿠버네티스 클러스터에 설치하는 기능을 제공한다. 리포지토리는 1장 '쿠버네티스와 헬름 이해'에서 차트와 리포지토리에 위치하고 있는 차트와 관련된 메타데이터 및 index.yaml 파일을 포함하는 HTTP 서버로 소개됐다. 앞서 살펴본 장에서는 다양한 상위 리포지토리에서 가져온 차트를 사용하고 깃허브 페이지를 사용해 자체 리포지토리를 구축했다. 이러한 각 리포지토리는 관심이 있는 사람이라면 누구나 자유롭게 사용할 수 있다. 그러나 헬름은 다음을 포함하여 리포지토리에 저장된 콘텐츠를 보호하기 위한 추가적인 보안 조치를 지원한다.

- 인증authentication
- SSL Secure Sockets Layer/TLS Transport Layer Security 암호화

대부분의 공용 헬름 리포지토리에는 인증 형식이 필요하지 않지만, 헬름에서는 사용자가 안전한 차트 리포지토리에 대해 기본 및 인증서 기반 인증을 수행할 수 있다. 기본 인증의 경우 --username 및 --password 플래그를 사용하여 helm repo add 명령으로 리포지토리를 추가할 때 사용자 이름과 비밀번호를 제공할 수 있다. 예를 들어, 기본 인증을 사용해 보호되는 리포지토리에 액세스하려는 경우 리포지토리 추가는 다음과 같은 형식을 취한다.

```
$ helm repo add $REPO_URL --username=<username>
--password=<password>
```

위 명령을 실행한 다음, 자격 증명을 반복적으로 제공할 필요 없이 리포지토리와 상호작용할 수 있다.

인증서 기반 인증의 경우 helm repo add 명령은 --ca-file, --cert-file, --key-file 플래그를 제공한다. --ca-file 플래그는 리포지토리의 인증 기관을 확인하는 데 사용되고, --cert-file 및 --key-file 플래그는 각각 클라이언트 인증서와 키를 지정하는 데 사용된다.

차트 리포지토리에서 기본 인증 및 인증서 인증을 사용하는 것은 사용되는 리포지토리의 구현에 따라 다르다. 예를 들어, 인기 있는 차트 리포지토리인 차트뮤지엄ChartMuseum은 시작 시 기본 사용자 이름과 비밀번호를 구성하는 데 사용할 수 있는 --basic-auth-user 및 --basic-auth-pass 플래그를 제공한다. 또한 --tls-ca-cert 플래그를 제공하여 인증서 인증을 위한 **인증 기관**CA, Certificate Authority 인증서를 구성한다. 그 밖의 차트 리포지토리 구현 방법은 다른 플래그를 제공하거나 구성 파일을 제공하도록 요구할 수 있다.

인증이 있는 경우에도, HTTP 서버와 헬름 클라이언트 간의 전송이 안전하게 진행되는 것이 중요하다. 헬름 클라이언트와 헬름 차트 리포지토리 간의 통신을 보호하기 위해 SSLSecure Socket Layer/TLSTransport Layer Security 기반 암호화를 사용할 수 있다. 인증서 인증에 대한 요구사항이긴 하지만, 기본 인증이 필요한 리포지토리(및 인증되지 않은 리포지토리)는 네트워크 트래픽을 암호화함으로써 여전히 이점을 얻을 수 있다. 이렇게 하면 인증 시도와 리포지토리의 콘텐츠를 보호할 수 있다. 인증과 마찬가지로 차트 리포지토리에서 TLS를 구성하는 것은 사용되는 리포지토리의 구현 방식에 따라 다르다. 차트뮤지엄은 인증서 체인 및 키 파일을 제공하기 위해 --tls-cert 및 --tls-key 플래그를 제공한다. 엔진엑스 같은 좀 더 일반적인 웹 서버에는 일반적으로 서버에서 인증서 및 키 파일의 위치를 제공하는 설정 파일이 필요하다. 깃허브 페이지GitHub Pages 같은 제품의 경우 이미 TLS가 구성되어 있다.

지금까지 사용한 각 헬름 리포지토리는 웹 브라우저와 기본 운영체제 모두에 저장되어 있는 공개적으로 사용 가능한 CA에서 서명한 인증서를 사용했다. 많은 대규모 조직에는 차트 리포지토리에 구성된 인증서를 생성하는 데 사용할 수 있는 자체 CA가 있다. 이 인증서는 공개적으로 사용 가능한 CA의 인증서가 아닐 수 있으므로, 헬름 CLI는 인증서를 신뢰하지 않을 수 있으며 리포지토리를 추가하는 경우 다음과 같은 오류가 발생한다.

```
Error: looks like '$REPO_URL' is not a valid chart repository
or cannot be reached: Get $REPO_URL/index.yaml: x509:
certificate signed by unknown authority
```

헬름 CLI가 차트 리포지토리의 인증서, CA 인증서 또는 여러 인증서를 포함하는 CA 번들을 신뢰하도록 허용하려면 운영체제의 신뢰 저장소^{trust store}에 추가하거나 `helm repo add` 명령의 `--ca-file` 플래그를 사용해 명시적으로 지정할 수 있다. 이를 통해 오류 없이 명령을 실행할 수 있다.

마지막으로, 차트 리포지토리의 구성 방법에 따라 차트 리포지토리에 액세스를 시도한 사용자 확인을 목적으로 감사 및 로깅을 수행할 수 있는 추가 메트릭을 얻을 수도 있다.

인증을 관리하고 전송 계층을 관리하는 인증서를 관리함으로써 헬름 리포지토리의 보안을 향상하기 위한 추가 기능이 실행된다.

▌ 요약

9장에서는 헬름으로 작업할 때 고려해야 하는 보안과 관련된 여러 가지 주제를 학습했다. 먼저 데이터 출처와 헬름 릴리스 및 헬름 차트의 무결성을 입증할 수 있는 방법을 배웠다. 다음으로, 헬름 차트 보안 및 차트 개발자가 보안에 대한 모범 사례를 사용해 안정적이고 안전한 헬름 차트를 작성하는 방법을 살펴봤다. 마지막으로, RBAC를 사용해 최소 권한 액세스 개념을 기반으로 환경을 만드는 방법과 HTTPS 암호화를 제공하고 인증을 요구하게 하여 차트 리포지토리를 보호하는 방법을 학습했다. 이제 이러한 개념을 통해 안전한 헬름 아키텍처 및 작업 환경을 만들 수 있게 됐다.

▎ 더 읽을거리

- 헬름 차트에서의 데이터 출처 및 무결성에 관해 자세히 알아보려면 https://helm.sh/docs/topics/provenance/를 참고한다.
- 쿠버네티스 RBAC에 대해 자세히 알아보려면 https://kubernetes.io/docs/reference/access-authn-authz/rbac/의 쿠버네티스 문서에서 'RBAC 인가 사용^{Using RBAC Authorization}' 페이지를 확인해보자.
- 차트 리포지토리에 대해 더 자세히 학습하기 위해서는 헬름 문서에서 https://helm.sh/docs/topics/chart_repository/에 위치한 차트 리포지토리 가이드를 확인해보자.

▎ 평가 문제

1. 데이터 출처 및 무결성이란 무엇인가? 데이터 출처와 데이터 무결성의 차이점은 무엇인가?
2. 헬름 다운로드의 데이터 출처 및 무결성을 증명하고 싶다고 가정해보자. 릴리스 아카이브 외에 사용자가 이를 수행하기 위해 헬름의 깃허브 릴리스 페이지에서 다운로드해야 하는 파일은 무엇인가?
3. 사용자가 헬름 차트의 데이터 출처 및 무결성을 확인하기 위해 실행할 수 있는 명령은 무엇인가?
4. 헬름 차트 개발자는 안정적인 컨테이너 이미지를 배포하기 위해 무엇을 할 수 있는가?

5. 헬름 차트에서 리소스 제한을 설정하는 것이 중요한 이유는 무엇인가? 파드 및 네임스페이스의 리소스 제한을 구성하는 데 사용할 수 있는 다른 쿠버네티스 리소스는 무엇인가?

6. 최소 권한 액세스의 개념은 무엇인가? 인증을 구성하고 최소 권한 액세스를 달성하는 데 도움이 되는 쿠버네티스 리소스는 무엇인가?

7. 차트 리포지토리에 대해 인증하는 데 사용할 수 있는 명령 및 플래그 집합은 무엇인가?

평가 문제 해답

▌ 1장 쿠버네티스와 헬름 이해

1. 단일 애플리케이션에 필요한 모든 기능과 로직이 포함된 애플리케이션이 모놀리식이다. 모놀리식은 **마이크로서비스**microservice라고 하는 여러 개의 애플리케이션으로 나눌 수 있다.

2. 쿠버네티스는 컨테이너 오케스트레이션 도구다. 몇 가지 예를 들어 워크로드 스케줄링, 가용성 및 확장성과 관련된 문제를 해결한다.

3. create, describe, edit, delete, apply

4. 쿠버네티스에 애플리케이션을 배포하기 위해 사용자는 다양한 유형의 리소스를 이해해야 한다. 동기화된 로컬 및 라이브 상태를 유지하고, 애플리케이션의 수명주기를 관리하고, 보일러플레이트 YAML 리소스 파일을 유지관리하는 것이 어렵다.

5. 헬름에는 쿠버네티스 애플리케이션을 쉽게 관리할 수 있는 기능을 사용자에게 제공하도록 4개의 수명주기 명령이 포함되어 있다. 사용자는 이러한 명령을 적용하여 애플리케이션을 배포하는 데 필요한 쿠버네티스 리소스 패키징인 헬름 차트와 상호작용한다. 헬름은 쿠버네티스 리소스의 복잡성을 추상화하고 특정 애플리케이션의 리비전 내역을 제공하여 애플리케이션을 이전 스냅샷으로 롤백할 수 있게 한다. 또한 YAML 리소스를 동적으로 생성하고 로컬 및 라이브 상태 간의 동기화를 단순화할 수 있다. 마지막으로, 헬름은 쿠버네티스 리소스를 사전결정적predeterministic 순서로 적용하고 자동화된 수명주기 훅을 허용하여 다양한 자동화 작업을 수행하는 데 사용할 수 있다.

6. `helm rollback` 명령을 사용할 수 있다. 헬름은 각 애플리케이션 스냅샷에 리비전을 할당한다. 애플리케이션에서 하나 이상의 영역이 이전에 적용된 상태에서 수정되면 새로운 리비전이 할당된다.

7. Install, Upgrade, Rollback, Uninstall

▌ 2장 쿠버네티스 및 헬름 환경 준비

1. 윈도우 및 맥 사용자는 각각 초콜레티Chocolatey 또는 홈브루Homebrew 패키지 매니저를 사용해 헬름을 설치할 수 있다. 모든 사용자(윈도우, 맥, 리눅스)는 https://github.com/helm/helm/releases에 위치한 깃허브 릴리스 페이지를 통해 헬름을 설치할 수도 있다.

2. 헬름은 로컬 kubeconfig 파일을 사용해 인증을 수행한다.

3. 쿠버네티스 역할은 권한을 제공한다. 관리자는 사용자나 그룹에 역할을 바인딩하는 RoleBinding을 생성해 이러한 권한을 관리할 수 있다.

4. `helm repo add` 명령은 헬름 차트 리포지토리를 로컬로 구성하는 데 사용된다. 해당 리포지토리에 포함된 차트를 설치하는 것이 요구사항이다.

5. 헬름에서 사용하는 세 가지 XDG 환경 변수는 XDG_CACHE_HOME, XDG_CONFIG_HOME,

XDG_DATA_HOME이다. XDG_CACHE_HOME은 캐시된 파일(상위 차트 리포지토리에서 다운로드한 차트가 포함된)의 위치를 할당하는 데 사용된다. XDG_CONFIG_HOME은 헬름 설정(helm repo add 명령을 통해 저장된 리포지토리 정보가 포함된)을 위한 위치를 설정하는 데 사용된다. XDG_DATA_HOME은 플러그인 정보를 저장하는 데 사용되며, helm plugin install 명령을 사용해 추가된다.

6. 미니쿠베는 사용자가 로컬 컴퓨터에서 단일 노드 쿠버네티스 클러스터를 쉽게 생성할 수 있다. 미니쿠베는 인증을 위해 kubeconfig를 자동으로 구성하고, cluster-admin을 사용해 사용자를 할당하여 원하는 작업을 수행한다.

▌ 3장 첫 번째 헬름 차트 설치

1. 헬름 허브는 상위 차트 리포지토리의 중앙 집중식 위치다. 사용자는 helm search hub 명령을 사용하거나 https://hub.helm.sh/에 위치한 헬름 허브 웹사이트를 방문함으로써 상호작용할 수 있다.

2. helm get 명령은 적용된 값 및 생성된 쿠버네티스 리소스와 같이 설치된 헬름 릴리스의 세부 정보를 얻는 데 사용된다. helm show 명령은 지원되는 값 목록과 차트 README 같은 헬름 차트의 일반적인 정보를 표시하는 데 사용된다.

3. --set 플래그는 인라인 값을 제공하는 데 사용되며, 파일에 저장되지 않아야 하는 시크릿을 포함하는 간단한 값이나 기타 값을 제공하는 데 유용하다. --values 플래그는 values 파일을 사용해 값을 제공하는 데 사용되며, 한 번에 많은 양의 값을 제공하고 적용된 값을 소스 제어에 저장하는 데 유용하다.

4. helm history 명령을 사용해 릴리스의 리비전 목록을 나열할 수 있다.

5. 값을 제공하지 않고 릴리스를 업그레이드하는 경우, --reuse-values 플래그는 기본적으로 적용되며 이전 릴리스에서 적용된 값을 재사용한다. 적어도 하나의 값이 제공되면 --reset-values 플래그가 대신 적용되며, 이는 각 값을 기본값으로 재설정한 다음 제공된 값을 병합한다.

6. `helm history` 명령의 실행 결과 6개의 릴리스가 존재한다고 보이며, 6번째 릴리스는 애플리케이션이 리비전 3으로 롤백됐음을 나타낸다.

7. `helm list` 명령을 사용해 네임스페이스에 배포된 모든 릴리스를 확인할 수 있다.

8. `helm search repo` 명령을 사용해 각 리포지토리의 차트를 나열할 수 있다.

▎4장 헬름 차트 이해

1. YAML은 JSON 형식의 대안으로 사용될 수 있으며, 가장 보편적으로 사용되는 형식이다.

2. 세 가지 필수 필드는 `apiVersion`, `name`, `version`이다.

3. 차트 디펜던시의 값은 디펜던시 차트와 이름이 동일한 맵에 디펜던시값을 배치하여 참조하거나 재정의할 수 있다. 또한 값을 가져올 수 있는 `import-values`를 설정해 값을 가져올 수 있으며 디펜던시값을 다른 이름으로 참조하는 데 사용할 수 있다.

4. `helm upgrade` 명령을 실행하기 전에 데이터 스냅샷을 생성하는지 확인하려면 업그레이드 훅을 생성할 수 있다.

5. README.md 파일을 제공하여 차트에 대한 설명서를 제공할 수 있다. 설치 시 릴리스 노트를 동적으로 생성할 수 있는 templates/NOTES.txt 파일을 작성할 수도 있다. 마지막으로, 라이선스 파일을 사용해 법적 정보를 제공할 수 있다.

6. `range` 액션은 차트 개발자가 반복되는 YAML 부분을 생성할 수 있게 한다.

7. Chart.yaml 파일은 헬름 차트에 대한 메타데이터를 정의하는 데 사용된다. 이 파일은 차트 정의라고도 한다. Chart.lock 파일은 차트 디펜던시 상태를 정의하는 데 사용되므로 charts/ 폴더를 다시 생성할 수 있도록 사용되는 정확한 디펜던시 버전에 대한 메타데이터를 제공한다.

8. helm.sh/hook 애노테이션은 훅 리소스를 정의하는 데 사용된다.

9. 함수 및 파이프라인을 사용하면 차트 개발자가 템플릿 내에서 데이터의 복잡한 처리 및 서식을 수행할 수 있다. 일반적인 기능에는 date, include, indent, quote, toYaml 등이 포함되어 있다.

▌ 5장 첫 번째 헬름 차트 빌드

1. helm create 명령을 사용해 새로운 헬름 차트를 스캐폴딩할 수 있다.

2. 레디스 디펜던시를 선언하면 헬름 차트에 레디스 템플릿을 생성할 필요가 없다. 레디스 구성에 필요한 적절한 쿠버네티스 리소스 구성을 몰라도 레디스를 배포할 수 있다.

3. helm.sh/hook-weight 애노테이션을 사용해 실행 순서를 설정할 수 있다. 혹은 가중치에 따라 오름차순으로 실행된다.

4. fail 함수는 렌더링을 즉시 실패시키는 데 사용되며, 유용한 설정 집합에 대해 사용자 입력을 제한하는 데 사용할 수 있다. required 함수는 필숫값을 선언하는 데 사용되며, 이 값이 제공되지 않을 경우 차트 템플릿이 실패한다.

5. 헬름 차트를 깃허브 페이지 헬름 리포지토리에 게시하려면 먼저 helm package 명령을 사용해 헬름 차트를 TGZ 형식으로 패키징해야 한다. 다음으로, helm repo index 명령을 사용해 리포지토리의 index.yaml 파일을 생성해야 한다. 마지막으로, 리포지토리 콘텐츠를 깃허브로 푸시해야 한다.

6. index.yaml 파일에는 차트 리포지토리에 포함된 각 차트에 대한 메타데이터 정보가 포함되어 있다.

▌6장 헬름 차트 테스트

1. `helm template` 명령은 헬름 템플릿을 로컬로 생성하는 데 사용된다. `helm lint` 명령은 차트의 구조 및 차트 정의 파일에서 오류에 대한 정적 검사를 수행하는 데 사용된다. 또한 설치 시 실패를 유발할 수 있는 오류를 찾는 시도를 한다.

2. 차트 템플릿을 설치하기 전에 템플릿의 유효성을 검사하려면, `helm template` 명령을 실행하여 YAML 리소스를 로컬로 생성하고 올바르게 생성됐는지 확인할 수 있다. `--verify` 플래그를 사용하여 리소스를 설치하지 않고 YAML 스키마가 올바른지 API 서버에서 확인할 수도 있다. `helm install --dry-run` 명령은 설치 전에 API 서버에서 이 검사를 수행할 수도 있다.

3. YAML 리소스 스타일에 대한 정적 검사를 수행할 수 있는 도구 중 하나는 `yamllint` 도구다. `helm template`과 함께 사용하여 생성된 리소스에 대한 정적 검사를 수행할 수 있다(예: `helm template my-test-chart | yamllint -`).

4. helm.sh/hook: test 애노테이션이 추가된 차트 템플릿을 만들어 차트 테스트를 생성한다. 차트 테스트는 일반적으로 스크립트나 짧은 명령을 실행하는 파드다. 이는 `helm teset` 명령으로 실행할 수 있다.

5. 차트 테스팅(ct) 도구를 사용하면 헬름 차트 관리자가 깃 모노리포에서 헬름 차트를 좀 더 쉽게 테스트할 수 있다. 철저한 테스트가 수행되고 수정된 차트 버전이 증가됐는지 확인한다.

6. ci/ 폴더는 헬름값의 여러 조합을 테스트하는 데 사용된다.

7. `--upgrade` 플래그를 추가하면 주 버전이 증가하지 않은 차트에 대해 회귀가 발생하지 않도록 하는 데 도움이 된다. 먼저 이전 버전의 차트를 설치한 다음 최신 버전으로 업그레이드한다. 그런 다음 릴리스를 삭제하고 새로운 버전을 설치하며 자체적으로 업그레이드를 수행한다. 각 설치/업그레이드 과정 사이에 테스트가 수행된다.

▍7장 CI/CD 및 깃옵스를 사용한 헬름 프로세스 자동화

1. CI는 소프트웨어에 대한 변경사항이 발생할 때 반복할 수 있는 자동화된 소프트웨어 개발 프로세스다. CD는 릴리스 프로세스(일반적으로 파이프라인이라고 함)를 통해 소프트웨어를 진행하기 위해 작성된 정의된 단계의 집합이다.

2. CI/CD가 소프트웨어 개발 및 릴리스 프로세스를 설명하는 반면에, 깃옵스는 설정을 깃에 저장하는 작업을 설명한다. 예를 들어, 쿠버네티스 애플리케이션을 배포하는 데 적용할 수 있는 values 파일을 깃에 저장하는 것을 의미한다.

3. 헬름 차트 생성 및 릴리스를 위한 CI 파이프라인은 헬름 차트에 대한 정적 검사, 설치 및 테스트를 수행할 수 있다. 차트 테스트 도구는 특히 차트 모노리포를 유지관리할 때 이러한 단계를 좀 더 쉽게 수행하는 데 도움이 될 수 있다. 또한 파이프라인은 각 헬름 차트를 패키징하고 차트 리포지토리에 차트를 배포해야 한다. 깃허브 페이지 차트 리포지토리의 경우 index.yaml 파일을 생성하고 콘텐츠를 리포지토리로 푸시해야 한다.

4. CI를 사용하면 차트를 쉽고 빠르게 테스트하고 배포할 수 있다. 또한 새로운 기능이 추가될 때 회귀를 방지하는 데 도움이 될 수 있다.

5. CD 파이프라인은 헬름 차트를 원하는 각 환경에 배포하며, 각 환경은 다른 파이프라인 단계를 수행한다. 스모크 테스트는 각 환경에 배포 후 `helm test` 명령을 사용해 수행할 수 있다.

6. CD 파이프라인을 통해 사용자는 헬름 CLI 명령을 수동으로 호출하지 않고도 애플리케이션을 쉽게 배포할 수 있다. 이를 통해 헬름을 사용해 애플리케이션을 배포할 때 발생할 수 있는 인적 오류의 가능성을 줄일 수 있다.

7. 여러 환경에 대한 설정을 유지하기 위해, 별도의 폴더를 사용해 values 파일을 환경별로 구분할 수 있다. 보일러플레이트 코드를 줄이기 위해, 각 환경에서 사용되는 공통 값이 포함된 파일을 저장하고 각 헬름 배포 시에 적용할 수 있다.

▌ 8장 오퍼레이터 프레임워크와 함께 헬름 사용

1. 오퍼레이터는 커스텀 컨트롤러 및 커스텀 리소스를 사용해 동작한다. 새로운 커스텀 리소스가 생성되면 오퍼레이터는 커스텀 컨트롤러에서 구현한 로직을 수행한다. 커스텀 리소스를 변경하면 컨트롤러의 로직이 트리거된다. 오퍼레이터는 일반적으로 애플리케이션의 수명주기를 설치하고 관리하기 위해 구현된다.

2. 헬름 CLI를 사용하는 경우 명령행에서 install, upgrade, rollback 및 uninstall 명령을 실행해야 한다. 그러나 헬름 기반 오퍼레이터를 사용하는 경우 이러한 명령은 커스텀 리소스를 생성, 수정 또는 삭제할 때 자동으로 수행된다. 헬름 기반 오퍼레이터를 사용하는 경우, 로컬에서 헬름 CLI 명령을 실행할 필요가 없다.

   애플리케이션 수명주기와 관련하여 헬름 CLI를 사용하면 사용자가 이전 리비전으로 롤백할 수 있지만, 헬름 오퍼레이터는 리비전 이력을 보관하지 않기 때문에 이를 허용하지 않는다.

3. 먼저, operator-sdk new 명령을 사용해 새로운 헬름 오퍼레이터를 스캐폴딩하고 --helm-chart 플래그를 사용해 명령을 기존 헬름 차트로 지정할 수 있다. 다음으로, operator-sdk build 명령을 사용해 오퍼레이터를 빌드할 수 있다. 마지막으로, 오퍼레이터 이미지를 컨테이너 레지스트리로 푸시할 수 있다.

4. 새로운 커스텀 리소스를 생성해 설치를 수행한다. 업그레이드는 커스텀 리소스를 수정하여 수행된다. 롤백은 업그레이드가 실패하면 자동으로 수행되지만, 명시적으로 수행할 수는 없다. 제거는 커스텀 리소스를 삭제하여 수행된다.

5. crds/ 폴더를 사용하면 templates/의 내용이 생성되기 전에 CRD^{Custom Resource Definition}(커스텀 리소스 정의)를 생성할 수 있다. CRD에 의존하는 오퍼레이터를 쉽게 배치할 수 있는 방법을 제공한다.

6. 답변은 다양하지만, 이러한 차트의 예는 https://github.com/PacktPublishing/-Learn-Helm/tree/master/ch8-q6-answer에서 제공하고 있다. 이 예제에서는 오퍼레이터 리소스(CRD 포함)를 배포하는 데 사용되는 **guestbook-operator**라는 차트를 하나 생성하고, 다른 차트는 **guestbook-cr**이라고 하며 커스텀 리소스를 배포하는 데 사용된다.

▌9장 헬름 보안 고려사항

1. 데이터 출처는 데이터의 기원을 결정하는 것이다. 데이터 무결성은 수신한 데이터가 기대하는 데이터가 맞는지 여부를 결정한다.

2. 사용자는 디지털 서명이 포함된 함께 제공되는 .asc 파일을 다운로드해야 한다.

3. `helm verify` 명령은 로컬에서 다운로드한 차트를 확인하는 데 사용할 수 있으며, `helm install --verify` 명령은 상위 차트 리포지토리에 저장된 차트에 대해 사용할 수 있다.

4. 정기적인 취약점 스캐닝을 수행할 수 있다. 루트나 루트 기능의 하위 집합으로 실행해야 하는 이미지 배포를 피할 수도 있다. 마지막으로, 태그 대신 `sha256` 값을 사용해 이미지를 참조하여 항상 기대하는 이미지를 배포하는지 확인할 수 있다.

5. 리소스 제한은 애플리케이션이 기반이 되는 노드의 리소스를 고갈시키는 것을 방지한다. `LimitRanges`를 활용해 파드나 PVC당 최대 리소스 양을 설정하고 `ResourceQuotas`를 활용해 네임스페이스당 최대 리소스 양을 설정할 수 있다.

6. 최소 권한 액세스란 올바르게 동작하는 데 필요한 최소 권한만을 부여한 사용자나 애플리케이션을 의미한다. 최소 권한 액세스를 얻으려면 쿠버네티스 역할 및 역할 바인딩을 사용해 최소 권한 역할을 생성하고 해당 역할을 사용자나 그룹에 바인딩할 수 있다.

7. `helm repo add` 명령은 기본 인증에 사용되는 `--username` 및 `--password` 플래그를 포함하여 인증서 기반 인증에 사용되는 `--ca-file`, `--cert-file`, `--key-file` 플래그를 제공한다. 또한 `--ca-file` 플래그는 차트 리포지토리의 인증 기관을 확인하는 데도 사용된다.

| 찾아보기 |

헬름 배우기

효율적인 쿠버네티스 애플리케이션 관리

발 행 | 2021년 6월 30일

지은이 | 앤드류 블록 · 오스틴 듀이
옮긴이 | 이준

펴낸이 | 권 성 준
편집장 | 황 영 주
편 집 | 이 지 은
디자인 | 윤 서 빈

에이콘출판주식회사
서울특별시 양천구 국회대로 287 (목동)
전화 02-2653-7600, 팩스 02-2653-0433
www.acornpub.co.kr / editor@acornpub.co.kr

한국어판 ⓒ 에이콘출판주식회사, 2021, Printed in Korea.
ISBN 979-11-6175-535-9
http://www.acornpub.co.kr/book/learn-helm

책값은 뒤표지에 있습니다.